설교집 33

이름바꾼
사람들

| 박종순 목사 설교집 |

쿰란출판사

　　서른세 번째 설교집을 펴내게 하신 하나님께 영광과 감사를 올려 드립니다.

　　돌이켜보면 모든 것이 하나님의 은혜였고 이끄심이었습니다. 33권째 설교집 표제는 '이름 바꾼 사람들'입니다. 일제강점기 민족 말살 정책의 일환으로 강요된 것이 창씨개명(創氏改名)이었습니다. 당시 조선인 80% 이상이 일본식 성과 이름으로 바꿨다고 합니다.

　　해방은 빼앗겼던 이름을 되찾아 줬습니다. 그러나 우리는 다른 차원에서 이름을 바꾼 사람들입니다. 그리스도인, 예수의 사람들, 구원받은 사람들, 하나님의 자녀 등이 바뀐 이름입니다.

　　아브람은 아브라함으로, 야곱은 이스라엘로, 사울은 바울로 이름을 바꿨습니다. 우리가 이름을 바꾼 것은 강요에 의한 것도, 자작 결단에 의한 것도 아닙니다. 예수 그리스도의 십자가 희생과 대속으로 주신 거룩한 개명입니다. 이름이란 거기에 걸맞은 값을 해야 합니다. 단순한 호칭이어선 안 되기 때문입니다.

그리스도인! 그 이름은 어떤 상황에서도 소홀히 갈무리할 수 없고, 주 되신 그리스도를 높이는 각고의 결단이 요청됩니다.

이 작은 설교 모음이 이름 바꾼 사람들에게 길라잡이가 되길 바라는 열망을 담아 펴냅니다. 충신교회, 쿰란출판사, 한지터 그리고 이 책을 손에 들게 된 독자들 모두 감사합니다.

2025년 8월 한강변에서
박종순 목사 드립니다.

목차 Contents

제1부

그리스도인

고치시고 싸매시고

(호세아 6:1-4)

구약성경 안에는 예언자들이 기록한 예언서들이 있습니다. 그 예언서들은 둘로 나눕니다. 대예언서와 소예언서입니다.

대예언서란 책의 분량이 많아서 대예언서라 부릅니다. 대예언서에 속하는 책은 이사야, 예레미야, 에스겔, 다니엘서입니다. 소예언서는 책의 크기가 작아서 붙인 명칭인데 호세아, 요엘, 아모스, 오바댜, 요나, 미가, 나훔, 하박국, 스바냐, 학개, 스가랴, 말라기 12권입니다.

호세아서는 소예언서 첫머리에 자리 잡고 있습니다. 기록한 사람은 호세아 선지자였습니다. 그는 40여 년간 북왕국 이스라엘을 대상으로 예언활동을 했습니다. 그 시기는 앗수르가 북왕국 이스라엘을 침략하기 직전이었습니다. 물질적 풍요를 누리고 번영했지만 영적으로는 타락으로 치닫고 있었습니다.

세계 역사를 보면 경제적, 물질적 풍요를 누리게 되면 반드시 정신적으로는 부패하고 영적으로는 타락했습니다. 북왕국 이스라엘이 그랬습니다. 앗수르의 침공이 다가오고 있었지만 이스라엘은 관심도 없었고 느낌도 없었습니다. 먹고 마시고 즐기고 향락에 빠지고 하나님을 멀리하고 우상을 숭배하고 멸망을 향해 질주하고 있었습니다. 그들에게, 그 시대를 향해 호세아가 예언의 말씀을 전한 것이 호세아서입니다.

호세아서는 그 당시 시대 모습을 '음란'이라는 말로 표현합니다. 호세아서에 '음란, 음행'이라는 단어가 무려 18차례나 반복되고 있습니다. 음란과 음행은 같은 뜻입니다. 음탕하고 방탕하다, 문란한 성생활, 부정한 성이라는 뜻입니다. 본래의 뜻은 오물, 쓰레기라는 뜻이었다고 합니다. 호세아서는 이스라엘이 하나님을 떠나 우상을 섬기는 행위를 음란과 음행으로 표현하고 있습니다.

어느 날 하나님이 호세아에게 고멜과 결혼해 가정을 이루라고 하셨습니다. 하나님의 말씀을 대언하는 예언자 호세아의 아내라면 신앙 가문에서 경건하게 성장한 여인이어야 합니다. 그런데 고멜은 음란한 여자였습니다. 1장 2절을 보면 "너는 가서 음란한 여자를 맞이하여 음란한 자식들을 낳으라 이 나라가 여호와를 떠나 크게 음란함이니라"고 했습니다. 여기서 말하는 음란한 여자는 매춘부라는 것이 학자들의 해석입니다. 고멜의 타락을 이스라엘의 타락과 동일시하고 있습니다.

일찍이 하나님과 이스라엘이 맺은 계약이 있었습니다. 그것은 이스라엘은 하나님이 지으신 백성이라는 것, 하나님이 지키고 보호하고 다스리신다는 것, 이스라엘은 다른 신을 섬기지 않고 하나님만 사랑하고 섬기는 것이 계약 내용이었습니다. 그리고 만일 이 계약을 깨뜨리고 다른 신을 섬기면 하나님의 진노와 심판이 임한다는 것도 계약에 포함되어 있었습니다.

신명기 8장 19절을 보겠습니다.

"네가 만일 네 하나님이 여호와를 잊어버리고 다른 신들을 따라 그들을 섬기며 그들에게 절하면 내가 너희에게 증거하노니 너희가 반드시 멸망할 것이라."

이는 추상처럼 무서운 경고입니다. 신명기 30장 17~18절에도 계약을 반드시 지키라는 경고가 나옵니다.

"그러나 네가 만일 마음을 돌이켜 듣지 아니하고 유혹을 받아 다른 신들에게 절하고 그를 섬기면 내가 오늘 너희에게 선언하노니 너희가 반드시 망할 것이라 너희가 요단을 건너가서 차지할 땅에서 너희의 날이 길지 못할 것이니라."

이스라엘은 이 계약에 관심이 없었습니다. 제멋대로 살고 향락에 도취되고 신앙에는 관심이 없고 하나님 대신 우상을 숭배하고 있었습니다.

호세아가 결혼해야 하는 고멜과 이스라엘의 모습이 동일했습니다. 호세아서는 이스라엘을 중병 든 환자, 곧 죽게 될 환자로 보고 있습니다. 호세아는 이스라엘을 포기하지 않으시는 하나님의 그림자이고, 고멜은 타락한 이스라엘의 그림자입니다.

하나님의 지시대로 호세아는 고멜과 결혼했고 아들 둘, 딸 하나 3남매를 낳았습니다(1:3, 6, 8). 그러나 결혼 생활이 순탄하지는 않았습니다. 다른 남자를 만나고 있었기 때문입니다(3:1).

호세아는 가출해서 성노예가 된 고멜을 찾아 나섰습니다. 고멜의 몸값으로 은 15개, 보리 한 호멜 반을 지불하고 집으로 데려왔습니다. 당시에는 큰 돈입니다.

3장 3절이 중요합니다. 호세아가 고멜에게 이렇게 말합니다.

"너는 많은 날 동안 나와 함께 지내고 음행하지 말며 다른 남자를 따르지 말라 나도 네게 그리하리라."

이렇게 말할 수 있었습니다. "정신 차려! 그럴 수 있어? 행실이 왜 그 모양이야? 두 번은 용서 안 해. 다시 그러면 그땐 끝나는 줄 알아." 그러나 호세아는 "나와 오랫동안 함께 지냅시다. 지난일은 잊어요. 나도 그리하리다"라고 얘기합니다. 어떻게 이것이 가능합니까?

호세아서가 주는 메시지는 죄를 짓고 타락하며 다른 신을 섬기고 하나님을 떠난 이스라엘이지만 그럼에도 용서하시고 찾아오시고 피로 값을 지불하시면서 "나랑 같이 살자, 오랫동안 함께하자" 하시며 품어주시고 다독거리시는 하나님의 사랑을 설명하고 있습니다.

지금까지의 이야기는 호세아서 서론 부분에 속합니다. 호세아서

고치시고 싸매시고(호세아 6:1-4)

11

의 핵심 메시지는 구원과 회복입니다. 6장 1절을 보면 "오라 우리가 여호와께로 돌아가자 여호와께서 우리를 찢으셨으나 도로 낫게 하실 것이요 우리를 치셨으나 싸매어 주실 것임이라"고 했습니다.

"여호와께로 돌아가자!"

이것은 호세아서의 주제입니다. 하나님께로 돌아오면 지난날의 허물과 죄를 따지지 않고 용서하시고 구원해주신다는 것입니다. 돌아오면 고치시고 싸매십니다(6:1). 조건은 돌아오는 것입니다. 복잡하거나 어렵지 않습니다. 가던 길, 하던 일을 멈추고 돌이켜 돌아오면 됩니다.

하나님을 떠났던 사람이 하나님께로 돌아오는 것을 회개라고 합니다. 신약에서 그 예를 찾아보겠습니다.

아버지를 떠났던 둘째 아들이 거지가 된 채 아버지 집으로 돌아왔습니다. 가지고 갔던 재산을 향락으로 탕진했고 몸은 병들고 몰골은 거지꼴이었습니다. 그때 아들을 대하는 아버지의 태도가 감동적입니다. "어디 가서 뭘 했냐. 드나들던 술집, 만나던 여자 이름을 대라. 네가 아들이냐, 네가 사람이냐?" 하면서 단 한마디도 묻거나 따지지 않습니다.

"돌아온 내 아들, 죽었다가 살아 돌아왔구나. 송아지를 잡아라. 잔치를 준비해라" 하며 손에는 금가락지를 끼워줬습니다.

누가복음 19장 11~24절에 기록된 이야기입니다. 여기서 아버지는 하나님의 그림자이고 아들은 죄인들의 그림자입니다. 철야하고 금식하고 시말서 쓰고 각서를 쓴 것이 아닙니다. 돌아온 것만으로 다 용서했습니다. 우리에겐 하나님에게로 돌아올 자유와 하나님으로부터 떠날 자유가 있습니다. 떠나면 죽고 돌아오면 삽니다. 좀 더 구체적으로 접근해보겠습니다. 어떻게 돌아와야 합니까?

1. 하나님께로 돌아와야 합니다

방향 설정이 중요합니다. 딴 데로 가면 안 됩니다. 13장 4절을 보겠습니다.

> "그러나 애굽 땅에 있을 때부터 나는 네 하나님 여호와라 나 밖에 네가 다른 신을 알지 말 것이라 나 외에는 구원자가 없느니라."

너무나 명확합니다. 하나님만 구원자이심을 믿고 하나님께로 돌아와야 합니다. 십계명 제1계명은 "너는 나 외에 다른 신들을 네게 두지 말라"고 했습니다. 호세아서는 다른 신들 우상숭배를 음행이라고 책망합니다.

나에게 우상은 무엇입니까?

- 하나님보다 더 소중하다고 믿는 것
- 하나님 없이는 살아도 이것 없으면 살 수 없다는 것

그것이 우상입니다. 그것이 권력일 수도 있고 명예일 수도 있고 재물일 수도 있고 보석일 수도 있고 사람일 수도 있고 자기 자신일

수도 있습니다.

그러나 그런 것들이 나를 구원하지 못합니다.

"나 외에는 구원자가 없다."

그 하나님께로 돌아와야 합니다.

2. 믿고 돌아와야 합니다

돌아오면 고치시고 싸매시고 살리실 것을 믿고 돌아와야 합니다 (6:2). 의과대학 교수에게 물었습니다. 질병의 종류가 몇 가지로 나뉘는지 물었더니 대답은 수를 셀 수 없다는 것이었습니다. 사람, 짐승, 식물 등 모든 피조물은 다 병에 걸립니다. 시대마다 크고 작은 유행병이 있었고 계속해서 병원균은 발전하고 진화하고 있습니다. 코로나 19 경우도 계속 변종 바이러스가 뒤를 잇고 끝날 기미가 보이지 않습니다.

하나님이 지으신 에덴동산 그리고 아담, 하와에겐 병이 없었습니다. 창세기 3장 타락 이후부터 자연이 병들고, 동물은 서로 공격하고, 인간도 병들고 재난을 겪게 됐습니다. 그러나 호세아서는 "돌아오라! 믿고 돌아오라!"고 선포합니다.

믿음은 구원과 회복의 조건입니다. 뜻 없이, 믿음 없이 돌아오면 안 됩니다. 믿고 돌아와야 합니다. 6장 2절을 보겠습니다. "여호와께서 이틀 후에 우리를 살리시며 셋째 날에 우리를 일으키시리니 우리가 그 앞에서 살리라"고 했습니다. 돌아오면 살리신다, 일으키신다,

살게 된다는 것을 믿고 돌아와야 합니다. 11장 8절에 "에브라임이여 내가 어찌 너를 놓겠느냐 이스라엘이여 내가 어찌 너를 버리겠느냐"라고 했습니다.

"돌아오라 너를 놓지 않으리라 너를 버리지 아니하리라." 이는 위대한 약속입니다. 그 약속을 믿고 돌아와야 합니다.

우리는 쉽게 '믿습니다'라는 말을 쓰곤 합니다. 특히 기도할 때는 강조어로 씁니다. 그런데 믿는다면서 못 믿고 의심할 때가 많습니다. 맡겼다면서 걱정하고 믿는다면서 한숨 쉽니다. 다 맡겨버립시다. 그리고 가볍게 삽시다.

베드로전서 5장 7절을 봅시다.

"너희 염려를 다 주께 맡기라 이는 그가 너희를 돌보심이라."

맡기면 책임져 주시고 돌보시는 하나님께 모든 것을 믿고 맡깁시다.

3. 말씀을 가지고 돌아와야 합니다

14장 2절을 보면 "너는 말씀을 가지고 여호와께로 돌아와서 아뢰기를 모든 불의를 제거하시고 선한 바를 받으소서 우리가 수송아지를 대신하여 입술의 열매를 주께 드리나이다"라고 했습니다. "돌아오면 용서하시고 살려 주신다는 말씀을 믿고 돌아왔습니다. 고쳐주십시오. 싸매주십시오"라고 고백하라는 것입니다.

기도는 단순하고 간략할수록 좋습니다. "주님, 접니다. 저 왔습니다. 저 많이 힘듭니다. 저 많이 아픕니다. 오면 된다고 하셔서 왔습니다. 저 버리지 마십시오. 저 밀어내지 마십시오. 저 고쳐주십시오. 저 싸매주십시오." 이 기도면 됩니다.

말씀을 가지고 돌아오려면 말씀을 알고 기억해야 합니다. 설교는 하나님의 말씀을 해석하고 선포하는 것입니다. 그런데 듣는 태도는 가지각색입니다. 설교시간에 딴 생각하는 사람, 휴대폰 들여다보는 사람, 기도시간엔 눈 뜨고 설교시간엔 묵상하는 사람… 가지가지입니다. 설교를 듣고 난 소감도 가지가지입니다. "말씀 잘 들었습니다. 은혜로운 말씀이었습니다. 은혜받았습니다. 수고하셨습니다. 감사합니다." 이 정도는 양호한 편입니다. "오늘 설교 괜찮았어요. 설교 짱이에요. 못 알아들었어요. 너무 길었어요. 석 달 전에 그 얘기 했었는데요? 아무개 설교만 못해요"라는 반응을 보인다면 말씀 듣는 태도도 아니고 은혜와는 거리가 멉니다.

세 가지 병이 있습니다.

첫째는 육체의 병입니다. 인류 역사는 병과의 전쟁 역사입니다. 시대마다 전염병이 있었지만, 이번 코로나 19는 전 세계를 뒤덮은 전염병이었고 전염 속도가 빠른 것과 무서운 치사율로 기록을 남겼습니다. 인간의 육체는 연약해서 언제, 어떤 병에 걸릴지 예측이 어렵습니다.

둘째는 정신질환입니다. 정서불안, 우울증, 분노조절장애 등등 정신질환 역시 수를 셀 수 없습니다.

사람들이 거칠어졌고, 난폭해졌고, 살벌해졌습니다. "괴물과 싸우면 괴물이 된다"는 말이 있습니다. 맞습니다. 괴물은 피하는 게 상책입니다.

셋째는 영적 질병입니다. 영은 인간의 정신과 몸을 지배합니다. 그런데 그 영이 병들면 정신도 육체도 다 망가집니다. 영혼의 병은 하나님으로부터 떠나고 멀리하기 시작하면 발병합니다.

미국은 청교도들의 신앙으로 세운 나라입니다. 그런데 기독교 국가라는 미국이 잘못 가고 있습니다. 46대 대통령 취임식이 2021년 1월 20일에 있었습니다. 취임식 기도는 레오 오도노반 신부와 실버스터 비맨 목사였습니다. 비맨 목사의 기도를 보면 "다양한 종교의 이름으로 기도합니다"라고 한 후 "아멘" 했습니다. 미국 하원 개원식 기도에서 감리교 목사 출신이며 하원의원인 클리버 목사는 "우리는 유일신교적인 하나님인 브라마와 많은 신들에 의해 다른 이름으로 알려진 신의 이름으로 구합니다. 아멘. 아우먼"이라고 했습니다. 브라마는 힌두교 신들 가운데 하나님 신을 말합니다. 잡신, 잡탕신 귀신의 이름으로 기도하고 아멘으로 끝난 게 아니고 아우먼까지 붙였습니다. 아우먼은 여성을 의미할 때 사용하는 말입니다.

미국이 어디로 가고 있는가? 미국 신앙의 현주소가 어디인가? 우방이라는 청교도 국가가 걱정스럽습니다. 우리나라도 걱정이지만 미국도 걱정입니다.

육체의 병도 무섭고, 정신질환도 무섭지만 영혼이 병드는 것은 무섭고 겁나는 정도가 아닙니다. 파멸에 이르기 때문에 빨리 고쳐야 합니다.

호세아서는 그 비법을 밝히고 있습니다. 하나님께로 돌아오라고 합니다. 그렇게 하면 고치시고 싸매 주신다고 말씀합니다. '고친다, 싸맨다'는 것은 의학용어입니다. 고치기 위해 수술하고 싸매는 과정을 설명하는 말씀입니다.

하나님께로 돌아오면 어떻게 됩니까? 결론을 찾겠습니다.

1) 진노가 떠납니다.

14장 4절을 보면 "내가 그들의 반역을 고치고 기쁘게 그들을 사랑하리니 나의 진노가 그에게서 떠났음이니라"고 했습니다. 심판의 칼을 거두신다는 것입니다.

2) 회복해 주십니다.

14장 5~7절을 보면 "내가 이스라엘에게 이슬과 같으리니 그가 백합화같이 피겠고 레바논 백향목같이 뿌리가 박힐 것이라 그의 가지는 퍼지며 그의 아름다움은 감람나무와 같고 그의 향기는 레바논 백향목 같으리니 그 그늘 아래에 거주하는 자가 돌아올지라 그들은 곡식같이 풍성할 것이며…그 향기는 레바논의 포도주같이 되리라"고 했습니다.

메마르고 시들어 죽어 가던 백향목, 감람나무, 포도나무가 되살아나는 것처럼 하나님께로 돌아오면 회복해 주신다는 것입니다.

사람은 변덕스러운 존재입니다. 그래서 믿음도 변덕스럽습니다. 그렇지만 하나님을 다시 찾고 돌아오면 회복의 축복을 주신다는 것입니다.

세계적인 종합병원이 즐비하고 세계적인 의사들이 이 병원, 저 병원에 자리 잡고 있습니다. 그런데 질병은 늘어나고 영안실과 화장터는 가득 차고 있습니다. 무엇을 말합니까? 병원, 의사, 의약 다 좋습니다. 그러나 최종적으로 고치시고 싸매시는 분은 하나님이십니다. 하나님은 육체도, 정신도, 영혼도 고치시고 싸매십니다. 호세아서는 그 하나님께로 돌아오라고 선포합니다.

"하나님께로 돌아오라! 그리하면 고치시고 싸매시고 살리시고…!" 아멘.

드림의 우선순위

(창세기 22:15-19)

창세기는 50장으로 되어 있습니다. 1장~11장은 천지창조, 인간의 타락, 홍수 심판, 바벨탑 사건을 다루고 12~50장은 족장들의 이야기를 다루고 있습니다. 아브라함, 이삭, 야곱, 요셉 이야기로 구성되어 있습니다.

12~25장까지는 아브라함에 관한 이야기입니다. 아브라함이 부름을 받은 이야기, 고향을 떠나 이사한 이야기, 전쟁에 나가 승리한 이야기, 십일조 드린 이야기, 외아들 이삭을 번제로 바친 이야기 등 길게 다루고 있습니다.

그 가운데서 오늘은 독자 이삭을 하나님께 번제로 드리고 받은 복에 관한 사건을 집중적으로 조명해 보겠습니다.

아브라함이 100세, 그의 아내 사라가 90세 되던 해에 이삭을 낳았습니다. 이삭은 신앙의 대를 이을 아들이었습니다. 문제는 그 후에 일어났습니다. 창세기 22장을 살펴보겠습니다.

어느 날 하나님이 아브라함을 부르셨습니다. 22장 1절을 보면 아브라함을 시험하시려고 부르셨다고 했습니다.

"네 아들 네 사랑하는 독자 이삭을 데리고 모리아 땅으로 가서 내가 네게 일러 준 한 산 거기서 그를 번제로 드리라."

믿음이 있는가 없는가, 순종하는가 안 하는가, 하나님을 사랑하는가 안 하는가를 시험하시려고 부르시고 엄청난 명령을 내리신 것입니다. 하나님의 명령이긴 하지만 아브라함이 복종하기 어려운 몇 가지 이유가 있습니다.

첫째, 번제로 드리는 것이 어렵습니다.

번제는 제물 전체를 불태워 드리는 제사입니다. 가죽을 벗기고 고기는 각을 뜨고 내장을 씻고 번제 제단 위에 올려 불태워 드립니다. 피는 제단 주변에 뿌립니다(레 1:6~13). '전부'(홀로스) '불태운다'(카이오)의 합성어를 번제라고 합니다.

어떻게 이삭을 번제로 드릴 수 있습니까? 있을 수 없는, 불가능한 명령을 하신 것입니다. 그래서 이 명령은 앞뒤가 안 맞고 인륜을 벗어나고 이치가 맞지 않는 명령입니다. 그러나 신앙의 세계는 이성, 논리, 합리를 벗어난 세계입니다.

예를 들겠습니다. 하나님은 말씀으로 천지를 창조하셨습니다. 인간을 죄에서 구원하시는 것도 말씀 한마디로 "구원받아라" 하셔도 됩니다. 그런데 독생자 예수님이 세상에 오시고 십자가에 죽으셨습니다. 하나님이 하시는 일은 비합리적이고 비논리적이고 비이성적일 때가 많습니다. 이삭의 경우도 그렇습니다.

둘째, 이삭이 죽으면 가문의 대가 끊어집니다.

아브라함의 실수로 축첩해 낳은 다른 아들들이 있었습니다. 그러나 그 아들들은 아브라함의 후사가 아닙니다. 혹자는 아브라함도 축첩했다며 외도나 축첩을 정당화하려는 사람들이 있습니다. 그러나 아브라함의 잘못으로 낳은 그 소생들이 아랍 부족의 조상들이 되었고 지금까지 이스라엘의 원수가 되어 싸우고 있습니다. 이삭은 후사를 이을 아들입니다. 이삭을 바치면 대가 끊어집니다. 아들을 더 낳을 수도 없습니다.

셋째, 이삭과 의논해야 합니다.

성경에 그 당시 이삭의 나이가 나와 있진 않지만 10대였을 것으로 봅니다.

그렇다면 자아가 형성되고 행동 결정이 가능한 나이입니다. 죽을 것인가, 제물이 될 것인가, 모순된 명령을 받아들일 것인가, 아버지가 하자는 대로 따를 것인가를 본인이 결정해야 합니다. 강제로 끌고 갈 수도 없고 강요할 수도 없습니다.

그런데 이삭과 의논이 가능하겠습니까? 타협이 성립될 수 있겠습니까? 아브라함과 이삭의 결단과 순종을 살펴보아야 합니다. 22장 3

절입니다.

"아브라함이 아침에 일찍이 일어나 나귀에 안장을 지우고 두 종과
그의 아들 이삭을 데리고 번제에 쓸 나무를 포개어 떠나 하나님이
자기에게 일러주신 곳으로 가더니."

하나님의 계시 명령은 지난밤에 임했고 아침에 일어나자마자 떠
난 것입니다. 22장 5절을 주목해야 합니다.

"이에 아브라함이 종들에게 이르되 너희는 나귀와 함께 여기서 기
다리라 내가 아이와 함께 저기 가서 예배하고 우리가 너희에게로
돌아오리라 하고."

이삭을 바치는 사건을 '예배'라고 했습니다. 예배가 무엇입니까?
구약시대는 제사를 드리고 지금은 예배를 드립니다. 짐승을 잡아 제
사를 드리는 것처럼 아브라함은 이삭을 제물로 바치는 것을 예배라
고 했습니다. 산 제물, 가장 소중한 제물을 예배로 드린 것입니다.

그리고 이삭을 제물로 바친 뒤 나 혼자 내려오겠다고 하지 않고
우리가 내려오겠다고 했습니다. 이것을 성경학자들은 여호와 이레
신앙, 즉 하나님이 준비하심을 믿은 신앙이라고 합니다.

22장 6절도 중요합니다.

"아브라함이 이에 번제 나무를 가져다가 그의 아들 이삭에게 지우

부자가 함께 번제 드릴 산 위로 올라가고 있었습니다. 문제는 7절부터 시작됩니다. 이삭이 묻습니다. "불과 나무는 있거니와 번제할 어린양은 어디 있습니까?" 그러자 8절에서 "내 아들아 번제할 어린양은 하나님이 자기를 위하여 친히 준비하시리라"고 대답합니다.

결단한 아브라함, 말없이 따라나선 이삭. 성경학자들은 모리아 산을 올라간 이삭을 말없이 십자가를 지시고 갈보리를 올라가신 예수 그리스도의 예표로 보고 있습니다. 그곳에 제단을 쌓고 나무를 벌여놓고 그의 아들 이삭을 결박하여 제단 나무 위에 놓았습니다. 10절에 "손을 내밀어 칼을 잡고 그 아들을 잡으려 하니"라고 기록되어 있습니다.

만일 그때 이삭이 반항하거나 도망쳤다면 그날 모리아 산의 번제는 무위로 끝났을 것입니다. 그때 아브라함은 브엘세바에 살고 있었고 모리아 산까지는 80킬로미터(200리)였습니다. 사흘 길을 걸어 도착했습니다. 현장에 도착했더라도 이삭의 절대 순종이 없었다면 번제는 이뤄질 수 없었습니다. 여기서부터 아브라함과 이삭의 관계가 하나님과 아브라함의 관계로 발전합니다.

11절에 하나님께서 "아브라함아, 아브라함아"라고 부르자 아브라함이 "내가 여기 있나이다"라고 대답합니다. 두 번 연거푸 부르신 것은 긴박성, 다급성을 의미합니다. 급히 부르신 것입니다.

12절에 말씀하십니다.

"그 아이에게 네 손을 대지 말라 네가 네 아들, 네 독자까지도 내게 아끼지 아니하였으니 내가 이제야 네가 하나님을 경외하는 줄을 아노라."

'손도 대지 말라. 네 믿음이 확인되었다'라는 것입니다. 교회를 다니는 사람들의 별명이 있습니다. 그것은 "말 잘하는 사람"이라는 것입니다. 입으로, 말로는 뭘 못합니까? 그런데 하나님은 우리의 말보다 행위를 보십니다. '말대로 하는가? 말대로 실천하는가? 말을 지키는가?'를 보십니다.

고린도전서 13장 1절에서 바울은 "방언과 천사의 말을 할지라도 사랑이 없으면 소리 나는 구리와 울리는 꽹과리가 되고"라고 했습니다. 여기서 말하는 사랑은 실천하는 사랑입니다. 만일 주님이 "내가 너희를 사랑한다"라는 말씀만 하시고 십자가에서 죽지 않으셨다면 울리는 꽹과리가 되었을 것입니다. 그러나 순종하시고 실천하셨습니다. 그래서 참사랑인 것입니다.

모리아 산에서 드린 번제를 좀 더 깊이 조명해 보겠습니다.

1. 여호와 이레입니다

하나님은 이삭 대신 양을 준비하셨습니다. 그 양이 아니었으면 이삭이 죽었어야 합니다. 아브라함은 이 사건을 여호와 이레라고 했습니다. 그 뜻은 "여호와께서 보신다"입니다. 그리고 의역하면 "여호와께서 준비하신다"는 것입니다. 아브라함의 신앙은 여호와 이레 신앙입니다. '나는 이삭을 번제로 바친다. 그 이후는 하나님이 준비하시고 섭리하신다'라는 것을 믿었습니다.

하나님은 준비하시는 하나님이십니다. 아담과 하와를 창조하시고 에덴동산을 준비해 주셨습니다. 애굽에서 해방시킨 이스라엘을 위해 가나안 땅을 준비해 주셨습니다. 인간을 죄에서 구원하시기 위해 예수 그리스도의 십자가를 준비하셨습니다. 구원받은 사람들을 위해 천국도 준비하셨습니다. 나를 위해 모든 것을 준비하셨습니다. 단, 믿음의 눈이 어두워 바로 보지 못할 뿐입니다.

엠마오로 내려가던 두 제자가 있었습니다. 그들은 십자가에 죽은 예수님 이야기를 주고받으며 가고 있었습니다. 그때 다시 사신 예수님이 그들과 동행하고 있었습니다. 그런데 그들은 예수님을 알아보지 못했습니다. 그 이유는 의심, 걱정, 두려움, 슬픔으로 눈이 가리워졌기 때문입니다. 그러나 누가복음 24장 31절을 보면 "그들의 눈이 밝아져 그인 줄 알아보더니"라고 했습니다.

왜 하나님의 준비, 여호와 이레가 안 보입니까? 걱정, 근심, 염려, 불안, 두려움, 의심으로 눈이 가리워졌기 때문입니다. 나를 위해 하나님은 천국까지 준비해 두셨습니다. 여호와 이레 신앙을 회복합시다.

2. '드리고 받고'입니다

아브라함은 하나님으로부터 엄청난 복을 받고 은혜를 입었기 때문에 그 보답으로 이삭을 드린 것이 아닙니다. 하나님의 말씀 한마디에 순종하고 그대로 이삭을 드렸습니다. 그리고 엄청난 복을 받았습니다. 드리고 받은 것입니다. 다시 말하면 드림의 우선순위를 지킨 것입니다. 받았기 때문에 드리는 사람이 있습니다. 받았는데도 안드리는 사람이 있습니다. 받지도 않고 드리지도 않는 사람이 있습니다. 그러나 가장 좋은 사람은 먼저 드리고 그 후에 받는 사람입니다.

로마서 11장 35절에서 "누가 먼저 드려서 갚으심을 받겠느냐"라고 말씀합니다. 드림의 우선순위를 지키고 먼저 드리는 사람, 이삭을 먼저 드리는 아브라함에게 갚으시고 복이 임한다는 것입니다. 아브라함에게 이삭은 외아들, 독자, 100세에 낳은 아들, 사랑하는 아들입니다. 귀하고, 아깝고, 사랑스럽고, 하나뿐입니다. 그런데 번제로 바쳤습니다. 그것으로 끝났다면 아브라함의 이야기는 비극으로 끝납니다. 그러나 아닙니다. 드리고 받았습니다. 큰 복을 주셨습니다. 그 큰복의 내용이 22장 17~18절에 나와 있습니다.

첫째, 네 씨가 크게 번성하여 하늘의 별, 바닷가의 모래와 같게하리라.

하늘의 별은 영광을, 바닷가의 모래는 강인한 생존력을 뜻합니다. 전 세계에 흩어져 사는 유대인과 이스라엘 나라 안에 살고 있는 유대인을 합하면 1,500만 명 정도입니다. 전 세계 인구 비율로 따지면

0.2% 정도가 유대인입니다. 그런데 1901년 노벨상 시상이 시작된 이래 930년간 총 수상자가 943명인데 그중에 22%인 210명이 유대인입니다.

각 분야에서 세계를 움직인 유대인들의 수도 셀 수 없습니다.

철학: 스피노자, 심리학: 프로이트, 음악: 번스타인, 과학: 아인슈타인, 영화: 스필버그, 의학: 왁스만(마이신 발명), 경제: 워렌 버핏, 록펠러, 페이스북 설립자, 구글 설립자, 골드만삭스 설립자, 시티그룹 설립자, 스타벅스 설립자, 에스티로더 설립자가 모두 유대인입니다. 미술: 샤갈, 문학: 앙드레 지드, 카프카, 하이네 등도 유대인들입니다. 대단합니다.

문제는 현재 유대인들의 신앙은 아브라함을 따라가지 못합니다. 구약만 믿고 신약은 믿지 않습니다. 예수 믿는 기독교인은 극소수에 불과합니다. 그런데 아브라함과의 약속 때문에 복을 누리고 있습니다.

출애굽기 20장 6절에 "나를 사랑하고 내 계명을 지키는 자에게는 천 대까지 은혜를 베푸느니라"고 했습니다. 부모의 책임이 큽니다. 자녀가 복을 받고 후손이 복을 받는 것은 당사자들이 복 받을 일을 해야 합니다. 그러나 부모세대가 복 받는 삶을 살고 물려줘야 합니다.

둘째, 네 씨가 대적의 성문을 차지하리라.

후손이 강한 민족이 된다는 것입니다. 이스라엘 민족이 가나안 땅에 들어간 이후 지금까지 치른 전쟁은 셀 수가 없습니다. 독일 나치 정권은 이스라엘 민족 자체를 없애기 위해 6백만 명을 학살했고, 중동전쟁, 팔레스타인과의 전쟁이 계속되고 있습니다.

지금도 이스라엘을 에워싸고 리비아, 레바논, 시리아, 사우디, 이집트, 이란, 이라크가 포진하고 있습니다. 그런데 이스라엘은 망하지 않고 싸우고, 이기고, 버티고, 나라를 지키고 있습니다. 정규군이 17만 4천 명 정도, 예비군이 46만 5천 명이라고 합니다. 군대 수, 비행기 보유 대수도 많지 않습니다. 그런데 망하지 않고 있습니다. "네 씨가(후손이) 대적을 이기고 성문을 차지하리라"는 말씀이 이뤄지고 있는 것입니다.

셋째, 네 씨로 말미암아 천하 만민이 복을 받으리니 이는 네가 나의 말을 준행하였음이니라.

아브라함의 자손 가운데 예수 그리스도가 나시고 천하 만민을 구원하신다는 것입니다. 마태복음 1장 1절은 "아브라함과 다윗의 자손 예수 그리스도의 세계"로 시작됩니다. 예수 그리스도가 아브라함의 자손임을 밝힙니다. "나의 말을 준행하였다"라는 말씀을 주목해야 합니다. 단순한 제사가 아니었습니다. 하나님의 말씀을 준행한 것입니다. '준행'이란 그대로 가감 없이 하라는 대로 순종했다는 뜻입니다. 아들을 바치는 것이 쉬운 일입니까? 만일 그때 아브라함이 '말도 안 돼. 그걸 말이라고 해? 어림도 없는 소리, 못해, 안 돼, 할 수 없어! 절대로 안 돼!'라고 거부했다면 그는 이삭을 데리고 시골 영감으로 살다가 죽었을 것입니다.

우리들의 얘기로 바꿔야 합니다. 신앙생활을 하다 보면 어려운 일이 있고 쉬운 일이 있습니다. 교회를 섬기다 보면 어려운 일도 있고 쉬운 일도 있습니다. 어려우냐, 쉬우냐, 하기 편하냐, 불편하냐가 중요하지 않습니다. 준행하느냐, 안 하느냐가 중요합니다.

출애굽한 이스라엘이 홍해 앞에 이르게 됐습니다. 앞에는 홍해가 가로놓여 있고 뒤에는 바로와 그의 군대가 추격해 오고 있습니다. 이스라엘 백성들의 원망이 시작됐습니다. "왜 우리를 애굽에서 끌어내서 모두 죽게 만드느냐, 애굽에 매장지가 없어서 여기다 묻을 작정이냐, 애굽 사람을 섬기며 살게 놔두지 왜 끌어냈느냐, 네가 믿는다는 하나님은 어디 있느냐, 뭐하고 있느냐!"라며 소리치고 대들었습니다. 그때 모세가 외쳤습니다. 출애굽기 14장 13-14절입니다.

> "모세가 백성에게 이르되 너희는 두려워하지 말고 가만히 서서 여호와께서 오늘 너희를 위하여 행하시는 구원을 보라 너희가 오늘 본 애굽 사람을 영원히 다시 보지 아니하리라 여호와께서 너희를 위하여 싸우시리니 너희는 가만히 있을지니라."

'가만히 서서, 가만히 있으라'가 두 번 반복됩니다. 그 뜻은 자리를 지키라는 것입니다. 그런데 원문의 뜻은 '혀를 깨물어라'입니다. 혀를 깨물고 원망하지 마라, 불평하지 마라, 네 자리를 지키라는 뜻입니다. 하나님이 하시는 일에 대해 이러쿵저러쿵하지 맙시다. "하나님, 잘 하셨습니다. 하나님, 옳습니다"라고 고백하고 순종하는 것이 아브라함의 준행 신앙입니다.

무엇을 드리느냐보다 중요한 것은 우선순위입니다. 하나님을 어떻게 이해하느냐, 어떻게 인정하느냐, 하나님을 내 밑에 두느냐, 내 위에 두느냐가 중요합니다. 그리고 최고 최상의 드림은 나를 드리는 것입니다. 하나님이 원하시는 것은 이삭이 아닙니다. 물질도 아닙니다.

로마서 12장 1절을 보면 "너희 몸을 하나님이 기뻐하시는 거룩한 산 제물로 드리라 이는 너희가 드릴 영적 예배니라"고 했고, 잠언 23장 26절에서는 "네 마음을 내게 주며"라고 했습니다. 나를 드리고, 내가 도구가 되고, 내가 이삭이 되고, 내가 산 제물이 되는 것이 최상의 제사, 최고의 제물이 되는 것입니다.

드리고 받고! 아멘.

그리스도인

(사도행전 11:19-26)

예수 믿는 사람들을 그리스도인이라 부르기 시작한 것은 안디옥 교회였습니다. 그리스도인이란 '그리스도의 것'이라는 뜻입니다. 유대인들은 예수 믿는 사람들을 나사렛 사람, 갈릴리 사람이라고 불렀습니다.

신약성경 안에 그리스도인이란 말이 세 군데 나옵니다. 사도행전 11장 26절을 보면 안디옥 교회에서 최초로 그리스도인이라 불렸고, 사도행전 26장 28절에서 당시 유대 왕 아그립바가 체포되어 심문받는 바울에게 "네가 나를 권하여 그리스도인이 되게 하려느냐"라고 했고, 베드로전서 4장 16절에서 "만일 그리스도인으로 고난을 받으면 부끄러워하지 말고 도리어 그 이름으로 하나님께 영광을 돌리게 하라"고 했습니다.

초대교회에서는 그리스도인이라 부르기 전 성도 또는 형제라고 불렀습니다. 그러다가 안디옥교회를 시작으로 주후 2세기 초부터는 그리스도인이라는 이름을 일반적으로 사용하기 시작했습니다.

교회 다니는 사람들을 둘로 나눌 수 있습니다.

첫째, 교인입니다.

교회를 다니는 사람이 교인입니다. 정한 교회가 있을 수도 있고, 없을 수도 있습니다. 등록을 할 수도 있고, 안 할 수도 있습니다. 여기저기 다닐 수도 있고, 인터넷으로 교회를 쇼핑할 수도 있습니다. 그리고 종교란에는 기독교인이라고 기록하는 사람들입니다. 우리나라에 1천만 명 정도입니다. 인구 5분의 1이 교인입니다. 전 세계 기독교인 숫자는 25억 5천만 명이라고 합니다. 유대교가 1천5백만, 불교가 5억 4천만, 힌두교가 10억 7천만, 이슬람교가 19억 6천만 정도입니다. 세계 인구 80억 가운데 25억 5천만 명이 기독교인 숫자라면 결코 적은 숫자가 아닙니다.

둘째, 그리스도인입니다.

누가 어떤 사람이 그리스도인인가 구체적으로 살펴보겠습니다. 전 세계 25억 명의 기독교인과 대한민국 1천만 명 교인, 그들이 다 그리스도인은 아닙니다. 누가 그리스도인입니까?

1. 바르게 믿는 사람입니다

예수 그리스도를 연구하고, 그림을 그리고, 조각하고, 노래하고,

영화를 만들고, 오페라를 만드는 사람들이 있습니다. 그들 중에는 믿는 사람도 있고 안 믿는 사람도 있습니다.

오래전 멜 깁슨이 주연한 "패션 오브 크라이스트"라는 영화가 있었습니다. 멜 깁슨이 대박을 터트린 영화입니다. 문제는 예수님 역을 맡아 연기한 그가 그리스도인인가 하는 것입니다. 그리고 그리스도인으로 살고 있는가도 문제가 됩니다. 그리스도인은 예수를 영접하고 믿고 구원받은 사람들입니다. 그리고 그 사실을 믿고 시인하는 사람들입니다.

로마서 10장 10절이 말씀합니다.

"사람이 마음으로 믿어 의에 이르고 입으로 시인하여 구원에 이르느니라."

그렇습니다. 내가 믿는 바를 시인하고 고백하는 사람이 그리스도인입니다. 언제 어디서 누구 앞에서라도 주저하지 않고 겁내지 않고 망설이지 않고 더듬거리지 않고 "나는 예수 믿는 사람입니다. 나는 그리스도인입니다"라고 말할 수 있는 사람이 그리스도인입니다.

고인이 된 지 오래입니다만 불교 승려 중에 성철 승려가 있었습니다. 그가 임종 전에 남긴 유언이 있는데 "나는 지옥에 간다. 내 죄는 산보다 높고 바다보다 깊은데 어찌 감당하랴. 내 인생을 잘못 선택했다. 나는 지옥에 간다. 사탄이여, 어서 오십시오. 나는 당신을 존경하며 예배합니다"라고 했습니다.

그가 무엇을 믿고 누구를 믿었는지 애매모호합니다. 한 가지 확실한 것은 자신이 지옥 갈 것을 믿었다는 것입니다. 만일 예수를 믿는다는 사람이 이런 고백을 한다면 그런 사람은 그리스도인이 될 수 없습니다.

왜 교회를 다닙니까? 예수 그리스도를 믿고 그리스도인이 되기 위해서입니다. 왜 성경을 공부합니까? 바로 믿고, 바로 사는 그리스도인이 되기 위해서입니다. 그러기 위해서 먼저 나 자신의 위치부터 점검해야 합니다. '나는 예수님을 아는가? 믿는가? 나는 예수님을 믿고 그 사실을 고백하는가? 못하는가? 확신이 있는가? 없는가?'를 점검해야 합니다.

간첩활동을 하다가 체포돼 15년, 20년, 30년을 복역하면서도 전향하지 않은 사람을 미전향 장기수라고 합니다. 그들은 끝까지 전향을 거부하고 공산주의를 신봉하면서 복역한 사람들입니다. 공산주의에 대한 신념 때문입니다.

그리스도인에게도 신념이 있습니다. 그 신념은 사상과 주의, 핍박과 박해, 죽음과 순교를 넘어서고 이깁니다. 고백이 명확하고 분명해야 합니다. "나는 예수님을 믿습니다, 예수 그리스도는 나의 구주이십니다"라고 믿고 고백해야 합니다. 바르게 믿는 사람이 그리스도인입니다.

2. 바르게 사는 사람입니다

사도행전 11장 24절을 보면 바나바가 등장합니다. 그는 '착한 사람, 성령과 믿음이 충만한 사람'이라고 했습니다. 단순히 착한 것이 아니고 성령과 믿음이 충만했고 그 결과로 그의 삶이 착했다는 것입니다. 그는 착한 그리스도인이었습니다. 착한 그리스도인이란 그리스도의 삶을 배우고, 따르며, 실천하는 사람입니다.

교회는 다니지 않지만 착한 사람이 있고, 교회는 다니지만 착하지 않은 사람이 있습니다. 교회는 다니지 않지만 칭찬 듣는 사람이 있고, 교회는 다니지만 욕먹는 사람이 있습니다. 그리스도인은 욕먹거나 손가락질을 받으면 안 됩니다. 바나바처럼 "착한 사람이다. 본받을 게 있다"라는 칭찬을 받아야 합니다. "저 사람이 교회 다녀? 저 사람이 예수 믿는다고?"라고 하면서 비난을 받거나 욕을 먹으면 안 됩니다.

충남 공주에 장애인 시설이 있습니다. 그곳을 25년 넘게 찾아가 이발도 해주고 짜장면을 만들어 대접하는 이발소 사장님이 있습니다. 그는 거기에 가면 세 번 운다고 했습니다. 첫 번째, 양파 깔 때 울고, 두 번째, 파 다듬을 때 울고, 세 번째, 맛있게 먹는 모습을 볼 때 운다고 했습니다. 그가 기독교인인지 아닌지 상관없습니다. 하지만 멋진 삶을 실천하고 있습니다.

교회가 할 일, 그리스도인이 할 일이 뭡니까? 감동을 주는 것입니다. 세상 사람들과 시중 언론들이 손가락질하던 손을 펴서 박수를 치도록 하는 것입니다.

크게 성공한 모 기업의 회장인 교회 장로님을 만났습니다. 그는 일주일에 한 차례 기차역이나 터미널 등 사람이 많은 곳을 찾아가 개인 전도를 합니다. 그리고 젊은이들 모임에 초대되어 기업가로 성공한 사례들을 강의합니다. 여기저기를 말없이 섬기는 분입니다. 그분이 한 말입니다. "교회 다니는 사람이 왜 직장이나 사업에 성공하지 못하고 실패하는가? 양다리를 걸치기 때문이다. 교회 오면 기독교인, 밖에 나가면 비기독교인. 양다리를 걸치고 있기 때문에 이것도 저것도, 이 일도 저 일도 안 된다"라는 것입니다.

여호수아 24장 15절이 말씀합니다.

"만일 여호와를 섬기는 것이 너희에게 좋지 않게 보이거든 너희 조상들이 강 저쪽에서 섬기던 신들이든지 또는 너희가 거주하는 땅에 있는 아모리 족속의 신들이든지 너희가 섬길 자를 오늘 택하라 오직 나와 내 집은 여호와를 섬기겠노라."

열왕기상 18장 21절도 말씀합니다.

"엘리야가 모든 백성에게 가까이 나아가 이르되 너희가 어느 때까지 둘 사이에서 머뭇머뭇하려느냐 여호와가 만일 하나님이면 그를 따르고 바알이 만일 하나님이면 그를 따를지니라 하니 백성이 말 한마디도 대답하지 아니하는지라."

양다리 걸치지 말라, 하나님 편에 서라, 줄서기를 바로 하라는 뜻입니다. 세계 나라들 가운데 기독교 국가라는 나라들이 있습니다. 그러나 기독교 국가는 별 의미가 없습니다. 그리스도인이 필요합니다. 우리나라의 경우 1천만 기독교인이 사회를 변화시키고 국가를 바로 세우는 것이 아닙니다. 그리스도인이라야 합니다.

누가 그리스도인입니까? 예수님의 삶을 따르는 사람들입니다. 물론 쉽진 않습니다. 쉽지 않기 때문에 노력하고 몸부림치고 최선을 다해야 합니다.

랄프 탈리버가 쓴 《금은 불을 두려워하지 않는다》라는 책이 있습니다. 이 책은 박해를 이겨낸 중국교회 이야기를 다루고 있습니다. 금을 제련하는 용광로는 1,500도를 넘습니다. 거기 들어가야 금이 됩니다. 불을 겁내면 금이 안 됩니다. 불이 금을 만들고, 용광로의 뜨거운 불이 순금을 만듭니다.

로마 정권은 당시 기독교들을 무신론자라고 정죄하고 처형했습니다. 그들에게는 로마 황제가 신입니다. 그 신을 숭배하는 것을 반대하는 기독교인들은 무신론자였기 때문에 십자가에 못 박고 맹수에게 찢기고 화형했습니다.

3세기 이후 아일랜드 수도원에서는 '순교'를 두 가지로 해석했습니다. 하나는 적색 순교입니다. 붉은 피를 흘리고 죽는 피의 순교입니다. 둘은 녹색 순교입니다. 땀 흘리는 순교, 현실의 삶 속에서 순교적 삶을 실천하는 순교!

우리에게 필요한 것은 삶 속에서 겪는 순교입니다. "저 사람은 그리스도인답다"라고 할 때 무엇을 보고 무엇을 기준으로 삼을까요? 주일예배 출석? 헌금? 하루도 안 빠지는 새벽기도? 교회 봉사? 성경 공부? 교회 직분 맡은 것? 어려운 이웃을 도와주는 것? 전도를 많이 하는 것? 선교하는 것? 그런 것들 때문에 "아! 저 사람은 진짜 그리스도인이다. 예수 닮은 사람이다. 진짜 예수 믿는 사람이다"라고 할까요?

아닙니다. 그 사람의 행동을 주시합니다. 사는 모습을 지켜봅니다. 말하는 것, 행동하는 것을 지켜본 다음 진짜, 가짜를 식별하고 판단합니다. 그러니까 직장에서 일터에서 동네에서 가정에서 어떻게 살고 어떻게 행동하느냐, 어떤 모습을 보여주느냐가 중요합니다.

가정을 예로 들어 봅시다.

믿지 않는 남편이 교회 다니는 아내를 14년 동안 지켜보다가 "여보, 당신은 진짜요. 14년간 당신을 지켜봤는데 예수가 좋은 분이오. 내가 예수는 잘 모르지만 당신을 보니깐 예수가 좋을 것 같소. 나도 예수 믿을 마음이 생겼소!"라고 얘기했다고 합니다.

반대의 경우도 있습니다. "당신이 하는 꼴을 보니까 예수 믿으나 마나, 교회 다니나 마나요. 당신이 하는 꼴을 보니까 교회 안 나가는 게 더 좋겠소. 당신이 믿는 예수라면 사양하겠소."

나는 어느 쪽에 속합니까?

나 때문에 가족이 변하고 가정이 변하며 직장과 일터가 변한다면 그 사람은 그리스도인입니다. 그러나 반대로 나 때문에 평안하던 가정이 지옥으로 변하고 일터가 더 살벌해지며 인간관계가 전투적으로 변한다면 그는 그리스도인이 아닙니다.

야고보서의 교훈을 살펴보겠습니다.

"내 형제들아 만일 사람이 믿음이 있노라 하고 행함이 없으면 무슨 유익이 있으리요 그 믿음이 능히 자기를 구원하겠느냐"(2:14).

"이와 같이 행함이 없는 믿음은 그 자체가 죽은 것이라"(2:17).

"아아 허탄한 사람아 행함이 없는 믿음이 헛것인 줄을 알고자 하느냐"(2:20).

"영혼 없는 몸이 죽은 것같이 행함이 없는 믿음은 죽은 것이니라"(2:26).

모든 말씀에서 행함, 행함, 행함을 강조하고 있습니다. 야고보서는 이미 예수를 믿는 사람, 잘 믿는다고 큰소리치는 사람들에게 보낸 편지입니다. 그 대상이 교회 다니는 사람들입니다.

"잘 믿는다. 오래 믿었다" 하면서 행실은 형편없는 사람들, 입술만 살아 있는 사람들, 번지르르하게 말만 잘하는 사람들, 그들에게 보낸 편지입니다. "행함 없는 믿음이 무슨 유익이 있느냐. 행함 없는 믿음은 죽은 것이다"라는 말씀은 귀담아듣고 새겨야 할 경고입니다.

3. 예수 그리스도를 전하는 사람입니다

예수 그리스도를 알리고 전하는 것을 전도라고 합니다. 그런데 요즘은 전도하기가 어렵고 겁난다고 합니다. 기독교가 몰매를 맞고 온통 세상이 교회를 매도하고 공격하고 있어서 교회 얘기를 꺼내기도 힘들고 예수 믿는다고 말하기가 어려워졌다고 합니다.

예를 들겠습니다. 코로나 여파로 일상이 무너지고 생활 방식이 변하고 국제 경제가 요동치고 환율 변동이 심해졌다고 가게 문 닫고, 회사 문 닫고, 무역 중단하고, 공장 문 닫고, 경제활동을 중지해야 합니까? 더 정신 차리고 도전해야 합니다. 그리스도인의 다른 이름은 그리스도를 선포하고 전하는 사람입니다. 핵심을 놓치면 안 됩니다. 사람은 잘못을 저지를 수 있습니다. 그러나 예수 그리스도는 잘못한 게 없습니다. 부끄러운 일을 한 일도 없고, 욕먹을 일을 한 일도 없고, 손가락질받을 일을 한 일도 없습니다. 누구에게 해를 끼친 일도 없고, 누구에게 치명상을 입힌 일도 없습니다. 타 종교인들이나 불신자들도 예수가 성인이고 성자라는 것을 인정합니다. 그 예수 그리스도를 전하는 사람이 그리스도인입니다.

초대 교회 교인들은 3백 년이라는 길고 긴 세월 동안 로마의 박해 속에서도 복음을 전했습니다. 로마 원형극장에서 굶주린 사자가 공격해도 복음을 전했습니다. 서머나교회 감독이었던 폴리캅도 그중 한 사람이었습니다. 로마 황제 가이사가 "나에게 주님이라고 한마디만 해라. 그러면 너를 화형시키지 않고 살려 주겠다"라고 했습니다. 그러자 폴리캅이 대답했습니다. "그건 못한다. 86년 동안 단 한 번도 예수님은 나를 모른다고 한 일이 없었다. 늙은 생명을 부지하겠다고 그분을 부인할 수 없다." 이런 사람이 그리스도인입니다. 이런 믿음이 그리스도인의 신앙입니다. 이쯤에서 내 모습을 점검해야 합니다. '나는 종교인인가? 교인인가? 기독교인인가? 그리스도인인가? 언제까지 그 자리에 머물 것인가?' 자문자답해야 합니다.

그리스도인(사도행전 11:19-26)

주후 3세기 북아프리카 카르타고에도 박해의 광풍이 몰아쳤습니다. 많은 사람들이 순교했습니다. 그들 가운데 당시 귀부인인 페루페투이라는 여신도가 있었습니다. 그가 남긴 말은 이렇습니다. "세상 만물이 다 이름이 있다. 그 이름은 바꿀 수 없는 것처럼 나도 그리스도인이라는 이름을 바꿀 수 없다. 맹수들이 나에게 달려들 때 내 안에 나 아닌 다른 분이 내 안에서 역사하실 것이다. 나 대신 그분이 고통을 받으실 것이다." 그는 원형 경기장에서 맹수에게 물려 순교의 제물이 되었습니다.

그리스도인이라고 반드시 순교를 해야 한다든지, 기죽고 살아야 하는 것은 아닙니다. 어디 살든지, 무엇을 하든지, 그리스도인답게 사는 것이 중요합니다. 그리스도인은 그리스도인이 아닌 사람과 단 한 가지만이라도 달라야 합니다. 말 한 마디, 행동 한 가지, 생각하는 것이 달라야 합니다. 그렇게 살기 위해 최선을 다해야 합니다. 그리고 "저 사람은 그리스도인이다"라는 말을 듣도록 살아야 합니다.

"나는 그리스도인입니다. 날마다 영원히 그리스도인입니다." 아멘!

모양도 없고 풍채도 없고
(이사야 53:1-3)

신구약 성경의 주제는 예수 그리스도입니다. 구약은 오실 예수님 이야기, 신약은 오신 예수님에 관한 이야기로 구성되어 있습니다.

구약은 장차 오실 예수 그리스도가 어떤 분이신가, 어떻게 오시는가, 오셔서 어떤 일을 하실 것인가를 설명하고 있습니다. 또한 신약은 오신 예수님이 어떻게 오셨는가, 오셔서 어떤 일을 하셨는가, 어떻게 사셨고 죽으셨고 부활하시고 승천하셨는지 그 사건을 설명하고 있습니다. 그리고 다시 오실 것을 예언하고 있습니다.

물론 성경 안에는 예수님 이야기 외에도 다른 이야기들이 수록되어 있습니다. 그러나 다른 이야기들은 예수님 이야기를 보충하기 위한 보조자료로 보면 됩니다. 중요한 것은 구약에 예언된 예수님에 관한 예언들이 신약에서 그대로 성취되었다는 것입니다.

몇 가지 예를 들어보겠습니다.

첫째, 탄생에 관한 예언과 성취입니다.

창세기 22장 18절은 예수님께서 아브라함의 씨(후손)로 태어나신다고 했고 마태복음 1장 1절은 아브라함과 다윗의 자손으로 태어나셨다고 밝힙니다.

이사야 7장 14절은 처녀가 잉태하여 아들을 낳게 될 것이라고 했고 누가복음 1장 31절은 처녀 마리아가 아들을 낳고 그 이름을 예수라 했습니다.

미가 5장 2절은 베들레헴에서 이스라엘을 다스릴 자가 나올 것이라고 예언했고 마태복음 2장 1절은 헤롯 왕 때 예수님이 베들레헴에서 나셨다고 했습니다.

둘째, 수난과 부활, 승천에 관한 예언과 성취입니다.

스가랴 11장 12절에서는 예수님이 은 30에 팔릴 것이라고 했고 마태복음 26장 15절에서는 가룟 유다가 은 30을 받고 예수를 넘겨주었다고 했습니다.

시편 118편 17절에서는 죽지 않고 살아나신다고 했고 마가복음 16장 6절에서는 그가 무덤에 계시지 않고 살아나셨다고 했습니다.

시편 68편 18절에서는 주께서 높은 곳으로 오르신다고 했고 사도행전 1장 9절에서는 수많은 사람들이 보는 데서 승천하셨다고 했습니다.

구약의 예언들이 신약에서 마치 톱니바퀴처럼 그대로 이뤄지고 성취되었습니다. 그것은 성경의 정확성, 명확성, 확실성, 진실성을 증거합니다.

이사야 53장은 장차 메시아로 오실 예수님이 어떤 분인가, 오셔서 어떤 일을 겪으실 것인가를 설명합니다.

오늘의 본문을 구체적으로 살펴보겠습니다. 2절을 보겠습니다.

"그는 주 앞에서 자라나기를 연한 순 같고 마른 땅에서 나온 뿌리 같아서 고운 모양도 없고 풍채도 없은즉 우리가 보기에 흠모할 만 한 아름다운 것이 없도다."

이 구절을 유진 피터슨이 번역한 메시지 성경은 다음과 같이 번 역했습니다.

"하나님 앞에서 자라난 그 종, 바싹 마른 땅에 심긴 앙상 한 묘목, 왜소한 초목 같았다. 아무 볼품도 없고 보잘것없 었다."

3절도 보겠습니다.

"그는 멸시를 받아 사람들에게 버림받았으며 간고를 많이 겪었으 며 질고를 아는 자라 마치 사람들이 그에게서 얼굴을 가리는 것같 이 멸시를 당하였고 우리도 그를 귀히 여기지 아니하였도다."

메시지 성경은 다음과 같이 번역했습니다.

"멸시를 받고 무시당하며 고난을 아는 사람, 고통을 몸소

겪은 사람이었다. 그를 보면 사람들은 고개를 돌렸다. 우리
는 그를 멸시했고 벌레 취급했다."

동방박사들이 머나먼 곳에서 아기 예수께 경배하기 위해 찾아왔
습니다.

마태복음 2장 2절을 보면 "유대인의 왕으로 나신 이가 어디 계시
냐 우리가 동방에서 그의 별을 보고 그에게 경배하러 왔노라"고 했
습니다.

왕의 탄생을 축하하고 경배하러 왔다는 것입니다. 그런데 일찍이
이사야는 왕의 탄생을 연한 순, 바싹 마른 땅에 심긴 묘목, 왜소한
들풀, 볼품도 없고 보잘것없고 멸시받고 무시당하며 벌레 취급 받고
외면당하는 사람으로 태어난다고 예언했습니다.

이사야의 예언은 그대로 성취되었습니다. 당시 로마 황제 가이사
도, 유대 총독 빌라도도, 유대 왕 헤롯도 그렇게 태어나지 않았습니
다. 그런데 왜 예수님은 그런 모습으로 탄생했을까요? 그것은 이 세
상에 태어나신 목적 때문입니다.

성경에서 답을 찾겠습니다.

"인자의 온 것은 섬김을 받으려 함이 아니라 도리어 섬기려 하고 자
기 목숨을 많은 사람의 대속물로 주려 함이니라"(마 20:28).

이 한 구절에 예수님이 오신 목적이 드러나 있습니다. 황제, 왕, 귀
족, 산헤드린 의회 의원, 율법학자들은 섬김을 받는 사람들입니다.

그들은 명령하고, 지시하고, 다스리며, 통치하는 사람들입니다.

그러나 섬기러 오셨고, 죽으러 오신 예수님은 그렇게 할 수 없습니다. 그래서 출생부터가 달랐습니다. 가난한 목수 집안에서 태어났습니다. 당시 이스라엘 수도인 예루살렘에는 입성도 못하고 변두리 베들레헴에서 태어났습니다. 그 당시 베들레헴은 예루살렘에서 12킬로미터 떨어진 곳에 위치한 작은 마을이었습니다. 주민들은 서민들이었고 목축과 농사가 주업이었습니다. 거기서 태어나셨습니다. 본문이 밝히는 예수님의 모습을 구체적으로 살펴보겠습니다.

1. 연한 순 같고

땅을 비집고 갓 돋아난 가녀린 싹을 말합니다. 쉽게 부러지고 망가집니다. 가장 여리고 약할 때가 연한 순입니다. 그러나 그 연한 순이 자라면 거목이 됩니다. 그 나무로 집을 짓고 다리를 놓고 가구를 만듭니다.

2. 마른 땅에서 나온 뿌리 같고

물이 넉넉하고 토질이 좋은 땅이면 뿌리가 견디고 사는 것이 쉽습니다. 그러나 메마른 땅, 갈라진 땅, 척박한 땅에서 죽지 않고 사는 뿌리는 강인한 뿌리입니다. 예수님을 그 뿌리라고 했습니다. 고난을 견딘 뿌리, 십자가를 이겨낸 뿌리, 승리의 거목이 된 뿌리가 곧 예수 그리스도이십니다.

3. 모양도 없고 풍채도 없고

볼품도 없고 보잘것없는 모습이 아기 예수의 모습이었습니다. 아무도 거들떠보는 사람이 없었습니다. 알아주는 사람도 없었습니다. 구약의 예언을 가르치는 서기관들도 율법 선생들도 알아보지 못했습니다. 너무나 초라했기 때문입니다.

예수님은 단 한 번도 백일잔치, 생일잔치를 한 일이 없습니다. 강보에 싸여 구유에 뉘었습니다. 강보는 신생아를 감싸는 포대기, 천 쪼가리입니다. 비단 포대기였겠습니까? 실크였겠습니까? 순모 포대기였겠습니까? 마리아가 준비한 허름한 천 쪼가리였을 것입니다.

구유가 뭡니까? 말이나 소, 돼지 먹이를 담는 밥통입니다. 구유 그림을 보겠습니다. 성경학자 에르테는 "도저히 믿기지 않는 엄청난 역설"이라고 했고, 고영민 박사는 "영원한 분이 시간 속에 나타나셨고 무소부재하신 분이 구유에 누워 계신다. 전능하신 분이 머리조차 들 수 없는 힘없는 아기로 포대기에 싸여 있다. 전지하신 분이 한마디 말도 할 수 없는 아기가 되셨다. 하늘과 땅을 지으신 그리스도가 외양간 구유에 누우셨다. 하나님께서 추위와 비정함과 죄와 고통에 빠져 있는 인간을 찾아오시되 베들레헴 구유에 누인 한 아기의 모습으로 오셨다. 그러므로 그는 낮고 천하며 억압받는 자들의 편에 서실 수 있다"라고 했습니다.

왜 예수님은 그렇게 태어나셔야 했습니까? 오신 목적 때문입니다. 왕자로 태어나면 왕족들과 만나고 교제해야 합니다. 귀족으로 태어나면 귀족사회를 벗어나지 못합니다. 예수님이 만나야 할 사람들은 가난하고 병들고 소외되고 인정받지 못하고 밀려난 사람들입니다. 죄 많은 사람들, 희망을 포기한 사람들입니다.

그래서 베들레헴에서 나셨고 마구간 구유에 누우셨습니다. 그리고 30년간 사신 동네는 예루살렘이 아니고 나사렛이었습니다. 나사렛은 예루살렘으로부터 90킬로미터 떨어진 시골마을입니다. 문화시설도 없고, 교육시설도 없고, 행정 부처도 없는 촌 동네입니다. 요셉과 마리아의 고향이어서 그들은 거기서 성장했습니다. 촌사람 예수, 목수의 아들 예수. 그래서 볼품도 없고, 보잘것없고, 무시당하고, 멸시받고, 외면당했습니다.

맨 먼저 아기 예수를 찾아온 사람들도 볼품없고, 보잘것없고, 영향력 없는 목자들이었습니다. 기독교의 출발도 모양도 없고, 풍채도 없고, 볼품도 없고, 보잘것없는 사람들이 시작했습니다. 예수님을 따르던 제자들도 모두 별 볼 일 없는 사람들이었고 변두리 사람들이었습니다. 그러나 지금도 기독교가 별 볼 일 없는 공동체입니까? 아닙니다. 세계를 점령했습니다.

한국에 복음을 전한 것은 서양 선교사들이었습니다. 당시 양반들, 식자층, 상류사회 사람들은 기독교를 받아들이지 않았고 보통 사람들, 서민들이 복음을 받아들이고 기독교인이 됐습니다. 초가집에서 시작된 한국 기독교가 이제는 국내 제1의 거대 공동체가 되었

모양도 없고 풍채도 없고 (이사야 53:1-3)

습니다. 연한 순이 자라서 거목이 된 것입니다.

본문으로 다시 돌아가겠습니다. 3절에 "그는 멸시를 받았고 간고
를 겪었고 그는 질고를 알고 사람들은 그를 귀히 여기지 아니했다"
라고 했습니다. 십자가 고난을 예언한 것입니다.

불교의 석가는 네팔에서 태어났고 죽은 뒤 그의 시신은 화장했습
니다. 유교의 공자는 중국 노나라에서 태어났고 그의 시신은 중국
창평향에 매장됐습니다. 이슬람교의 모하메드는 중동 메카에서 태
어났고 그의 무덤은 사우디아라비아에 있습니다. 그러나 예수님은
유대 나라 베들레헴에서 태어나셨고 그의 무덤은 베들레헴에도 나
사렛에도 예루살렘에도 없습니다. 예수님은 죽으셨고, 다시 살아나
셨고, 승천하셨고, 다시 오십니다.

당시 십자가는 최고의 사형 도구였습니다. 사형수들도 십자가에
처형당하는 것을 최악의 수치와 멸시로 여겼습니다. 그런데 예수님
은 그 십자가에 죽으셨습니다. 자신이 지은 죄 때문이 아닙니다. 내
죄와 우리 죄 때문에, 나와 우리를 위해 대신 죽으셨습니다.

태어날 때는 연한 순처럼 볼품없이, 보잘것없이, 노숙자처럼 태어
나셨고 십자가의 질고를 지고 죽으셨습니다. 그러니까 예수님은 가
난이 무엇인지 아픔이 무엇인지 고통이 무엇인지를 체험하셨고 다
아시는 분이십니다. 시골 동네 베들레헴에서 태어나셨고 강보에 싸
여 구유에 누우셨습니다.

아기를 태우는 유모차 가운데 영국산 크로스발모랄은 수제품인
데 600만 원이라고 합니다. 이탈리아 수오모사가 만든 아기 침대는

전체를 금도금을 했는데 163억 가는 것도 있답니다. 문제는 그런 침대에서 잠자고 그런 유모차를 타며 자란 아이들이 위대한 사람들이 되는가입니다. 침대나 유모차나 엄청난 유산이 위대한 사람을 만드는 것이 아닙니다. 돈은 필요한 것이지만 돈이 위대한 인물을 만드는 것은 아닙니다. 수천억, 수조 원을 상속받는 재벌 2세들은 다 위대한 인물이 되어야 하겠지만 그렇지는 않습니다. 오히려 반대로 타락하고 잘못되고 그릇되는 경우도 많습니다.

제 얘기를 해 보겠습니다. 1967년 9월에 첫딸을 낳았습니다. 단칸 셋방에 세 들어 살 때여서 태어날 아이를 위해 아무것도 준비할 수가 없었습니다. 고민 끝에 아기 침대는 내가 직접 만들어야겠다는 생각이 들어 목재상에 나가 합판과 각목을 사고 철물점에 가서 접이식 상다리를 구입했습니다. 한 달 가까이 뒤척이며 침대를 만들고 핑크빛 페인트까지 칠했습니다. 드디어 최초의 작품인 아기 침대를 완성했고 태어난 첫딸을 아빠가 만든 침대에 뉘였습니다. 나무침대지만 그 아기는 예쁘고 건강하게 잘 자랐습니다.

유모차 없이 엄마 등에 업고 키웠지만 곧게 자랐습니다. 지금은 교수이자 목사의 아내로, 세 아이의 엄마로 그리고 선교단체를 섬기는 자원봉사자로 섬기고 있습니다. 손녀들도 신앙을 물려받아 바르게 곧게 잘 자랐습니다.

이 세상에 자식들이 가난에 쪼들리고 못된 길을 걷기를 바라는 부모는 없습니다. 그러나 잘된다, 잘 산다는 것이 무엇인가를 바르게 가르치고 물려줘야 합니다. 자녀를 바르게 키웁시다. 올바르게 키웁시다. 믿음의 유산을 물려줍시다. 신앙생활, 교회생활, 일상생활에서 모범을 보여줍시다. 다음세대와 자식들로부터 존경과 사랑을 받는 아비세대가 됩시다. "나는 우리 아버지와 어머니를 사랑하고 존경한다, 그리고 신뢰한다, 나도 저렇게 되고 싶다"라는 감동을 줍시다.

카타르 월드컵 경기가 끝났을 때, 한국팀의 전적은 우루과이전 무승부, 가나전 3:2 패배, 포르투갈전 2:1 승리, 브라질에게는 4:1로 패했습니다. 경기는 승패가 있는 것이고 한국 선수들은 잘 싸웠습니다. 특히 포르투갈전에서 2:1의 승리는 전 국민에게 감동과 감격을 준 쾌거였습니다. 감동의 도가니였고 전 국민을 하나로 만들었습니다. 그 순간은 여야도 이념도 동서도 노사도 없었습니다. 감동, 감동, 감동의 도가니였습니다.

그때 크게 느낀 게 있습니다. '교회는 이런 감동을 줄 수 없을까?' 그러나 축구가 주는 감동은 오래 못 갑니다. 그때가 지나면 사그라집니다. 예수님은 인간을 감동시키고 감격하게 만드시고 희망을 되찾게 하시며 생명을 되찾게 하셨습니다. 우리가 세상을 감동시키려면 예수님의 삶을 따라가고 실천하는 것입니다. 교회가 축구보다 나아야 하지 않겠습니까?

여수에 있는 애양원교회는 나환자들이 모이는 교회입니다. 손양원 목사님은 그 교회 담임목사이셨습니다. 1938년 평양신학교를 졸업하고 다음 해인 1939년 애양원교회에 부임하셨고, 신사참배 반대로 옥고를 치르면서 23년여 긴 세월 동안 한센환자들과 함께하셨습니다. 1948년 여순반란사건 때 공산 폭도에 의해 두 아들 동인, 동신이 피살당했고 두 아들을 죽인 안재선을 양아들로 삼는 사랑을 베풀기도 했습니다. 1950년 9월 28일 6.25 전쟁 때 순교하셨습니다.

손양원 목사님을 부흥회 강사로 모신 교회는 세 번 놀란다고 합니다. 첫 번째, 키가 너무 작고 모습이 초라해서 기차역에 마중을 나간 사람들이 몰라봅니다. 그래서 놀랍니다. 두 번째, 첫째날 밤 강단에 서면 쩌렁쩌렁 울리는 큰 소리에 놀랍니다. 세 번째, 말씀의 권세와 능력 때문에 놀란다는 것입니다.

지금까지 손양원 목사님이 존경받고 사람들을 감동시키는 것은 예수님의 사랑을 닮고 따르며 실천했기 때문입니다. 예수님을 뒤따르기 위해 베들레헴으로 갈 필요는 없습니다. 태어난 아이를 구유에 뉘일 필요도 없습니다. 내 마음이 베들레헴이 되고 내 삶이 구유가 되면 됩니다. 짐승이 먹이를 먹는 구유는 그냥 밥통입니다. 그러나 예수님이 누우셨던 구유는 거룩한 구유, 가치 있는 구유, 감동적인 구유입니다.

예수님은 태어나실 때 연약한 새순처럼 모양도 없고 풍채도 없이 태어나셨습니다. 그러나 다시 오실 때는 그 모습이 아닙니다. 요한계시록 6장 15~16절을 보겠습니다.

"땅의 임금들과 왕족들과 장군들과 부자들과 강한 자들과 모든 종과 자유인이 굴과 산들의 바위 틈에 숨어 산들과 바위에게 말하되 우리 위에 떨어져 보좌에 앉으신 이의 얼굴에서와 그 어린 양의 진노에서 우리를 가리라."

모양도 없고 풍채도 없고 (이사야 53:1-3)

53

임금들, 귀족들, 권력을 가진 사람들, 부자들, 강한 자들 그리고 온 세상을 심판하는 전능 왕으로 오십니다. 데살로니가전서 4장 16절에서는 "주께서 호령과 천사장의 소리와 하나님의 나팔소리로 친히 하늘로부터 강림하시리니"라고 했습니다. 볼품도 없고 볼거리도 없는 구유에 누인 아기 예수가 아닙니다.

"왕이신 나의 하나님 내가 주를 높이고 영원히 주의 이름을 송축하리이다."

그렇습니다. 왕 중 왕, 심판주이신 주님을 찬양합시다. 주님의 탄생을, 주님의 다시 오심을 찬양합시다.

아멘. 주 예수여 오시옵소서! 마라나타!

왕의 잔치

(마태복음 22:1-14)

성경 안에는 여러 차례 '잔치'에 관한 이야기를 소개하고 있습니다. 2023년 개인적으로 가정과 일터가, 그리고 교회와 대한민국이 잃어버린 기쁨을 회복하고 잔치가 벌어지기를 바라는 심정으로 잔치 이야기를 준비했습니다. 새해에 바라는 기도제목이 있습니다.

첫째, 영혼과 육체의 건강입니다.

부, 명예, 성공 그런 것보다 중요한 것은 건강입니다. 육체도 건강해야 하지만 영혼도 건강해야 합니다. 영혼이 건강해야 정신도, 육체도, 생활도 건강하기 때문입니다.

"사랑하는 자여 네 영혼이 잘됨같이 네가 범사에 잘되고 강건하기를 간구하노라"(요삼 1:2).

둘째, 평안입니다.

한 집안에 갱년기와 사춘기가 함께 있으면 전쟁이 일어납니다. 갱년기도 사춘기도 이해하라는 것보다 갱년기와 사춘기가 충돌하면 가정불화가 일어나는 것처럼 교회도, 사회도, 정치도 극한 대립을 피해야 합니다.

단일민족, 한 피를 이어받은 동포라면서 남과 북, 노사, 계층이 나뉘어 극한 대립으로 치닫고 있습니다. 이때 중재자가 되어야 할 교회의 사명이 큽니다. 교회까지 갱년기, 사춘기로 나뉘어 충돌하면 안 됩니다. 가정이 화목하고, 사회가 평안하고, 교회는 더 화목하고 평안해야 합니다. 그렇게 되어야 합니다.

셋째, 회복입니다.

일상도, 일터도, 회사도, 기업도, 그리고 신앙도 회복되어야 합니다. 3년여간 계속된 코로나 공격으로 지각 변동이 일어났습니다. 오나 가나 온라인입니다. 휴대폰과 컴퓨터만 있으면 무엇이나 다 할 수 있습니다. 교회생활, 신앙생활도 편해졌습니다. 그러나 그것은 비정상입니다. 보는 예배가 드리는 예배로 회복되어야 합니다.

넷째, 감사 신앙의 회복입니다.

어느 모임에서 목사님 한 분이 저더러 "나이 들면 늙어야 하는 것 아닌가요. 팽팽한 비결이 뭐예요?"라고 물었습니다. 제 대답은 "저 매일 세수해요"라고 했더니 그도 "저도 매일 세수하는데요"라고 했습니다. 그러나 같은 세수가 아닙니다. 저는 감사라는 수돗물에 감사라는 비누를 씁니다. 세수할 때 거울 보고 비누칠하고 물로 씻을 때마다 "주님, 감사합니다. 이 나이에 이 얼굴이 웬 은혜입니까? 반반하고 팽팽하게 해주셔서 감사합니다"라고 기도합니다. 그리고 얼굴을 토닥거리며 "고맙다. 수고가 많다"라고 합니다. 하루 두 번씩 감사라는 신제품 화장품을 덕지덕지 바릅니다. 돈도 안 들고 구입하기도 편합니다. 비록 무화과와 포도가 무성치 못해도 나는 하나님 때문에 노래하고 감사한다는 하박국의 믿음을 회복하면 감사할 사건들이 줄지어 일어나게 될 것입니다. 왕의 잔치 이야기를 살펴보겠습니다.

1. 타락한 왕의 잔치 이야기

바벨론 왕국 벨사살 왕의 잔치입니다. 다니엘서 5장에 나오는 기사입니다. 어느 날 벨사살 왕이 거창한 잔치를 열었습니다. 귀족 1천 명과 왕비와 후궁들이 함께하는 잔치였습니다. 자신의 위세와 권력을 자랑하기 위한 잔치였습니다. 바벨론이 유대 나라를 침공했을 때 수많은 보물들을 탈취해 갔습니다. 그 가운데 예루살렘 성전에서 사용하던 금은 그릇들이 있었습니다. 그 그릇들은 하나님께 제사드릴 때 사용하는 성구로 거룩한 그릇들입니다. 벨사살은 그 그릇들을 가져오라고 한 후 술을 담아 마셨습니다. 부어라 마셔라, 주지육림(酒池肉林)으로 흥을 돋우고 있었습니다. 그리고 자기네가 섬기는 우상을 노래하고 있었습니다. 그것은 '내가 강하다. 내가 왕이다. 다른 신은 없다'라는 교만의 극치였습니다. 바로 그때 손가락이 나타나 연회장 벽에 글씨를 쓰기 시작했습니다. 5장 6~7절입니다.

"이에 왕의 즐기던 얼굴빛이 변하고 그 생각이 번민하여 넓적다리 마디가 녹는 듯하고 그의 무릎이 서로 부딪친지라 왕이 크게 소리 질러 술객과 갈대아 술사와 점쟁이를 불러오게 하고 바벨론의 지혜자들에게 말하되 누구를 막론하고 이 글자를 읽고 그 해석을 내게 보이면 자주색 옷을 입히고 금사슬을 그의 목에 걸어 주리니 그를 나라의 셋째 통치자로 삼으리라."

그러나 그 누구도 글자의 뜻을 해석하는 사람이 없었습니다. 하나님이 쓰신 글자를 술객, 점쟁이가 풀 수 없었습니다. 그때 전쟁 포로로 잡혀간 다니엘이 벨사살 왕 앞에 서게 됩니다.

그리고 다니엘이 읽어내린 글자는 '메네 메네 데겔 우바르신'입니다. 메네는 '세어보다, 조사하다'이고 데겔은 '저울로 달다, 측량하다'이고 우바르신은 '갈라지다, 나누어지다, 조각나다'입니다.

하나님이 '바벨론 왕국과 벨사살을 조사하고 달아보고 측량해보니 끝났다. 너와 네 나라는 나누어지고 조각나고 망한다'는 것입니다. 벽에 쓴 글자처럼 바벨론은 신흥국가인 메대 바사에게 망하고 역사의 무대에서 사라지게 됩니다. 주전 536년 페르시아의 고레스 왕에 의해 멸망했습니다. 교만한 왕의 잔치, 우상숭배 왕의 잔치, 하나님을 대적한 벨사살의 잔치는 비극으로 끝났습니다. 그 잔치가 남긴 교훈은 "권력을 잡았다고 교만하지 말라, 성공했다고 건방떨지 말라, 하나님을 대적하지 말라"입니다.

2. 왕의 아들 혼인 잔치

어느 나라 왕이 아들의 결혼식 축하잔치에 손님들을 초청했습니다. 정중하고 엄선된 사람들에게 초대장을 보냈습니다. 그들은 귀족들이었습니다.

유대인들은 7일간 혼인잔치를 계속합니다. 그런데 초청을 받은 사람들은 밭으로 가고 사업하러 가고 종들을 잡아 모욕하며 죽이고 오지 않았습니다. 왕의 초청을 대수롭지 않게 여기고 자기 사업과 업무를 핑계로 거절했습니다.

마태복음 22장 5절을 보면 "저희가 돌아보지도 않고"라고 했습니다. 그 뜻은 "도와서 하다, 개의치 않다, 관심없다"입니다. 왕의 초청을 거절하는 것은 어리석은 판단이고 처신입니다. 왕은 화가 났습니다. 왕이 노하여 군대를 보내 그들을 진멸하고 그 동네를 불살랐습니다(22:7).

그 당시 왕은 그럴 권세를 가지고 있었습니다. 왕은 잔치는 준비됐는데 초청자들이 합당하지 않다고 하며(22:8) 네거리로 나가서 만나는 대로 잔치에 데려오라고 했습니다(22:9). 종들이 나가 악한 자, 선한 자, 만나는 대로 데려오니 잔치에 손님들이 가득 찼습니다(22:10).

문제는 그들 사이에 예복 입지 않은 사람이 끼어 있었습니다. 길거리에서 만난 사람들의 옷차림은 가지가지였습니다. 누더기, 때 묻은 옷, 낡은 옷 그대로는 왕의 잔치에 들어갈 수 없기 때문에 입구에서 예복으로 갈아입고 단정한 차림으로 들어가게 했습니다. 그런데

왕의 잔치(마태복음 22:1-14)

한 사람은 누더기를 입은 모습이었습니다.

그에게 물었습니다. "왜 예복을 입지 않았느냐?" 하지만 그는 대답이 없었습니다. 왕의 명령이 떨어졌습니다.

"그 손발을 묶어 바깥 어두운데 내던지라 거기서 슬피 울며 이를 갈게 되리라"(22:13).

이 이야기의 결론은 22장 14절입니다.

"청함을 받은 자는 많되 택함을 입은 자는 적으니라."

이 이야기를 통해 주는 교훈은 교회를 다니는 사람은 많지만 구원받은 사람은 적을 수 있다, 청함을 받는 사람은 많지만 택함을 입은 사람은 많지 않다는 것입니다. 전 세계 인구 70억이 거의 다 예수 이야기를 들었을 것입니다. 그러나 믿고 구원받은 사람은 적습니다.

문제는 예복입니다. 예복은 구원받은 사람들이 입는 신령한 옷입니다. 내가 입고 왔던 평상복은 예복이 아닙니다. 고급 옷감으로 만든 옷, 해어진 누더기도 예복이 아닙니다. 하지만 왕이 만들어 놓은 옷, 준비해 놓은 옷이 예복입니다. 내 공로, 내 업적, 내 행위, 내 노하우, 내 경력으로 구원받는 것이 아닙니다. 바울은 구원을 "은혜로 주신 선물"이라고 했습니다(엡 2:8).

왕의 잔치에 초청된 것을 기뻐하고 감사합시다. 구원의 예복을 주신 것에 감사합시다. 신앙생활에 핑계가 많으면 안 됩니다. 사업이 바빠서, 할 일이 많아서, 갈 데가 있어서, 만날 사람이 있어서, 어려운 일이 있어서, 회사가 어려워서….

핑계를 찾으면 수백 가지가 넘습니다. 그러나 다 제쳐두고 왕의 초청에 응해야 합니다. 그리고 예복 입고 와야 합니다. 핑계 대지 맙시다. 구실을 찾지 맙시다.

3. 어린양의 혼인잔치

계시록 19장에 기록되어 있습니다. 성경 안에 여러 종류의 잔치 이야기가 있지만 어린양의 혼인잔치가 최고 최대의 잔치입니다. 구약은 하나님을 남편으로 이스라엘은 아내로 묘사했고, 신약에서는 예수님을 신랑으로 교회를 신부로 묘사하고 있습니다.

계시록 19장은 하늘에서 벌어질 어린양 예수의 혼인잔치를 설명합니다. 어린양의 혼인잔치는 할렐루야 찬양으로 시작됩니다. 헨델의 〈메시아〉도 최절정은 할렐루야 합창입니다. 천사들, 24장로들, 네 생물, 구원받은 수많은 군중들이 혼인잔치에 참여하고 찬송을 부릅니다. 그러니까 이 혼인잔치는 개인의 잔치도 아니고 재벌가의 잔치가 아닙니다.

이 잔치의 특징이 있습니다.

첫째, 우주적인 잔치입니다.

특정 귀족, 재벌가의 잔치가 아닙니다. 천군천사, 24장로들, 구원받은 사람들이 초청받은 예수잔치입니다.

2004년 인도의 세계적인 부자 수부다라 로이의 아들 결혼식이 있었습니다. 세계의 재벌들, 연예인들, 정치인들이 대거 참석했습니다. 초청받은 하객이 1만여 명이었습니다. 결혼식 비용이 6천만 달러, 우리 돈으로 700억이었습니다. 그 당시 뜻있는 언론들은 돈 잔치였다고 했습니다. 어느 언론도 행복한 결혼식이었다고 말하지 않았습니다.

그러나 어린양의 혼인잔치는 환난을 통과한 사람들, 고난을 이겨낸 사람들, 힘들어도 믿음을 지킨 사람들이 예수님과 만나는 잔치, 거룩한 잔치입니다. 이전에도 이후에도 그런 잔치는 없었고 있을 수 없습니다. 우리는 어린양 예수의 신부가 되어 그 잔치에 참여하게 됩니다.

둘째, 기쁘고 즐거운 잔치입니다.

7절을 보면 "우리가 즐거워하고 크게 기뻐하며 그에게 영광을 돌리세"라고 했습니다. 옛날에는 결혼식 할 때 신부가 눈물을 흘리는 경우가 있었습니다. 물론 슬퍼서 우는 것은 아닙니다. 그러나 요즈음은 거의 눈물 흘리는 신부가 없습니다. 활짝 웃고 들어섭니다. 기대하던 결혼식이기 때문이고 즐겁고 기쁜 날이기 때문입니다. 어린양의 혼인잔치! 얼마나 오랫동안 기다렸습니까? 사랑하는 주님을 만나 혼인하는 날이므로 기뻐하라 즐거워하라고 한 것입니다.

"즐거워하고 크게 기뻐하여"라는 구절은 요한계시록 19장 7절과 마태복음 5장 12절 두 군데만 나옵니다. 마태복음 5장 12절은 예수 믿는다는 이유로 욕먹고 박해받고 악평을 들을 때 "기뻐하고 즐거워하라 하늘에서 너희의 상이 큼이라"고 했습니다. "즐거워하고 크게 기뻐하여"의 뜻은 기쁨을 감추지 못하는 것, 즐거움이 차고 넘쳐 뛰는 것을 의미합니다. 생각해보십시오. 어린양 예수의 우주적 결혼식에 초청받은 그 기쁨을 어디에 무엇에 비길 수가 있겠습니까?

우리나라 찬송가는 모두 645곡입니다. 그 가운데 장례식 때 부르는 찬송은 여섯 곡밖에 없습니다. 기독교는 장례식 종교가 아닙니다. 부활의 종교입니다. 하나님을 찬양하고 구원을 노래하고 영광을 돌리고 즐거워하고 기뻐하는 종교입니다. 교회는 기쁘고 즐겁고 편하며 행복해야 합니다. 교회가 걱정스럽고 불편하고 짜증스럽고 힘들면 안 됩니다. 잔칫집과 같아야 합니다.

셋째, 세마포를 입는 잔치입니다.

8절을 보면 "빛나고 깨끗한 세마포 옷을 입도록 허락하셨으니 이 세마포 옷은 성도들의 옳은 행실이로다"라고 했습니다. 세마포가 뭡니까? 가장 가는 실로 짠 옷감입니다. 귀족들이나 부자들의 옷감입니다. 그리고 세마포는 흰색이어서 순결을 뜻합니다. 결혼식 때 신부가 입는 웨딩드레스는 몸에 맞아야 하고 깨끗해야 하고 순백색이어야 합니다. 값도 천차만별로 비쌉니다. 어린양 예수의 혼인잔치에도 세마포 드레스를 입게 됩니다.

관리를 잘못해서 더러워진 세마포를 깨끗하게 세탁하는 방법이 계시록 7장 14절에 "어린양의 피에 그 옷을 씻어 희게 하였느니라"고 했습니다. 역설입니다, 어떻게 피에 흰 옷을 빨았는데 희게 될 수 있습니까? 표백제나 세제가 아닌 피에 씻는다는 것은 옷 이야기가 아닙니다. 우리가 받은 구원 이야기입니다. 어린양의 피에 씻어 희게 한다는 것은 어린양 예수의 피로 죄를 씻는다는 것입니다. 그러니까 어린양 예수의 혼인잔치에 입고 들어갈 옷은 내가 만들고, 내가 세탁하고, 내가 표백하는 옷이 아닙니다. 어린양 예수의 보혈로 죄 사함 받은 사람들이 들어간다는 뜻입니다. 잘못할 수 있습니다. 잘못 생각할 수 있습니다. 그러나 예수님의 보혈로 용서받고 그 앞에 서는 것입니다. 왕의 잔치에 참석해야 할 우리들은 어떤 삶을 살아야 할까요?

1) 굳게 서야 합니다.

바울은 "깨어 믿음에 굳게 서서 남자답게 강건하라"고 했습니다 (고전 16:13). 결혼 날짜를 정한 사람의 마음이 흔들리면 안 되는 것처럼 신랑 예수를 기다리는 사람들도 흔들리면 안 됩니다. 이탈리아 피사에 가면 기울어진 탑(사탑)이 있습니다. 1372년에 완공했으니까 650년 된 탑이고 높이는 55미터, 계단 297개, 기울어진 각도가 5.5도입니다. 그런데 무너지지 않는 이유는 중력 중심(질량 중심) 때문이랍니다. 물론 여러 차례 보수작업을 했지만 대지진이 일어나지 않는 한 무너지지 않을 것이라고 합니다. 개인도, 가정도, 교회도 예수님이 중심이 되면 넘어지지 않습니다. 다 기울어진 것 같아도 중력 중심만 제대로 지키면 무너지지 않습니다.

2) 예수님만 바라보아야 합니다.

히브리서 12장 2절에 "믿음의 주요 또 온전케 하시는 이인 예수를 바라보자"라고 말씀하고 있습니다. 내가 사는 이유, 믿음을 지키는 이유, 일하는 이유, 교회 다니는 이유는 오직 예수님 때문입니다. 이

탈리아 밀라노 두오모 성당 벽에 레오나르도 다빈치가 1498년에 벽화를 그렸습니다. 525년 전 그림입니다. 수차례 보수를 거듭해 최후의 만찬 그림을 보존하고 있습니다. 그런데 그 그림에 예수가 없다면 세계적 명화가 될 수 있었을까요? 예수 없는 교회, 예수 없는 기독교인은 무슨 의미가 있습니까? 왜 기다립니까? 누구를 기다립니까? 신부가 신랑을 기다리듯, 신랑이 신부를 기다리듯 우리는 예수님만 바라보고 기다려야 합니다.

순교자 주기철 목사님이 남기신 말이 있습니다. "예수를 사랑하니 용광로가 두려우랴! 풀무불이 두려우랴! 굶주린 사자가 두려우랴!" 흔들리지 맙시다. 겁내지 맙시다. 담력을 키웁시다. 믿고 바라보고 기다립시다. 세상이 더 어려워질 것이라고 말합니다. 경제 침체는 가속화되고, 금리는 올라가고, 세계 분쟁은 광역화하고, 도덕적 사회 갈등은 깊어질 것이라고 걱정합니다. 그러나 그것은 인간이 역사의 주인이고 사람이 새로운 세상을 만들고 사람이 문제를 푼다는 인본주의적 판단을 갖고 있을 때 가능한 논리입니다. 그러나 하나님은 역사도, 국가도, 사회도, 인간도 다스리십니다. 하나님이 주인이시라는 신본주의 신앙은 하나님이 하시면 된다, 하나님이 하신다는 신앙고백이 성립됩니다.

내가 할 수 있는 일, 그것만 합시다. 민족을 살리고, 국가를 바로 세우고, 경제를 살리고, 사회를 바로잡고, 한국 교회를 살리고, 부흥시키고…. 그런 큰 일은 나 혼자 못합니다. 내 집 마당을 쓰는 일, 내가 다니는 교회를 섬기고 지키는 일, 내 자식들을 바로 키우는 일,

오늘도 일터에서 열심히 일하는 것… 그 일을 내가 하면 됩니다.

늦가을, 아파트 마당에 낙엽이 수북하게 쌓이고 있었습니다. 경비원이 계속 낙엽을 쓸고 있었습니다. "쓸면 다시 쌓이는 낙엽을 왜 힘들게 쓸고 있습니까?"라고 묻자 그는 "예, 제 건강을 위해서 운동 삼아 쓸고 있습니다"라고 대답했습니다.

시편 18편 1-2절 말씀을 결론으로 삼겠습니다. "나의 힘이신 여호와여 내가 주를 사랑하나이다 여호와는 나의 반석, 요새, 건지시는 이, 나의 하나님, 피할 바위, 방패, 구원의 뿔, 나의 산성이시로다." 아멘.

누가 주인입니까?

(시편 50:9-15)

오늘 설교 제목은 질문형입니다. "누가 주인입니까?" 답은 정해져 있습니다. "하나님이 주인이십니다. 나는 주인이 아닙니다"가 정답입니다.

정답 중심으로 왜 하나님이 주인이신가, 왜 나는 주인이 아닌가를 구체적으로 살펴보겠습니다.

1. 왜 하나님이 주인이십니까?

성경 안에서 답을 찾아보겠습니다.

1) 하나님이 창조하셨기 때문입니다.

창세기 1장 1절에 "태초에 하나님이 천지를 창조하시니라"고 설명하고 있습니다. 저절로 우연히 된 것이 아닙니다. 진화된 것도 아닙니다. 하나님이 창조하셨습니다.

창세기 1장에는 명령사가 여러 차례 반복됩니다. '있으라, 나뉘어라, 드러나라, 내라, 비추라, 날으라, 번성하라, 충만하라' 등입니다. 그리고 "그대로 되니라"가 일곱 번 반복됩니다. 중요한 것은 말씀으로 창조하셨다는 것입니다.

구번역 성경은 "가라사대"라고 했고 새번역에서는 "이르시되"라고 했습니다. 10회나 반복됩니다. '이르시되'는 히브리어로 '아마르'인데 그 뜻은 "하나님의 말씀은 공허하지 않다", "그대로 이루어진다", "하나님의 말씀은 곧 하나님의 능력이다"라는 것입니다. 빛이 있으라 하시매 빛이 있었습니다(3절). 그대로 된 것입니다. 사람은 절대로 불가능합니다. 하나님만 가능합니다.

창세기 1장 31절 말씀을 주목해 보면 "하나님이 지으신 그 모든 것을 보시니 보시기에 심히 좋았더라"로 했습니다. 한두 가지만 좋은 것이 아니라 지으신 모든 것이 좋았다는 것입니다. '좋았더라'의 뜻은 놀랍다, 완벽하다, 아름답다, 흠이 없다, 오차가 없다, 비교할 수 없다는 것입니다. 심미의 경지를 뛰어넘는 아름다움입니다. 그 어떤 명작도, 그림도, 소설도, 노래도, 조각도 하나님의 창조에 비길 수 없습니다.

그뿐입니까? 사람도 창조하셨습니다. 시편 139편 14절을 보면 "내가 주께 감사하옴은 나를 지으심이 심히 기묘하심이라 주께서 하시는 일이 기이함을 내 영혼이 잘 아나이다"라고 했습니다. 옛날 번역 성경은 '신묘막측하나이다'라고 했습니다. 신비하고 오묘해서 헤아리기 어렵다는 것입니다.

인체는 100조 개의 세포로 구성되어 있고 400조 개의 염색체가 몸 안에 있습니다. 뇌는 1조 개의 세포와 1천억 개의 뉴런 신경망으로 조직되어 있습니다. 정맥과 동맥 혈관의 길이는 12만 킬로미터로 지구를 세 바퀴 돌 수 있는 길이라고 합니다. 심장은 평생 27억 번 뛰고 머리카락은 최대 11미터까지 자란다고 합니다. 눈은 하루에 1만 번 깜박거리고 피부의 총 면적은 평균이 1.9제곱미터랍니다. 신묘막측합니다. 신기하고 신비합니다.

이것을 누가 지으셨습니까? 하나님이 지으셨습니다. 그래서 하나님이 주인이십니다. 시편 50편 10~12절이 "삼림의 짐승들과 뭇 산의 가축이 다 내 것이며 산의 모든 새들도 내가 아는 것이며 들의 짐승도 내 것임이로다…세계와 거기에 충만한 것이 내 것임이로다"라고 했습니다. '내가 창조했다. 그래서 다 내 것이다'라는 뜻입니다. 즉 하나님이 주인이십니다.

2) 구속하셨기 때문입니다.

이사야 43장 1절을 보겠습니다.

"야곱아 너를 창조하신 여호와께서 지금 말씀하시느니라 이스라엘아 너를 지으신 이가 말씀하시느니라 너는 두려워하지 말라 내가 너를 구속하였고 내가 너를 지명하여 불렀나니 너는 내 것이라."

구속하셨기 때문에 하나님이 주인이라는 것입니다.

43장 7절은 더 명확합니다.

> "내 이름으로 불려지는 모든 자 곧 내가 내 영광을 위하여 창조한
> 자를 오게 하라 그를 내가 지었고 그를 내가 만들었느니라."

43장 14절은 "너희의 구속자요 이스라엘의 거룩한 여호와가 말하노라"고 했고, 43장 21절에서는 "이 백성은 내가 나를 위하여 지었나니 나를 찬송하게 하려 함이니라"고 했습니다. '내가 너를 구속했다, 그래서 너는 내 것이다, 구속받은 너는 하나님을 찬송해야 한다'는 뜻입니다.

2. 하나님이 우리를 구원하셨습니다

하나님의 이름 가운데 '아도나이'가 있습니다. 그 뜻은 '나의 주님'이라는 것입니다. 요한복음 20장 28절을 보면 도마가 부활하신 주님을 만난 후 "나의 주님이시요 나의 하나님이시니이다"라고 고백했습니다. 이는 나의 주인이시고 하나님이시라는 고백입니다.

성경은 여러 곳에서 하나님이 구원하셨다는 사실을 증거합니다. 시편 68편 19절은 "날마다 우리 짐을 지시는 주 곧 우리의 구원이신 하나님을 찬송할지로다"라고 했고, 20절에서는 "하나님은 우리에게 구원의 하나님이시라 사망에서 벗어남은 주 여호와로 말미암거니

와"라고 했습니다. 이사야 45장 15절에서는 "구원자 이스라엘의 하나님이여"라고 했습니다.

바울은 디모데전서 1장 15절에서 "미쁘다 모든 사람이 받을 만한 이 말이여 그리스도 예수께서 죄인을 구원하시려고 세상에 임하셨다"라고 했습니다. 창조하시고 구원하신 주인이시기 때문에 모든 것을 다 아십니다. 출애굽기 3장 7절을 보면 "백성의 고통을 보고 부르짖음을 듣고 그 근심을 알고"라고 했습니다. 애굽에서 고통받는 이스라엘을 보시고 들으시며 아신다는 것입니다. 지으신 분이니까 전능하신 하나님이니까 다 아시고, 보시고, 들으시는 것입니다.

시편 139편은 더 구체적입니다. 전편을 다 읽어야 하지만 요약하겠습니다.

"나를 아시나이다"(1절).

"앉고 일어서는 것과 생각도 아십니다"(2절).

"나의 길과 모든 행위를 아십니다"(3절).

"혀의 말도 아십니다"(4절).

"주를 피할 길이 없습니다"(7절).

"주께서 모태에서 나를 만드셨나이다"(13절).

"기묘하고 기이합니다"(14절).

"숨길 수 없나이다"(15절).

"주의 책에 다 기록되어 있습니다"(16절).

"나를 영원한 길로 인도하소서"(24절).

더 이상 무슨 설명이 필요합니까? 하나님이 주인이십니다. 창조하셨기 때문이고, 구속하셨기 때문입니다.

이사야 44편 21절을 보겠습니다.

> "야곱아 이스라엘아 이 일을 기억하라 너는 내 종이니라 내가 너를
> 지었나니 너는 내 종이니라 이스라엘아 너는 나에게 잊혀지지 아니
> 하리라."

'내가 너를 창조했다. 너는 피조물이다. 그래서 나는 너를 잊을 수
없다. 다 기억한다'는 것입니다. 나는 주인이 아니기 때문에 세상도,
인생도 내 마음대로 안 됩니다. 내 마음대로 못합니다. 내 마음대로
안 될 때, 내 뜻대로 안 될 때 나타나는 심리적 현상이 있습니다. 바
로 분노입니다. 화가 치솟고 분통이 터집니다.

분노의 특징이 있습니다. ① 조절이 어렵고 ② 전염되고 ③ 때와
장소를 가리지 않고 ④ 관계를 망친다는 것입니다. 하버드대학 의
과대학 조셉 슈랜드 박사와 의학 전문기자인 리 디바인이 《디퓨징
(Defusing) — 분노 해소의 기술》이라는 책을 썼습니다. 왜 분노를 느
끼는가, 분노의 피해자는 결국 자기 자신이다, 질투는 100가지 얼굴
을 가지고 있다, 분노를 감사로 바꾸는 법 등 임상체험 사례들과 처
방을 다루고 있습니다.

"아침 출근길에 차 한 대가 끼어들더니 계속해서 차량들 사이를
왔다 갔다 한다. 이럴 때 당신은 어떻게 하겠는가?"

A. '미친 놈 아냐?'라고 생각하며 그 차가 사고를 당하길 바란다.

B. 속도를 높여 따라가서 그 차를 추월한다.

C. '아내가 진통이 와서 위급 상황은 아닌지…'라고 생각한다.

A나 B는 해소하는 방법입니다. 분노 해소를 위해 생각을 바꾸라고 합니다. 그리고 감사하는 마음을 품고 표현하기를 훈련하라고 합니다. "감사하는 마음을 표현하는 것은 다른 사람의 위험한 감정인 분노를 해체할 수 있는 능력을 자연스럽게 키워준다"라고 말합니다.

이런 질문을 던집니다. "신은 당신에게 하루 86,400초를 선물로 주었다. 그중에 1초라도 '고맙습니다'라고 말하는 데 썼는가?"라고.

우리는 감사가 일상화되어 있기 때문에 예외입니다. 하지만 분노가 치밀어오를 때, 울화통이 터질 때 "주님, 감사합니다"를 반복한다면 분노가 사그러지고 화가 꺼지게 될 것입니다. 그리고 화를 더 이상 낼 수 없게 됩니다.

바울은 "해가 지도록 분을 품지 말라"고 했습니다(엡 4:26). 화가 치밀 때 몸 안에서 노르아드레날린이라는 물질이 분비됩니다. 그것은 호르몬의 일종인데 독사의 독 다음으로 강하고 독하다고 합니다. 계속 분비되면 노화가 촉진되고 심장의 박동이 빨라지고 열이 오르고 생명이 단축된다고 합니다. 그래서 바울은 "해 지도록 분을 품지 말라 마귀가 틈탄다"라고 경고했습니다(엡 4:26~27).

독사의 알을 품으면 독사가 나오고, 달걀을 품으면 병아리가 나오고, 분을 품으면 사탄의 역사가 여기저기서 벌어지고 나타납니다. 내 마음대로 안 된다고 성내고 화내고 분내고 욕구불만을 터트린다고 문제가 해결됩니까? 내 마음대로 되는 게 있습니까? 생명, 건강, 남편, 아내, 자식이 내 마음대로 됩니까? 사업, 회사, 직장이 내 마음대로 됩니까? 날씨는 내 마음대로 됩니까? 안 됩니다. 되는 게 한 가지도 없습니다. 왜 안 됩니까? 내가 주인이 아니기 때문이고 주인, 다스리시는 이, 통치하시는 분이 따로 계시기 때문입니다.

3. 주인과 다투면 안 됩니다

예레미야 18장은 토기장이 이야기를 다루고 있습니다.

어느 날 예레미야 선지자가 하나님의 보내심을 받고 토기장이 집을 방문했습니다. 토기장이가 그릇을 만들고 있었습니다. 만들던 질그릇이 토기장이 손에서 툭 터지면서 망가졌습니다. 그러자 토기장이는 터진 그릇을 주물러 다른 그릇을 만들었습니다. 이 모습을 지켜보고 있던 예레미야에게 하나님이 "토기장이가 하는 것처럼 나도 이스라엘을 그렇게 할 수 있다. 진흙이 토기장이 손에 있는 것처럼 이스라엘은 내 손에 있다"라고 말씀하셨습니다(렘 18:1~6). 어떤 그릇을 만드느냐는 토기장이 마음이고 권한입니다. 완성할 수도 있고 깨트릴 수도 있고 다른 그릇을 만들 수도 있습니다. 질그릇을 만들 수도 있고 청자나 백자를 만들 수도 있습니다.

바울도 토기장이 교훈을 말씀했습니다. 로마서 9장 20~21절입니다.

> "이 사람아 네가 누구이기에 감히 하나님께 반문하느냐 지음을 받은 물건이 지은 자에게 어찌 나를 이같이 만들었느냐 말하겠느냐 토기장이가 진흙 한 덩이로 하나는 귀히 쓸 그릇을 하나는 천히 쓸 그릇을 만들 권한이 없느냐."

여기서 말하는 토기장이는 하나님이십니다. 진흙은 인간이고 바로 나입니다. 피조물이 창조주에게 대들면 어떻게 됩니까? 이사야 45장 9절이 답을 줍니다.

"질그릇 조각 중 한 조각 같은 자가 자기를 지으신 이와 더불어 다툴진대 화 있을진저 진흙이 토기장이에게 너는 무엇을 만드느냐 또는 네가 만든 것이 그는 손이 없다 말할 수 있겠느냐."

'화 있을진저'의 뜻은 하나님의 심판이 임한다는 것입니다. 세계 역사를 보면 하나님을 대적하고 맞섰던 나라들은 하나같이 다 무너졌고 망했습니다. 화를 당한 것입니다. 바벨론 제국이 그랬고 로마가 그랬고 소련이 그랬고 앞으로도 그렇게 될 나라들이 있을 것입니다. 국가도 권력도 개인도 예외가 아닙니다.

야고보서 4장 8절은 "하나님을 가까이하라 그리하면 너희를 가까이하시리라"고 말씀합니다. 얼마나 가까이해야 합니까? 거리가 얼마나 되어야 합니까? 예수님은 "네가 내 안에, 내가 네 안에"라고 하셨습니다. 이것은 영적으로 하나가 되는 신비한 연합입니다. 친하게, 가까이, 예수 안에!

4. 하나님과 함께해야 합니다

창세기 37장에서 50장까지는 요셉 이야기입니다. 요셉이 팔려간

이야기에서 국무총리가 된 이야기로 구성되어 있습니다. 특별히 창세기 39장을 보면 "여호와께서 요셉과 함께하심으로"가 4번 반복됩니다(2, 3, 21, 23절). 요셉이 30세에 애굽의 국무총리가 된 것은 애굽의 명문 사립대를 나왔기 때문이 아닙니다. 시쳇말로 스펙(경력)이 좋아서도 아닙니다. 하나님이 함께하셨기 때문입니다.

하나님이 함께하시겠다고 약속하신 성경 구절을 찾아보겠습니다. 신명기 31장 6절입니다.

> "너희는 강하고 담대하라 두려워하지 말라 그들 앞에서 떨지 말라 이는 네 하나님 여호와 그가 너와 함께 가시며 결코 너를 떠나지 아니하시며 버리지 아니하실 것임이라."

신명기 31장 8절은 더 구체적으로 "여호와 그가 네 앞에서 가시며 너와 함께하사 너를 떠나지 아니하시며 버리지 아니하시리니 너는 두려워하지 말라 놀라지 말라"고 했습니다. '두려워하지 말라. 떨지 말라. 겁내지 말라. 걱정하지 말라. 하나님이 너와 함께하시고 너를 지키시고 너를 떠나지 않으시고 너보다 앞서 가신다"는 것입니다. 힘이 불끈 솟고 용기가 치솟는 말씀입니다.

이사야 41장 10절도 말씀합니다.

> "두려워하지 말라 내가 너와 함께함이라 놀라지 말라 나는 네 하나님이 됨이라 내가 너를 굳세게 하리라 참으로 너를 도와주리라 참으로 나의 의로운 오른손으로 너를 붙들리라."

사람은 그 누구도 이 말을 하지 못합니다. 하나님만 가능합니다. 해외 여행을 할 때 힘든 것이 몇 가지 있습니다. ① 시차 적응입니다. ② 비행기를 기다리는 것입니다. 오래전 두바이 공항에서 서울로 오는 비행기의 연착 연발로 8시간을 기다린 일이 있었습니다. 너무 힘들었습니다. ③ 짐입니다. 가방은 크고 많을수록 힘듭니다. 가볍고 작을수록 좋습니다. 인생을 사는 것도 너무 복잡하면 힘듭니다. 가진 게 너무 많아도 힘듭니다.

그러나 멀고 긴 인생길도 하나님과 함께하면 편하고 안전합니다. 자동차 길 안내는 내비게이션이 다 해줍니다. 요즘에는 문자 입력을 하지 않고 "충신교회 찾아줘"라고 말만 하면 길 안내를 해주는 신상품이 개발됐다고 합니다. 갈수록 편한 세상이 되어갑니다. 그러나 인생은 내비게이션이 없습니다. 그 누구도 인생길을 안내하지 못합니다. 오직 주님만 가능합니다. "내가 길이다. 진리다. 생명이다." 그렇습니다. 주님만 내 인생길의 내비게이션입니다. 다른 것은 들여다보지 맙시다. 다른 소리에 귀를 기울이지 맙시다.

시편 50편이 결론입니다. "전능하신 하나님이 창조하셨다. 다 하나님의 것이다." 지난 주일 고양시에 있는 ○○교회에서 예배드리고 설교를 했습니다. 11시 예배가 끝나고 현관에서 교인들과 인사를 나눈 뒤 본당으로 다시 들어왔습니다. 본당 안에 청소 용역원들이 흩어져 청소기와 손걸레로 청소를 하고 있었습니다.

"주일에도 용역업체가 청소를 하는군요"라고 묻자 "아닙니다. 저희 교인들입니다. 자원해서 매주 예배가 끝나면 바닥과 의자 등을

청소합니다"라고 했습니다. 신선한 감동이었습니다. 그들에게 "수고
하십니다. 멋집니다"라고 했더니 "당연한 일인데요. 기뻐요", "주님
교회인데요"라는 대답이 돌아왔습니다. 발상과 태도가 아름답고 감
동적입니다.

　매주 토요일 오후가 되면 충신교회 장로님들이 교회로 나와 청소
를 할 때가 있었습니다. 화장실 물청소, 계단, 현관, 본당 의자, 강대
상, 유리를 차례로 청소한 후 함께 사우나를 하고 냉면을 같이 먹고
헤어지곤 했습니다. 얼마나 멋집니까? 얼마나 아름답습니까? 우리들
의 고백으로 말씀을 마무리하겠습니다.

　"하나님이 주인이십니다."

　"나는 주인이 아닙니다."

　"맡겨 주셔서 잘 쓰고 잘 살고 있습니다."

　"제 것은 아무것도 없습니다."

　"감사합니다." 아멘.

그 이름 예수 그리스도

(사도행전 3:1-10)

태어날 때부터 걷지 못하는 사람이 있었습니다. 40세가 되기까지 단 한 번도 걸어본 일이 없었습니다. 그는 성전 문 입구에서 드나드는 사람들에게 구걸해서 먹고 살았습니다. 아침이 되면 사람들이 메어 오고 오후에는 집으로 메어 가곤 했습니다.

어느 날 그가 성전문 앞에서 구걸을 하고 있었습니다. 그때 베드로와 요한이 기도하러 성전에 들어가고 있었습니다. 손을 벌려 구걸하는 그에게 베드로가 말합니다. "은과 금은 내게 없거니와 내게 있는 이것을 네게 주노니 나사렛 예수 그리스도의 이름으로 일어나 걸으라."

그리고 오른손을 잡아 일으키니 발과 발목이 곧 힘을 얻고 뛰어서서 걸으며 그들과 함께 성전으로 들어가면서 걷기도 하고 뛰기도 하며 하나님을 찬송했습니다(행 3:6~8).

기적이 일어났습니다. 40년 만에 앉은뱅이가 걷는 기적이 성전에서 일어난 것입니다. 주목할 대목이 있습니다. 베드로가 그에게 "내가 네게 명한다. 일어나 걸으라"고 하지 않고 "나사렛 예수 그리스도의 이름으로 일어나 걸으라"고 한 것입니다. 베드로의 이름으로 고친 게 아닙니다. 예수 그리스도의 이름으로 고쳤습니다.

우리는 오늘 그 이름 예수 그리스도를 재확인하고 조명해야 합니다. 나사렛은 작은 시골마을입니다. 거기서 예수님이 자라셨기 때문에 나사렛 예수라고 불렀습니다. 예수라는 이름은 요셉이나 마리아가 지은 이름이 아니고 천사가 알려준 이름입니다.

"아들을 낳으리니 이름을 예수라 하라 이는 그가 자기 백성을 그들의 죄에서 구원할 자이심이라 하니라"(마 1:21).

태어나실 예수는 구약에 예언된 메시아 곧 그리스도이시고 모든 사람을 죄에서 구원하실 구원자라는 뜻입니다. 그러니까 이 이름의 작명은 하나님이 하신 것입니다.

모든 피조물은 다 이름이 있습니다. 창세기 2장 19-20절을 보면 "아담이 각 생물을 부르는 것이 곧 그 이름이 되었고 모든 가축과 공중의 새와 들의 모든 짐승에게 이름을 주니라"고 했습니다. 최초로 피조물마다 이름을 지은 사람은 아담이었습니다.

지구상에는 70억 명이 넘는 사람이 살고 있습니다. 그리고 각각 이름이 있습니다. 세계에서 가장 긴 이름을 가진 사람은 미국 여자입니다. 기네스북에도 이름이 올라있습니다. 제이미 윌리엄인데

1984년 9월 12일 출생했고(39세) 전체 이름은 알파벳 1,019자이고 이름을 종이에 다 쓰면 60cm가 넘는다고 합니다. 이름이 길어서 좋은 점은 기네스북에 등재된 것과 TV에 출연하게 된 것이라고 했습니다.

그런데 이름만 길면 뭐합니까? 이름에 걸맞은 삶을 사는 것, 이름값을 하는 것, 그리고 그 이름으로 영향력을 행사하는 것이 중요합니다. 전문가들은 지구상에 있는 생물을 870만 종으로 봅니다. 그리고 기록할 수 있는 생물은 190만 정도라고 합니다. 사람은 70억이 넘는데 각각 다 이름이 있습니다. 사람도, 짐승도, 곤충도, 물고기도, 새도, 하늘의 별들도, 미생물도 다 이름이 있습니다.

구약 안에 있는 사람 이름은 3천 개 정도, 신약 안에 있는 이름은 1천 개 정도입니다. 중복된 이름도 있지만 많은 이름이 기록되어 있습니다. 그 이름 가운데 멋지고 뜻있고 가치 있는 이름도 있고 떠올리고 싶지 않은 이름도 있습니다. 그 이유는 이름 자체 때문이 아니고 그 이름을 가진 사람이 어떻게 살고 일했는가로 결정됩니다.

죄 없는 예수님에게 십자가형을 선고한 사람은 빌라도 총독이었습니다. 2천 년 동안 전 세계 교회가 사도신경으로 신앙을 고백하는데 그 가운데 "본디오 빌라도에게 고난을 받으사"를 빼놓지 않습니다. '빌라도는 예수님을 사형선고한 사람이다'라는 것입니다.

이름을 바꾼 사람들도 많습니다. 창세기에 나오는 야곱은 '다른 사람의 발뒤꿈치를 잡는다, 넘어뜨린다'라는 뜻이었습니다. 그런데 이스라엘로 이름을 바꿨습니다. 하나님과 겨뤄 이겼다는 뜻입니다. 사울은 바울로 이름을 바꿨습니다. '큰 자'라는 뜻의 이름을 '작은 자'라는 이름으로 바꾼 것입니다.

사람은 이름값을 해야 합니다. 감나무에 감이 열려야 감나무입니다. 사과나무에는 사과가 열려야 사과나무입니다. 그런데 감나무에 밤이 열리는 것은 질서를 역행하는 것입니다. 그 열매로 나무를 안다고 했습니다(마 7:20).

나는 기독교인입니다. 내가 기독교인인 증거는 내 삶과 행동과 말로 드러납니다. 마태복음 5장 16절에서 주님은 "너희 빛이 사람 앞에 비치게 하여 그들로 너희 착한 행실을 보고 하늘에 계신 너희 아버지께 영광을 돌리게 하라"고 했습니다. '행실을 보고'의 뜻은 '사는 모습을 보고'입니다.

옆집 사람이, 회사 동료가, 사업 파트너가, 같이 사는 가족이, 친구가, 친척이 내가 사는 모습과 말하는 모습을 보면서 "역시 기독교인이 다르다, 배울 점이 있다, 따를 점이 있다"라고 말할 수 있게 하라는 것입니다.

한때 미국 이민 전성기가 있었습니다. 저희 교인들도 많은 가정이 이민을 떠났습니다. 떠나는 이들에게 당부한 것이 있습니다.

① 신앙생활 잘하라.

② 자녀 교육 잘하라.

③ 충신교회 교인답게 처신하라.

어느 교회를 가든지 칭찬받는 교인이 되라고 당부했습니다. 충신교회 이름에 먹칠하는 교인이 되지 말라고 당부했습니다.

"어느 교회 다니다 오셨나요?"라고 물을 때 "서울 충신교회 다녔어요"라고 대답하면 "아, 그랬군요. 역시 좋은 교회에서 훈련받은 표가 납니다. 너무 귀합니다"라는 말을 듣도록 하라는 것입니다.

반대의 경우도 있을 수 있습니다. 교인으로, 그리스도인으로 덕을 끼치지 못하고 손가락질 받는 사람이라면 충신교회 이름을 들먹이지 말라고 당부했습니다. 고마운 것은 가는 곳마다 충신교회 교인들은 칭찬의 대상이었습니다. 사람의 이름은 사람이 지은 것입니다. 그러나 예수 그리스도, 그 이름은 하나님이 지으신 이름입니다. 왜 예수님의 이름이 위대합니까?

1. 예수 이름으로 구원받기 때문입니다

사도행전 4장 12절을 보겠습니다.

> "다른 이로서는 구원을 받을 수 없나니 천하 사람 중에 구원을 받을 만한 다른 이름을 우리에게 주신 일이 없음이라."

왜 예수 그리스도만 구원자가 되십니까? 그 이유를 로마서 3장 10-12절이 설명합니다.

> "의인은 없나니 하나도 없으며 깨닫는 자도 없고 하나님을 찾는 자도 없고 다 치우쳐 함께 무익하게 되고 선을 행하는 자는 하나도 없도다."

죄 없는 사람이라야 죄인을 구원할 수 있는데 다 죄인이고 치우쳤습니다. 그래서 인간은 구원자가 될 수 없다는 것입니다. 그러나 사도행전 2장 21절은 "누구든지 주의 이름을 부르는 자는 구원을 받으리라"고 했습니다. 로마서 10장 13절에서도 "누구든지 주의 이름을 부르는 자는 구원을 받으리라"고 했습니다.

부른다의 뜻은 '일정한 대상의 이름을 부르다, 믿는다'는 것입니다. 다른 이름을 불러 봐도 구원은 받지 못합니다. 오직 그 이름, 예수 그리스도를 믿고 불러야 구원받습니다.

불교가 말하는 해탈과 열반을 알기 위해 열심히 불경을 읽은 사람이 있었습니다. 그런데 너무 어려워 이해하기가 쉽지 않았습니다. 해탈하고 열반에 들어가기 위해서는 하라, 되라가 많았습니다. 그가 성경을 읽었습니다. 믿으라, 구원받는다! 쉬웠습니다.

예레미야 2장 22절에 "주 여호와의 말씀이니라 네가 잿물로 스스로 씻으며 네가 많은 비누를 쓸지라도 네 죄악이 내 앞에 그대로 있으리니"라고 말씀합니다. 잿물로 씻고 비누로 씻어도 죄가 없어지는 것이 아닙니다.

오직 예수 그리스도! 그 이름을 믿고 불러야 합니다. 다른 길도, 다른 이름도 안 됩니다. 예수 그리스도! 그 이름!

2. 예수 이름으로 응답받습니다

요한복음 14장 14절을 보겠습니다.

"내 이름으로 무엇이든지 내게 구하면 내가 행하리라."

내 이름은 아무런 힘이 없습니다. 알아주는 사람도 없고 신용도 없습니다. 미국 공항에 도착해 입국 수속을 밟고 있었습니다. 이민국 직원에게 "나 박종순이요"라고 한다고 입국이 됩니까? 여권과 비자가 있어야 합니다. 제아무리 명문장을 동원하고 미사여구를 섞어 만든 기도라도 "예수님 이름으로 기도드립니다"라는 마무리가 없으면 독백이 되고 맙니다. 그러나 서툴고 촌스러운 기도라도 예수님 이름으로 기도하면 응답이 임합니다.

세상을 떠난 권사님이 있습니다. 그분의 기도는 "아버지~ 다 아시지요. 도와줘요"였습니다. 그런데 그 기도가 응답되는 것은 예수님 이름으로 기도하기 때문입니다. 절대적 이름, 구원자 이름, 전능자 이름이기 때문입니다. 위에서 말씀드린 대로 부른다는 것은 단순히 이름을 부르는 게 아닙니다. 믿고 부르는 것입니다. 기도 역시 예수님의 존재와 능력과 권세를 믿고 해야 합니다.

마가복음 11장 24절을 보겠습니다.

"내가 너희에게 말하노니 무엇이든지 기도하고 구하는 것은 받은 줄로 믿으라 그리하면 너희에게 그대로 되리라."

3. 예수 이름으로 고침받습니다

"나사렛 예수 그리스도의 이름으로 일어나 걸으라"(행 3:6).

40년 앉은뱅이가 예수 이름으로 고침을 받고 일어나 걷고 뛰며 하나님을 찬양했습니다. 이 사건을 지켜본 당시 종교 지도자인 제사장, 사두개인, 성전 맡은 자들이 시비를 걸었습니다. "너희가 무슨 권세와 누구의 이름으로 이 일을 행하였느냐?"(3:7) 이 질문에 베드로는 "너희와 모든 이스라엘 백성들은 알라 너희가 십자가에 못 박고 하나님이 죽은 자 가운데서 살리신 나사렛 예수 그리스도의 이름으로 이 사람이 건강하게 되어 너희 앞에 섰느니라"(3:10)고 대답합니다. 분명합니다. 예수님 이름으로 고침받았다는 것입니다.

예수님은 공적 사역 3년 동안 많은 기적을 행하셨습니다. 수많은 병자들을 고치셨고, 죽은 자를 살리셨고, 바다의 파도를 잔잔하게 하셨고, 물 위로 걸으셨고, 오병이어로 오천 명을 먹이셨습니다. 하나님이시기에 가능한 일이었습니다. 주님의 그 능력이 앉은뱅이를 고쳤다는 것입니다.

스탠리 존스는 인도 선교사입니다. 1884년 미국 메릴랜드 주에서 태어나 요즘 한창 부흥운동으로 화제가 되고 있는 애즈베리 대학을 졸업한 후 감리교 파송으로 인도 선교사로 사역했습니다. 그는 당대 인도의 시성 타고르와 간디와도 교제하며 선교의 지평을 넓혀간 위대한 선교사였습니다. 그는 1971년 87세가 되는 해 뇌졸중으로 쓰러져 반신불수가 되었습니다. 치료를 위해 미국으로 돌아와 보스턴에 있는 병원에 입원했습니다. 입원 중인 그는 치료를 맡은 주치의에게 '나사렛 예수의 이름으로 명하노니 스탠리야, 일어나 걸으라'고 해달라고 부탁했습니다. 그러자 의사는 "내가 예수도 아닌데 어떻게 그렇게 말할 수 있습니까?"라고 답했습니다. 그때마다 스탠리는 "아닙니다. 그렇게 말하면 됩니다"라고 했고, 의사는 그대로 했습니다.

의사의 말이 떨어지자마자 스탠리는 큰 소리로 "아멘" 했습니다. 간호사에게도 같은 부탁을 했고 그때마다 스탠리는 "아멘"이라고 큰 소리로 외쳤습니다. 드디어 기적이 일어났습니다. 6개월 뒤 스탠리 존스는 완치가 되었습니다. 일어나 걷게 된 것입니다. 예수 이름으로 스탠리를 일어나 걷게 한 것입니다. 그는 다시 인도 선교 현지로 들어가 사역하다가 1973년 1월 25일 인도 바레일리라는 곳에서 세상을 떠났습니다.

미국 〈타임〉지는 1938년 12월 12일자 기사에서 그를 가리켜 "가장 위대한 선교사"라고 소개했습니다. 예수 이름을 불렀기 때문이고, 예수 이름을 전했기 때문이고, 예수 이름을 높였기 때문입니다. 그러나 자기 이름을 내려 하거나 높이려고 들면 하나님이 간섭하십니다.

창세기 11장을 보면 당시 사람들은 신장이 크고 힘이 세고 머리가 명석했습니다. 그들은 "하늘을 찌르는 탑을 쌓자, 우리 이름을 내자" 하며 탑을 쌓기 시작했습니다. 애굽의 피라미드보다 훨씬 이전에 쌓기 시작한 탑입니다. '하늘에 하나님이 있다고? 우리의 힘과 지식으로 하늘에 닿는 탑을 쌓자. 그래서 하나님이 별 존재가 아니라는 것을 증명하자. 우리 이름을 날리자. 그리고 우리네 조상들이 홍수로 다 죽었다는데 홍수가 미치지 못하는 높은 탑을 쌓자.' 그런 뜻으로 바벨탑을 쌓게 된 것입니다. 그러나 그 결과가 어떻게 되었습니까?

창세기 11장 8절을 보겠습니다.

> "여호와께서 거기서 온 지면에 흩으셨으므로 그들이 그 도시를 건설하기를 그쳤더라."

하나님이 막으셨습니다. 흩어 버렸습니다. 인간이 만든 AI는 양심도 없고 하나님도 없습니다. 언젠가 인간이 만든 인공지능, 과학과 기술은 바벨탑이 될 것입니다. 예수 이름으로 일어나 걸으라!

4. 예수 이름으로 마귀를 이깁니다

사도행전 16장 16절 이하 기사를 살펴보겠습니다. 빌립보에서 전도하던 바울과 실라가 귀신 들린 사람을 만났습니다. 바울이 그에게 말했습니다. "예수 그리스도의 이름으로 내가 네게 명하노니 그에게서 나오라." 이 한마디에 귀신이 즉시 그 사람에게서 나왔습니다(행 16:18). 귀신은 영물이고, 간악하고, 간교하고, 미혹하고, 겁을 주며, 더럽고, 사악합니다.

그리고 마가복음 5장 9절을 보면 수가 많아서 군대라고 했습니다. 그런 귀신이 예수 이름 한마디에 쫓겨난 것입니다. 예수님은 사역하시는 동안 여러 차례 귀신 들린 사람을 고치시고 귀신을 내쫓으셨습니다. 그리고 마지막 심판 때에는 심판을 받게 됩니다. "또 그들을 미혹하는 마귀가 불과 유황 못에 던져지니 거기는 그 짐승과 거짓 선지자도 있어 세세토록 밤낮 괴로움을 받으리라"고 했습니다(계 20:10).

겁낼 것 없습니다. 마귀는 예수님 이름만으로도 쫓겨납니다. 그리고 심판받게 됩니다. 마귀의 속성은 상대가 강하면 약하고 약하면 강합니다. 야고보서 4장 7절을 보겠습니다.

> "그런즉 너희는 하나님께 복종할지어다 마귀를 대적하라 그리하면
> 너희를 피하리라."

'피하리라'는 도망치리라, 접근하지 못하리라는 뜻입니다.

말씀을 정리하겠습니다. 위대한 이름 예수 그리스도, 하나뿐인 이름 예수 그리스도! 그 이름으로 구원받고, 기도 응답 받고, 고침받고, 마귀를 이깁니다. 우리가 할 일은 무엇입니까? 그 이름을 부르고, 믿고, 선포하고, 증거해야 합니다.

아이작 뉴턴은 1642년 영국에서 태어난 세계적인 물리학자, 수학자로 명성을 떨친 사람입니다. 그가 발견한 만유인력은 과학 분야에 새 지평을 열기도 했습니다. 그는 말했습니다. "나는 성경이 하나님의 말씀이며 영감을 받은 사람들이 쓴 것으로 믿는다. 나는 매일 성경을 공부한다"라고.

그가 말년에 치매에 걸렸습니다. 가족 이름도 기억하지 못하고, 지난 일은 물론 자기가 누구인지도 기억하지 못했습니다. 어느 날 의사가 뉴턴에게 기억나는 이름이 있으면 하나만 불러보라고 했습니다. 그러자 뉴턴은 "예수님 나의 구주"(Jesus My Savior)라고 했습니다. 옛날이야기입니다만 감동적인 이야기입니다. 내가 내 이름을 기억하지 못해도, 가족 이름을 기억하지 못해도, 전화번호를 기억하지 못해도 '예수 그리스도!' 그 이름은 기억합시다. 잊지 맙시다. 뇌 속에 깊이 새겨 놓읍시다. 숨질 때도 그 이름을 잊지 맙시다. 일할 때도, 여행할 때도, 쉴 때도, 잠잘 때도 그 이름을 놓치지 맙시다. 그 이름을 자랑합시다. 부끄러워하지 맙시다. 그 이름을 높이고, 자랑하며, 찬양합시다.

시편 113편 1-3절 말씀으로 마무리하겠습니다.

"할렐루야 여호와의 종들아 찬양하라 여호와의 이름을 찬양하라 이제부터 영원까지 여호와의 이름을 찬송할지로다 해 돋는 데에서부터 해지는 데에까지 여호와의 이름이 찬양을 받으시리로다."

그 이름, 예수 그리스도! 아멘.

제2부

인생 재건축

인생 재건축

(아모스 9:11-15)

구약 안에 예언의 말씀을 기록한 책은 16권입니다. 책의 분량을 따라 대예언서는 이사야, 예레미야, 에스겔, 다니엘 등 4권이고 소예언서는 호세아, 요엘, 아모스, 오바댜, 요나, 미가, 나훔, 하박국, 스바냐, 학개, 스가랴, 말라기 등 12권입니다.

모든 예언서가 다루는 두 가지 주제가 있습니다. 그것은 심판과 구원입니다. '개인이든 국가든 죄를 짓고 악을 행하면 심판을 받는다. 그러나 하나님께로 돌아오고 회개하면 구원받는다'는 것이 예언서의 핵심입니다.

아모스서의 경우는 더 확실합니다. 아모스는 예루살렘 변방 드고아에서 양을 치고 농사를 짓던 사람이었습니다. 그가 하나님의 부르심을 받고 당시 북왕국 이스라엘을 대상으로 예언활동을 펼쳤습니다. 그의 예언은 추상같고 우직했습니다. 그는 망설이지 않고 이스라엘의 죄를 지적하고 책망합니다.

1장에서는 이스라엘 주변 부족들의 죄를 책망하고 심판을 경고합니다. 다메섹, 블레셋, 두로, 에돔, 암몬, 모압 등입니다. 2장부터는 이스라엘의 죄를 책망하고 심판을 예언합니다. 그들은 하나님을 떠나 우상을 숭배하고 있었습니다. 그들에게 '하나님께로 돌아오라. 하나님을 찾으라. 그렇지 않으면 하나님의 진노와 심판이 임한다'는 것을 강조했습니다. 그런데 아모스서가 끝나는 9장 11~15절에서는 '회복'을 이야기합니다.

구약 안에 있는 16권 예언서들의 공통점이 아모스서에도 드러나고 있습니다. '하나님을 떠나면 심판받는다, 그러나 하나님께로 돌아오면 용서하시고 구원하시고 회복하신다'는 것입니다. 본문을 중심으로 회복하시는 하나님의 사역을 조명해 보겠습니다.

11절을 보면 "그날에 내가 다윗의 무너진 장막을 일으키고 그것들의 틈을 막으며 그 허물어진 것을 일으켜서 옛적과 같이 세우고"라고 했습니다. 일으킨다, 틈을 막는다, 허물어진 것을 일으킨다는 것을 건축 용어로 바꾸면 재건축, 리모델링한다는 것입니다. 이스라엘이 재건축해야 하는 것처럼 우리도 재건축이 필요합니다. 인생과 신앙을 재건축해야 합니다.

1. 왜 재건축입니까?

처음 지은 집이 무너졌기 때문입니다. 아담과 하와는 하나님이 직접 지으신 이상적 인간이었습니다. 창세기 1장 26~28절을 살펴보겠습니다.

> "하나님이 이르시되 우리의 형상을 따라 우리의 모양대로 우리가
> 사람을 만들고 그들로 바다의 물고기와 하늘의 새와 가축과 온 땅
> 과 땅에 기는 모든 것을 다스리게 하자 하시고 하나님이 자기 형상
> 곧 하나님의 형상대로 사람을 창조하시되 남자와 여자를 창조하시
> 고 하나님이 그들에게 복을 주시며 하나님이 그들에게 이르시되
> 생육하고 번성하여 땅에 충만하라, 땅을 정복하라, 바다의 물고기
> 와 하늘의 새와 땅에 움직이는 모든 생물을 다스리라."

사람만 하나님의 형상대로 지으시고 생기를 불어넣어 주셨습니다. 사람은 가장 이상적인 피조물이었습니다. 그런데 하나님의 명령을 어기고 선악과를 따 먹는 죄를 범하면서 타락하고 추방당했습니다. 처음 집이 무너진 것입니다. 이 사실을 로마서 5장 12절은 이렇게 말씀합니다.

> "그러므로 한 사람으로 말미암아 죄가 세상에 들어오고 죄로 말미
> 암아 사망이 들어왔나니 이와 같이 모든 사람이 죄를 지었으므로
> 사망이 모든 사람에게 이르렀느니라."

아담의 범죄로 인해 그 후손인 모든 사람도 죄인이 되었다는 것입니다. 그토록 좋던 에덴동산도 무너지고 그토록 아름답던 아담과 하와도 무너진 것입니다. 인생의 집을 무너뜨린 것은 태풍도 아니고 쓰나미도 아닙니다. 죄가 무너뜨렸습니다.

솔로몬 왕을 예로 들겠습니다. 그는 다윗 왕의 아들로 당대 세계 최고의 명왕이었습니다. 그를 추월할 만한 왕이 없었습니다.

1) 그는 지혜가 뛰어났습니다.

솔로몬 왕은 잠언 3,000편을 만들고 1,005편의 노래 가사를 짓고 초목, 동물, 새, 물고기 등에 대한 전문적 지식을 가지고 있었습니다 (왕상 4:32-34).

2) 국력이 강했습니다.

매일 왕궁에서 먹고 마시는 식자재가 놀랍습니다. 밀가루 30석, 굵은 밀가루 60석, 살찐 소 10마리, 초장의 소 20마리, 양 100마리, 사슴, 노루 등을 소비했습니다. 그리고 모든 그릇과 잔은 금으로 만들었습니다.

병력과 국가 경제도 뛰어났습니다. 병거(전차) 1,400대, 마병 12,000명, 외양간 4만 개, 금방패 500개, 말은 애굽에서 직수입했습니다. 그리고 1년 세입금 총액이 금 666달란트였습니다. 순금 22.6톤입니다. 한화로 9조 2천억이 넘는 거금을 매년 세금으로 거둬들였습니다. 3년마다 금, 은, 상아, 원숭이, 공작을 수입했고 그의 재산과 지혜는 어느 왕보다 많았습니다. 그리고 솔로몬을 만나기 위해 다른 나라 왕들이 줄을 서서 기다렸습니다. 최강의 국력을 자랑했습니다.

3) 그는 타락했습니다.

인기, 명성, 부, 국력이 신장되면서 여기에 반비례하여 솔로몬은 타락하기 시작합니다. 신명기 17장 14-19절을 보면 이스라엘의 왕이 될 사람의 자격을 말씀하고 있습니다.

① 하나님이 택한 사람을 세워라

② 타국인은 세우지 말라

③ 병마를 많이 두지 말라

④ 애굽으로 가지 말라

⑤ 아내를 많이 두지 말라

⑥ 은금을 많이 쌓지 말라

⑦ 하나님을 경외하고 말씀을 지켜 행하라

그런데 솔로몬은 그 어느 것 하나도 제대로 지킨 게 없습니다. 국방을 핑계로 전차부대를 만들고 애굽과 무역하고, 군대 수를 늘리며, 금으로 방패를 만들어 세를 과시했습니다. 전쟁에 필요한 방패는 동이나 철로 만들어야 합니다. 금방패는 칼과 화살과 창을 막는 힘이 약합니다. 과시용이었습니다. 그는 처, 첩이 많았습니다. 애굽 바로의 딸, 모압, 암몬, 에돔, 시돈, 헷 부족의 여인들을 아내로 맞이하고 후궁이 700명, 첩이 300명이었습니다. 매일 그녀들에 에워싸여 잔치를 열고 주지육림(酒池肉林)에 빠졌습니다. 왕이 앉는 의자는 상아로 만들고 금을 입혔습니다(왕상 10:18). 사치와 허영, 도덕적 타락의 늪에 빠져 살았습니다(왕상 11:2~3).

무엇보다 제일 중요한 것은 신앙의 집이 무너진 것입니다.

"그의 여인들이 왕의 마음을 돌아서게 하였더라 솔로몬의 나이가 많을 때에 그의 여인들이 그의 마음을 돌려 다른 신들을 따르게 하였으므로 왕의 마음이 그의 아버지 다윗의 마음과 같지 아니하여 그의 하나님 여호와 앞에 온전하지 못하였으니"(왕상 11:3~4).

하나님을 섬기던 왕이 시돈 사람이 섬기는 여신 아스다롯을 숭배하고, 암몬신 말곰과 몰록을 섬기고, 모압신 그모스를 섬기고, 예루살렘 성전 건너편 앞산에 산당을 건축하고, 여인들과 함께 거기 가서 분향하고 제사했습니다(왕상 11:5~8). 결정적인 타락의 모습은 "솔로몬이 마음을 돌려 이스라엘 하나님 여호와를 떠나므로 여호와께서 그에게 진노하시니라"(왕상 11:9)는 말씀과 같이 그가 하나님을 떠난 것입니다.

4) 그는 성전과 왕국을 건축했습니다.

솔로몬은 성전건축 7년, 왕궁건축 13년, 도합 20년을 건축에 전념했습니다. 성전건축은 하나님이 다윗에게 지시하신 도면대로 했습니다. 건축비도 다윗이 다 준비해 주었고 공사에 직접 자원해 참여한 연인원만 18만 3천3백 명이었고 모든 백성이 기쁨으로, 기도로, 헌물로 참여했습니다(왕상 5:13~14).

그러나 왕궁은 달랐습니다. 공사기간도 성전보다 배가 됩니다. 성전은 예배드리기 위해 짓고, 왕궁은 솔로몬이 살기 위해 지은 것입니다. 건축비 조달을 위해 세금을 더 많이 거둬들여야 했고, 애굽과의 무역을 통해 조달했습니다. 성전건축에는 백성들이 자원해서 참여했지만 왕궁건축은 강제 동원을 했습니다. 불평과 불만이 고조되기 시작했습니다.

성경을 연구하는 학자들은 성전건축과 내부시설을 합해 126조 원 정도의 건축비가 들었을 것으로 추정합니다. 그리고 왕궁은 성전보다 규모가 갑절일 것으로 보고 건축비도 두 배였을 것으로 보고 있습니다. 결국 무리한 왕궁건축 때문에 일어난 백성들의 불만이 쌓여 이스라엘 나라가 분열되는 원인을 제공하게 됩니다. 허랑방탕, 사치, 교만, 우상숭배, 무리한 건축, 국력 과시가 솔로몬의 인생과 신앙의 집을 무너지게 만들었습니다.

인생도 무너지고, 왕조도 무너지고, 국가도 무너진 것입니다. 솔로몬이 성전을 짓고, 왕궁을 짓고, 국가 경제는 부흥하고 인기가 치솟으면서 한껏 들뜨고 흥분해 있을 때 하나님은 경고하셨습니다.

"만일 너희나 너희의 자손이 아주 돌아서서 나를 따르지 아니하며 내가 너희 앞에 둔 나의 계명과 법도를 지키지 아니하고 가서 다른 신을 섬겨 그것을 경배하면 내가 이스라엘을 내가 그들에게 준 땅에서 끊어 버릴 것이요 내 이름을 위하여 내가 거룩하게 구별한 이 성전이라도 내 앞에서 던져버리리니 이스라엘은 모든 민족 가운데에서 속담거리와 이야기 거리가 될 것이며"(왕상 9:6~7).

'끊어버린다'는 단절한다는 뜻이고, '던져버린다'는 결별한다, 관계를 끊는다는 뜻입니다. 성전도, 왕궁도 하나님을 떠나면 무의미합니다. 신앙의 집이 무너지면 모든 것이 무너진다는 경고였습니다. 그런데 솔로몬은 그 경고를 외면했습니다. 그래서 무너진 것입니다. 솔로몬의 경우 하나님이 얼마나 멋지고 웅장하게 위대한 집을 지어 주셨습니까? 지혜, 명예, 명성, 부, 건축, 국력, 세계에서 제일가는 왕과 나라가 되게 해주셨습니다. 그리고 그 집을 유지하고 관리하는 방법까지 다 가르쳐 주셨습니다.

그런데 다 무너뜨려 버렸습니다. 주전 586년 바벨론의 침공으로 그토록 명물이었던 성전도, 왕궁도 불타버리고 나라도 멸망했습니다.

아담도 예외가 아닙니다. 그는 최초이자 마지막 파라다이스 에덴에서 살고 있었습니다. 인류의 희망은 파라다이스에 사는 것입니다, 에덴동산은 살아가는 데 불편하거나 나쁜 조건은 단 한 가지도 없는 동산이었습니다. 거기서 오래 행복하게 사는 방법까지, 관리방법까지 가르쳐주셨습니다.

> "선악을 알게 하는 나무의 열매는 먹지 말라 네가 먹는 날에는 반드시 죽으리라"(창 2:17).

그 말씀만 지켰다면 무너지지 않았을 텐데 선악을 알게 하는 나무 열매를 먹었습니다. 말씀을 어긴 것입니다. 그래서 쫓겨났습니다. 아담의 에덴동산이나 솔로몬의 이스라엘 왕국보다 더 중요한 것은 나의 인생, 나의 신앙입니다.

2. 나의 인생과 신앙의 집을 잘 지어야 합니다

우리들의 이야기를 해야 합니다. 내 인생과 신앙의 집을 잘 짓고 관리해야 합니다. 앞에서 말씀드린 대로 에덴동산도 무너졌고 아담 하와도 무너졌습니다. 솔로몬 왕국도 무너졌고 솔로몬도 무너졌습니다.

구약성경 안에 있는 전도서는 솔로몬이 말년에 쓴 책입니다. 그는 전도서를 "전도자가 이르되 헛되고 헛되며 헛되고 헛되니 모든 것이 헛되도다"로 시작합니다(1:2). 짧은 한 구절에서 5번씩 "헛되다"를 반복합니다. 전도서 전체 안에는 38회나 등장합니다. 유대인들이 한 단어를 5번씩 반복하는 것은 최상급 강조 어법입니다. 대개 세 번 반복하면 최고 강조가 되지만 다섯 번은 강조의 절정을 의미합니다.

'헛되다'의 뜻은 수증기, 공허, 속이 텅 비었다는 것입니다. 더 이상 헛된 것이 없고 그동안 자신의 지나온 모든 삶이 헛되다는 것입니다. 권력도 헛되다, 영화도 헛되다, 주색도 헛되다, 인기도 황금도 헛되다는 것을 늦기 전에 깨달았어야 합니다. 그런데 너무 늦게 깨달았기 때문에 인생의 집을 다시 짓지 못한 것입니다.

지금 내 인생의 집은 어떻습니까? 안전진단을 하면 괜찮을까요? 성경은 인생을 어떻게 진단하고 있습니까? 로마서 3장 10~12절을 보겠습니다.

> "의인은 없나니 하나도 없으며 깨닫는 자도 없고 하나님을 찾는 자도 없고 다 치우쳐 함께 무익하게 되고 선을 행하는 자는 없나니 하나도 없도다."

로마서의 진단대로라면 완전히 낡아서 무너지고 쓸모없는 폐가가 됐다는 것입니다. 재건축이 필요합니다. 에스겔 37장은 마른 뼈처럼 처참하게 망가진 이스라엘의 모습을 설명합니다. 에스겔 선지자가 골짜기를 메우고 있는 셀 수 없는 마른 뼈들을 바라보고 있었습니다.

하나님이 그에게 묻습니다. "이 뼈들이 능히 살 수 있겠느냐."

에스겔이 답합니다. "주 여호와여 주께서 아시나이다."

사람의 뼈는 모두 206개입니다. 이미 죽어서 살은 썩어 먼지가 되고 뼈는 여기저기 흩어져 어느 뼈가 누구 뼈인지 구분이 어렵습니다. 이처럼 이스라엘 나라는 바벨론의 침략으로 예루살렘도, 성전도, 왕궁도 다 불타고 무너졌습니다.

"이 나라가 다시 살 수 있겠느냐? 회복될 수 있겠느냐?"라는 질문에 "주님이 아십니다"라고 대답했습니다. 그 뜻은 '주님만 하실 수 있습니다'라는 신앙고백입니다.

무디는 "신앙이란 인간의 지식을 하나님께 포기하는 것이다"라고 했고 칼뱅은 "신앙이란 눈을 감고 귀만 기울이는 것"이라고 했습니다. 마태복음 19장 26절에서 주님은 "예수께서 그들을 보시며 이르시되 사람으로는 할 수 없으나 하나님으로서는 다 하실 수 있느니라"고 말씀하셨습니다.

빌딩은 내가 짓고 재건축하지만 무너진 인생과 신앙의 집을 재건축하는 것은 내가 못합니다. 하나님이 하십니다.

아모스 9장도 같은 맥락에서 조명해야 합니다. 11절을 다시 보겠습니다.

"그날에 내가 다윗의 무너진 장막을 일으키고 그것들의 틈을 막으며 장막을 일으키고 그것들의 틈을 막으며 그 허물어진 것을 일으켜서 옛적같이 세우고."

다윗의 장막은 이스라엘 나라입니다. 하나님이 무너진 나라를 다시 일으켜 세우고 재건축하신다는 것입니다. 북왕국 이스라엘은 BC 722년 앗수르의 침공으로, 남왕국 유다는 BC 586년 바벨론의 침공으로 망했습니다.

그 누구도 어떤 방법으로 재건축이 불가능합니다. 그러나 하나님이 다시 짓고 틈을 박아 새 집을 지으신다는 것입니다. 그것은 예수 그리스도를 통해 세계가 새로워지고 사람이 새롭게 되는 것을 예언하고 있습니다.

고린도후서 5장 17절을 보겠습니다.

"그런즉 누구든지 그리스도 안에 있으면 새로운 피조물이라 이전 것은 지나갔으니 보라 새것이 되었도다."

그 뜻은 누구든지 예수 믿으면 새로운 사람이 된다, 무너진 사람이 아니라 새로운 삶을 사는 사람이 된다는 것입니다. 재건축한 사람, 리모델링한 사람, 이전과 전혀 다른 사람이 된다는 것입니다. 이쯤에서 나는 어떤가를 살펴봐야 합니다. '나는 새로운 피조물인가? 아니면 낡은 존재 그대로인가?'

누구나 성공할 수 있습니다. 그러나 성공을 잘못 다루면 실패자가 됩니다. 누구나 실패할 수 있습니다. 그러나 그 실패를 잘 다루면 성공할 수 있습니다.

어떤 건물도 오래되면 낡은 건물이 됩니다. 그러나 리모델링하고 관리만 잘하면 새 건물이 될 수 있습니다. 베드로는 실패를 잘 다뤘기 때문에 초대교회 기둥이 될 수 있었고, 가룟 유다는 실패를 잘 다루지 못했기 때문에 스스로 목숨을 끊었습니다.

나의 과거(지난날)는 기둥은 썩고 지붕은 비가 새고 벽은 갈라져 무너져 내리는 목조건물과 같았습니다. 그런데 재건축했습니다. 성경은 "새 사람이 됐다. 새로운 피조물이다. 거듭났다"라고 합니다. 누가 나를 새롭게 만들었습니까? 교육도 아니고, 과학도 아니고, 문화도 아닙니다. 예수 그리스도가 하셨습니다.

미국 시애틀 병원에서 일하는 여자 의사가 있었습니다. 주일마다 교회에 가서 예배드리고 마약중독자, 알콜 중독자들을 돌보는 사역을 했습니다. 어느 주일 긴급연락을 받고 중독자 상담센터로 달려갔습니다. 마약과 알콜중독자인 흑인 여자가 입고 있는 옷을 다 벗어던지며 발작하고 있었습니다. 여자이기 때문에 여자 의사가 필요하다며 그 의사를 부른 것입니다. 언제 씻었는지 몸과 옷에서 악취가 풍겨 숨쉬기가 힘들었습니다. 몸을 닦아주고 옷을 갈아입혔습니다. 안정을 찾고 회복이 된 것입니다.

그날 밤 잠들기 전 낮에 있었던 일을 생각하며 기도를 했습니다. "주님, 저 그런 사람 다시 돌볼 수 없어요. 너무 더럽고 악취를 견딜 수 없어요. 그런 사람 다시 안 만나게 해주세요."

잠시 후 영감으로 응답이 왔습니다. "네 속은 더 더럽다. 그래도

인생 재건축(아모스 9:11-15)

103

나는 더럽다, 냄새 난다 안 하고 너를 씻겨 주고 싸매주고 새 옷 입혀줬느니라."

그날 밤 그는 대성통곡했습니다. 왜 대성통곡했을까요? 나는 깨끗하고 흠 없고 당당하고 떳떳한 줄 믿었습니다. 그래서 목에 힘주고 살았는데 하나님은 "네 속은 더 더럽다"라시며 철퇴를 가하셨기 때문입니다. 그녀는 회개했습니다. 달라졌습니다. 그날 이후 지금까지 상처받은 사람들, 힘겹게 살고 있는 이웃들을 치료하는 일을 계속하고 있습니다.

예수 믿고 달라졌습니까? 교회 다니고 변했습니까?

기도하고 성경 읽고 달라졌습니까? 달라져야 하고 변해야 합니다. 나를 변화시키고 다른 사람 만드는 능력은 하나님께만 있습니다.

장신대 이상억 상담학 교수는 《백 번의 위로 사랑합니다》라는 책 서문에서 "건강을 잃어 쓰러지기까지 성실을 다하면 내담자의 표면적 문제 봉합은 가능했지만 결국 깨닫게 되었습니다. 회복은 하나님의 영역이라는 사실을 말입니다"라고 썼습니다.

하나님은 나를 회복하셨습니다. 새로운 존재로 리모델링해주셨습니다. 하나님은 가정도 교회도 국가도 회복하십니다. 새집을 만드십니다. 재건축하십니다.

"누구든지 그리스도 안에 있으면 새로운 피조물이라 이전 것은 지나갔으니 보라 새것이 되었도다"(고후 5:17).

아멘!

생활신앙

(야고보서 2:14-20)

　　신앙생활과 생활신앙은 어떤 차이가 있을까요? 로마서가 신앙생활의 지침이라면 야고보서는 생활신앙의 지침이라 볼 수 있습니다. 로마서는 '믿으라. 그래야 죄 사함 받고, 의로워지고, 구원받는다'는 것을 강조하고, 야고보서는 '바로 살아라. 믿음은 삶으로 드러나고 증명된다'는 것을 강조하고 있습니다. 그러니까 로마서와 야고보서의 교훈을 하나로 묶으면 '바로 믿고 바로 살고'가 됩니다.

　　로마서는 바울이 고린도에 머물면서 기록하여 로마 교회에 보냈고, 야고보서는 야고보가 기록해서 이미 예수를 믿노라는 사람들에게 보낸 서신입니다. 로마서는 믿음을, 야고보서는 행함을 강조하기 때문에 서로 상충되는 듯 싶지만 대상과 관점과 강조점이 다를 뿐 중심 교훈은 '믿으라. 바로 믿으라. 믿는 대로 살아라. 똑바로 살아라'이기 때문에 큰 두 기둥, 두 날개로 보면 됩니다.

오늘은 야고보서가 강조하는 '생활신앙'을 중심으로 말씀을 살펴 겠습니다.

당시 기독교인들은 믿으면 죄 사함 받고 의로워지고 구원받는다는 것에만 치중했고, 믿고 구원받은 후에 어떻게 살아야 하는가에 대해서는 관심이 없었습니다. 그들에게 야고보는 '아니다. 믿는 대로 살아야 한다. 삶을 통해 믿음이 드러나야 한다'는 메시지를 전하고 있습니다.

생활신앙은 어떻게 해야 되는지 그 교훈을 찾아보겠습니다.

1. 자신을 통제하고 조절해야 합니다

의정부 백병원 가정의학과 전문의인 양성관 씨가 쓴 글이 있습니다. "운전대 잡은 사람은 왜 멀미를 안 할까?"라는 제목의 글입니다.

> "남이 내 몸을 간지럽히면 간지럽지만 내가 내 몸을 간지럽
> 히면 안 간지럽다. 남이 운전하면 어지럽다. 내가 운전하면
> 안 어지럽다. 주도권이다. 남이나 세상이 내 삶의 주도권을
> 쥐고 흔들면 삶은 단순히 간지럽고 어지러운 것에 그치지
> 않는다. 내가 아니라 남이 내 삶을 좌지우지할 때 미래에
> 대한 예측은 자신에게 불안과 공포를 안겨 준다. 자극이나
> 주위의 상황만큼 중요한 것이 어떻게 받아들이느냐와 주
> 도권이다. 이것은 몸에만 적용되는 것이 아니라 마음과 행
> 복에도 적용된다."

내가 나를 통제하고 조절해야 된다는 뜻입니다. 내가 바른 신앙인이 되고 믿음을 실천하는 생활신앙인이 되려면 먼저 '나'라는 존재를 통제하고 조절해야 합니다. 즉 내가 어떤 사람이 되고 어떻게 사느냐가 중요합니다. 내가 통제하고 조절할 것이 무엇인가를 찾아보겠습니다.

첫째, 성내지 말라고 합니다.

야고보서 1장 19~20절은 "내 사랑하는 형제들아 너희가 알지니 사람마다 듣기는 속히 하고 말하기는 더디 하며 성내기도 더디 하라 사람이 성내는 것이 하나님의 의를 이루지 못함이라"고 했습니다. '성내다'의 뜻은 마음속에 품고 있는 분노와 증오를 표현하는 것입니다. 바울은 에베소서 4장 26~27절에서도 "분을 내어도 죄를 짓지 말며 해가 지도록 분을 품지 말고 마귀에게 틈을 주지 말라"고 했습니다.

현대인이 앓고 있는 정신질환 가운데 화병, 울화병, 분노조절장애가 가장 많다고 합니다. 천사가 아닌 이상 화를 낼 수 있습니다. 그러나 그 화를 계속 품고 있으면 화병이 되고 마귀에게 조종당하고 도구가 되어 무슨 일을 저지를지 모릅니다. 이 교훈은 "화내지 마, 화 풀어"로 요약할 수 있습니다. 야고보는 "성내기를 더디 하라"고 했습니다. 그 뜻은 '참아라'입니다.

독사의 알을 품으면 독사가 나오고, 달걀을 품으면 병아리가 나오고, 타조 알을 품으면 타조가 나오고, 분노를 품으면 사탄의 역사가 나옵니다. 그래서 "하나님의 의를 이루지 못한다"라고 한 것입니다.

고통도 아픔도 참아야 하지만 성내는 것도 참아야 합니다. 아무 때나 어디서나 화내지 맙시다.

둘째, 말을 삼가라고 합니다.
여러 곳에서 교훈하고 있습니다.

"누구든지 스스로 경건하다 생각하며 자기 혀를 재갈 물리지 아니하고 자기 마음을 속이면 이 사람의 경건은 헛것이라"(1:26)고 했고, 4장 11절에서는 "형제를 비방하거나 판단하지 말라"고 했습니다.

바울도 "무릇 더러운 말은 너희 입 밖에도 내지 말고 오직 덕을 세우는 데 소용되는 대로 선한 말을 하여 듣는 자들에게 은혜를 끼치게 하라"고 했습니다(엡 4:29).

카카오스토리에 올라와 있는 이야기입니다. "개에게 물린 사람은 반나절 만에 치료받고 귀가했고, 뱀에게 물린 사람은 3일 만에 치료를 마치고 귀가했고, 사람이 뱉은 말에 물린 사람은 아직도 현재 입원 중이다"라는 이야기입니다.

유대인 격언 가운데 "말은 적게 하고 일은 많이 하라. 듣기는 빨리 하고 대답은 깊이 생각한 후 천천히 하라"는 말도 있고, "말하는 것은 1세겔, 침묵하는 것은 2세겔"이라는 격언도 있습니다. 공자는 "세 번 생각하고 한 번 말하라(三思一言), 세 번 생각하고 한 번 행동하라(三思一行)"고 했습니다. 야고보의 교훈은 '말을 절제하라, 골라서 해라, 생각하고 말하라, 말로 덕을 세워라, 함부로 하지 말라'입니다.

인간만 말을 합니다. 말로 의사를 전하고 사상을 전하며 복음을 전합니다. 그리고 반대로 말로 상처를 주고 말로 파괴합니다. 말을 하기 전 우선 멈추고, 생각하고 말하기를 훈련해야 합니다.

2. 믿음을 실천하라

2장 14절을 보겠습니다.

> "내 형제들아 만일 사람이 믿음이 있노라 하고 행함이 없으면 무슨 유익이 있으리요 그 믿음이 능히 자기를 구원하겠느냐."

2장 17절도 중요합니다.

> "이와 같이 행함이 없는 믿음은 그 자체가 죽은 것이라."

2장 20절은 "아아 허탄한 사람아 행함이 없는 믿음이 헛것인 줄을 알고자 하느냐", 26절은 "영혼 없는 몸이 죽은 것같이 행함이 없는 믿음은 죽은 것이니라"고 했습니다.

행함이 없는 믿음은 유익이 없고 헛것이고 죽은 것이라고 하면서 최강의 강조법을 동원하고 있습니다. '헛것'은 알맹이 없는 쭉정이를 말하고, '죽은 것이다'는 시체라는 뜻입니다. "네 믿음을 실천하라"는 생활로 나타내라는 것을 강조하고 있습니다.

예수님 당시에 자칭 잘 믿는다면서 자신의 의를 자랑하는 사람들이 있었습니다. 바리새파 사람들입니다. "나는 십일조를 드린다. 금식한다. 정한 시간마다 기도한다. 성경을 날마다 읽는다. 구제한다. 안식일을 성수한다"라고 자랑하는가 하면 자기처럼 못하는 사람들을 비난하고 정죄했습니다.

그러나 따돌림을 당하고 비난을 받고 죄인 취급을 받는 세리가 있었습니다. 그는 "저는 죄인입니다. 제대로 하는 게 없습니다. 저는 낯을 들고 다닐 수가 없습니다"라며 엎드려 기도했습니다. 예수님은 도도하고 건방진 바리새인보다 세리가 옳다고 하셨습니다.

여기서 오해하면 안 됩니다. 세리가 되어라, 세리처럼 나쁜 사람이 되어라, 세리가 한 짓이 옳다는 것이 아닙니다. 세리의 자기 낮춤, 자기 고백, 회개를 배우라는 것입니다. 교회도, 그리스도인들도 실천적 신앙을 갖고 자신을 낮추는 삶을 살아야 합니다.

어떤 목사님이 건물 지하를 월세로 얻고 개척교회를 시작했습니다. 가까운 곳엔 여자 중고등학교가 있었습니다. 그런데 어느 날부터 지하 교회로 내려가는 계단에 담배꽁초, 씹던 껌, 가래침, 버린 쓰레기가 쌓이기 시작했습니다. 여학생들이 등교 전후에 10여 명씩 몰려와 담배를 피우고 씹던 껌을 버리고 침을 뱉고 휴지를 버리기 때문이었습니다.

목사님은 호통을 치고 학교에 알릴까 생각하다가 햇볕 정책을 쓰기로 했습니다. 담배꽁초를 치우고 뱉은 침을 닦고 휴지를 치웠습니다. 그리고 스테인리스 그릇에 물을 담아 재떨이를 만들고 침을 뱉고 난 후 닦으라고 두루마리 휴지와 쓰레기통을 놓아주고 귤을 한 박스 사서 예쁜 그릇에 담았습니다. 그리고 쪽지를 벽에 붙였습니다. "환영합니다. 편히 쉬었다 가세요. 귤은 맛있게 먹고 남으면 친구들에게 나눠 주세요." 매일 그렇게 했습니다. 그리고 사탕과 껌도 나눠줬습니다. 쪽지도 바꿨습니다. "공부하느라 고생이 많죠. 시험 잘 보세요. 고생 끝에 낙! 오늘은 무척 춥죠? 교회 문 열어 놓으니까 들어와 쉬다가 가세요. 커피, 라면도 마음껏 드세요." 단 한 마디도 침 뱉지 마라, 담배 피우지 마라는 말은 쪽지에 쓰지 않았습니다.

얼마 지나자 드디어 답글이 달리기 시작했습니다. "목사님, 감사합니다. 목사님 짱! 열심히 공부할게요. 저도 교회 나와도 돼요?" 그 후로 담배 꽁초, 휴지, 가래침이 줄어들고 계단은 자기들이 청소하고… 수년이 지난 후 '대학에 진학했어요. 직장에 취직했어요. 교회 나가고 있어요'라며 연락이 왔습니다. 커피값이라며 헌금을 보내오고, '목사님 존경해요. 사랑해요'라는 문자를 보내왔다고 합니다. 만약 목사님이 그들을 호통치고 고발했다면 다 놓치고 말았을 것입니다. 그리스도인들과 교회들이 이런 여유, 너그러움이 있으면 좋겠습니다. 법, 교리, 원칙을 따지기 전에 삶으로 보여주는 신앙, 너그러운 신앙, 포근한 교회가 되면 좋겠습니다.

야고보는 2장 15-17절에 "만일 형제나 자매가 헐벗고 일용할 양식이 없는데 너희 중에 누구든지 그에게 이르되 평안히 가라 덥게 하라 배부르게 하라 하며 그 몸에 쓸 것을 주지 아니하면 무슨 유익이 있으리요"라고 했고, 그런 믿음은 죽은 것이라고 했습니다.

'믿느냐? 그대로 실천하라! 그대로 행하라!'는 말씀에 '아멘' 해야 합니다. 그 실천은 가장 가까운 곳, 가까운 사람부터 시작해야 합니다. 가정에서, 마을에서, 일터에서 실천해야 합니다. 이런 글을 읽었습니다. "말 잘하는 사람보다 잘 듣는 사람, 글 잘 쓰는 사람보다 잘 읽는 사람이 되고 싶어요." 이 글을 바꿔보겠습니다. "말 잘하는 사람보다 실천하는 사람이 되고 싶어요. 잘 믿는 사람보다 바로 믿는 사람이 되고 싶어요. 잘사는 사람보다 바로 사는 사람이 되고 싶어요."

4장 17절을 보겠습니다.

"그러므로 사람이 선을 행할 줄 알고도 행하지 아니하면 죄니라."

3. 주의 뜻을 따르라

4장 14~15절을 보겠습니다.

"내일 일을 너희가 알지 못하는도다 너희 생명이 무엇이냐 너희는 잠깐 보이다가 없어지는 안개니라 너희가 도리어 말하기를 주의 뜻이면 우리가 살기도 하고 이것이나 저것을 하리라 할 것이거늘."

그리스도인의 삶은 사는 것도, 죽는 것도, 성공하는 것도, 실패하는 것도 주의 뜻 안에 있다는 것입니다. '내 뜻대로 마옵시고 아버지의 뜻대로'는 주님의 겟세마네 기도였습니다. 내 마음대로 하는 것은 내가 내 인생의 주인이라고 믿기 때문입니다. 주 뜻대로 하는 것은 내 인생의 주인이 주님이라고 믿을 때 가능합니다. 바로 믿고 바로 사는 것이 내 마음대로 안 됩니다. 그래서 야고보는 "주의 뜻이면"이라고 한 것입니다.

47년간 외줄타기를 한 권원태 씨는 명인 인증을 받은 사람인데 주간지와 인터뷰에서 이런 말을 했습니다.

> "인간은 탯줄을 타고 나와 삼베줄에 꽁꽁 묶여 한 줌의 재로 떠납니다. 평생 줄을 타야 하는 운명인 거죠. 인생사 바람에 흔들릴 때가 많겠지만 운전할 때 차선을 벗어나면 안 되듯 안전 운행해야 합니다. 포기하고 싶을 때도 많았지만 끝까지 버티니 남사당 줄꾼이라는 이름 석 자는 남더군요. 모든 인생이 외줄타기입니다. 줄꾼은 그걸 몸으로 보여 줄 뿐이죠. 힘들어도 내려오지 말고 끝까지 안전하게 줄을 타십시오."

끝까지 인생 줄타기에서 떨어지지 않고 안전하게 줄을 타는 비결이 무엇일까요? 내 노력으로 됩니까? 지식으로 됩니까? 경험으로 됩니까? 안 됩니다. 야고보는 주의 뜻을 따르라고 말합니다.

"주님 뜻대로 살기로 했네"라는 복음성가는 인도의 성자 선다싱이 작사하고 훗날 편곡한 찬양입니다.

생활신앙(야고보서 2:14-20)

"주님 뜻대로 살기로 했네

주님 뜻대로 살기로 했네

주님 뜻대로 살기로 했네

뒤돌아서지 않겠네

세상 등지고 십자가 보네

세상 등지고 십자가 보네

세상 등지고 십자가 보네

뒤돌아서지 않겠네"

신앙생활도 생활신앙도 주님 뜻을 따라야 합니다. 세상 등지고 십자가를 바라보는 것도 주님 뜻을 따라야 합니다.

예수님이 십자가에 달리셨을 때 하신 말씀이 일곱 마디였습니다. 가상칠언(架上七言)이라고도 합니다. 여섯 번째 하신 말씀이 '다 이루었다'입니다. '다 이루었다'라는 단어는 헬라어로 테텔레스타이(tetelestai)라고 합니다. 그 뜻은 물건을 파고 사는 상거래 때 사용하는 용어인데 '값을 다 지불했다'라는 의미입니다. 이는 다 끝냈다, 다 완성했다, 다 마쳤다는 것입니다. "내가 네 죗값을 다 지불했다, 완불했다, 너는 지불할 필요가 없다"라는 것입니다.

내가 할 수 있는 일, 내가 해야 될 일을 주님이 다 해주시고 지불 완료 하셨습니다. 내가 할 일은 주님을 바라보고 주님을 의지하고 주님의 뜻을 따르고 사는 것입니다.

바울은 로마서 3장 27절에서 "그런즉 자랑할 데가 어디냐 있을 수가 없느니라 무슨 법으로냐 행위로냐 아니라 오직 믿음의 법으로니라"고 했습니다. 내가 자랑할 수 있는 것이 무엇입니까? 예수 믿고 난 후 달라진 것이 무엇입니까?

첫째, 믿음의 대상이 바뀝니다. 나 자신을 믿고 사람을 믿고 돈, 건강, 권력, 경력을 믿고 살던 나였습니다. 그런데 예수를 믿고 나서는 믿음의 대상이 예수님으로 바뀌었습니다. 완전한 예수, 변함없는 예수, 영원한 예수, 함께하시는 예수님을 믿고 바라보고 살게 된 것입니다.

둘째, 삶의 방식이 바뀝니다. 나만을 위해 살던 삶이 이웃을 위한 삶으로, 이기적 가치관이 이타적 가치관으로, 자아 중심의 삶이 다른 사람을 생각하고 고려하는 삶으로 바뀌게 됩니다.

함부로 말하고 상처를 주던 내가 조심하고 배려하는 삶으로 변합니다. 얼굴이 변하고 걸음걸이가 변하고 말투가 달라집니다. 그렇게 되어야 합니다. 물질의 상태가 변하는 것을 물리적 변화라고 합니다. 물질의 성질이 변하는 것을 화학적 변화라고 합니다. 사람의 생각과 행동, 그 영혼이 변하는 것을 영적 변화, 거듭남이라고 합니다. 변해야 합니다. 달라져야 합니다. 바뀌어야 합니다. 달라지고 변한 내 모습을 남편에게, 아내에게, 부모에게, 자녀들에게, 형제에게, 이웃에게, 동료에게 보여줍시다. 한국 교회가 그런 모습을 보여주면 손가락질하던 사람들이 박수 갈채를 보낼 것입니다.

찬송가 289장 "주 예수 내 맘에 들어와 계신 후"는 루퍼스 헨리 맥 다니엘 목사가 작사한 찬송입니다. 다니엘 목사는 100여 편의 찬송을 작사하기도 했습니다.

"주 예수 내 맘에 들어와 계신 후

변하여 새 사람 되고

내가 늘 바라던 참 빛을 찾음도

주 예수 내 맘에 오심

물 밀 듯 내 맘에 기쁨이 넘침은

주 예수 내 맘에 오심"

주 예수! 내 맘에 오심! 그래야 변하고 달라지고 새사람이 됩니다.

주 예수! 내 맘에 오심! 아멘.

기억하라

(신명기 8:11-20)

나이와 기억력은 비례합니다. 나이가 들수록 기억력이 약화되고 오래된 사건일수록 기억이 가물가물해집니다. 조선왕조 500년 동안 왕들의 행적을 기록한 〈조선왕조실록〉이 있습니다. 왕들의 일거일동을 낱낱이 기록한 역사 기록입니다. 총 6,400만 자라고 합니다. 1초에 1자씩 하루 4시간씩 쓰면 11년이 걸린답니다. 〈승정원일기〉가 있습니다. 왕실 비서실의 활동을 기록한 일기입니다. 500년 동안 쓴 것을 합하면 2억 5천만 자가 되고 한문으로 쓴 것을 한글로 옮겨 쓰려면 80년이 걸린다고 합니다. 왜 무엇 때문에 기록했을까요? 후대에 전하기 위해, 지난 역사를 기억하기 위해서입니다.

건망증 환자가 쓰는 상용어가 있습니다. "깜박했네요", "까맣게 잊고 왔었네요" "그런 일이 있었나요?" 등입니다. 전문가들은 건망증 증세가 심해지면 치매로 발전할 수 있다고 말합니다. 예방과 치료를 위해서는 암기하라(암송하라), 음식을 조심하라(매운 것, 짠 것), 메모하는 습관을 가지라(기록하라)고 권합니다.

성경 암송하기, 소리 내어 성경 읽기, 소리 내어 찬송 부르기, 성경 쓰기 등은 건망증이나 치매 치료에 아주 유익합니다. 잊지 말고 꼭 기억해야 될 것 세 가지를 말씀드리겠습니다.

1. 나 자신을 기억해야 합니다

나는 누구인가, 왜 사는가, 어떻게 오늘 여기까지 이르렀는가를 기억해야 합니다. 나는 하나님의 피조물입니다. 저절로, 우연히 생겨난 존재가 아닙니다. 그뿐입니까? 예수 그리스도의 피로 구원받은 존재입니다. 그래서 하나님을 아버지라고 부를 수 있고 예수 그리스도를 나의 주님이라고 고백할 수 있게 된 것입니다. 이 사실 하나만으로도 감사합니다.

기계도 수명이 있습니다. 요즘 컴퓨터나 휴대폰 등 정보통신 기기들은 해마다 바뀝니다. 디자인이 바뀌고, 성능이 바뀝니다. 어떤 사람이 몸이 아파 병원에 갔습니다. "어디가 아파서 오셨습니까?" "안 아픈 데가 없어요. 골치도 아프고, 이빨도 아프고, 몸도 아프고, 허리도 아프고, 무릎도 아프고, 배도 아프고 다 아파요." 의사가 차트에 기록된 생년월일을 보았습니다. 1937년 4월 6일이었습니다. 86세였습니다. 의사가 말했습니다. "오래 쓰셨군요"라고. 86년 쓰는 기계가 있습니까? 그런데 관리만 잘하면 인간은 100세가 지나도 팔팔하게 살 수 있습니다.

우리나라 100세 이상 사는 노인들의 장수비결은 절제, 소식, 운동 이랍니다. 일본 오키나와 장수촌 노인들의 장수 비결은 ① 맑은 공기 ② 깨끗한 물 ③ 생선 식생활 ④ 가족관계랍니다. 갈수록 인구 구성이 바뀝니다. 도표를 보겠습니다.

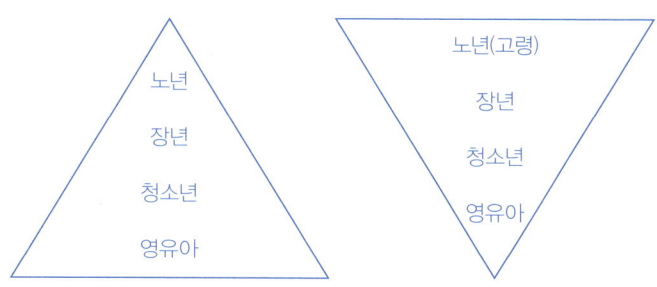

교회도 예외가 아닙니다. 고령화, 인구절벽도 문제지만 어떤 가치관, 어떤 신앙으로 사느냐가 더 중요합니다. 왜 사느냐, 어떻게 사느냐, 왜 일하느냐, 어떤 일을 하느냐에 대한 답이 확실해야 합니다. 바울은 "나의 나된 것은 하나님의 은혜로 된 것이니…오직 나와 함께 하신 하나님의 은혜로라"고 했습니다(고전 15:10).

바울의 신앙은 '하나님 때문에 태어났다. 하나님 때문에 산다. 모든 것이 하나님 은혜 때문'이라는 것입니다. 내가 누구인가를 가장 잘 아는 것은 나 자신입니다. 그러나 나보다 나를 잘 아시는 이는 하나님이십니다.

시인의 고백을 살펴보겠습니다. 시편 139편은 다윗의 고백 시 "나를 아시나이다"로 시작됩니다. "내 생각을 밝히 아시오며 행위를 익히 아시오며 내 혀의 말을 알지 못하시는 것이 하나도 없으시니이다…주께서 내 내장을 지으시며 나의 모태에서 나를 만드셨나이다"라고 했습니다. 내가 생기기 전부터 모태에서 조성될 때부터 송두리째 나를 아시는 분이 하나님이시라는 것입니다. 나는 누구입니까? 하나님의 피조물입니다. 나는 누구입니까? 구원받은 하나님의 자녀입니다. 용서받은 죄인입니다. 내가 그런 존재임을 기억합시다.

2. 역사를 기억해야 합니다

모세가 5권의 책을 기록했습니다. 그것은 모세오경이라고도 하는데 창세기, 출애굽기, 레위기, 민수기, 신명기입니다. 창세기는 천지창조와 타락 그리고 족장들의 이야기이고, 출애굽기는 애굽의 종살이 430년을 끝내고 애굽을 떠난 광야 40년의 생활기록이고, 레위기는 하나님께 드리는 제사기록, 민수기는 애굽을 떠난 이스라엘 민족 각 지파의 숫자와 광야에서 있었던 일을 기록한 책입니다.

신명기는 그들이 가나안 땅에 들어가 어떻게 살 것인가, 그리고 지나간 역사를 잊지 않고 하나님을 바로 섬길 교훈들을 담고 있습니다. 신명기를 '하 드바림'이라고 합니다. 그 뜻은 '이것은 말씀이다'입니다. 하나님이 누구신가? 이스라엘은 누구인가? 하나님을 떠나면 어떻게 되는가? 하나님을 바로 섬기면 어떤 복을 받는가를 가르치고 기억하게 해주는 '말씀'이 신명기입니다.

신명기는 하나님이 베푸신 지난 역사를 기억하라고 말씀합니다. "네가 건축하지 않은 크고 아름다운 성읍을 주셨다"(6:10), "네가 채우지 아니한 아름다운 물건이 가득한 집을 주셨고 포도원과 감람나무도 거저 주시고 배불리 먹게 하셨다"(6:11), "너희를 택하심은(이렇게 하심은) 너희가 다른 민족보다 수효가 많기 때문이 아니라 너희는 오히려 모든 민족 중에 가장 적으니라"(7:6), "권능의 손으로 너희를 인도하여 내시되 너희를 그 종 되었던 집에서 애굽 왕 바로의 손에서 속량하셨나니"(7:8)라고 했고, 8장 2절에서는 "이 40년 동안에 네게 광야 길을 걷게 하신 것을 기억하라"고 했습니다.

우리 역사도 순탄치 않습니다만 이스라엘 역사는 파란만장한 역사입니다. 그 역사를 기억하라는 것입니다. 기억하라는 것은 추억하라, 생각하라, 회상하라는 뜻입니다.

역사를 히스토리(HISTORY)라고 합니다. 경력, 지나간 역사적 사건을 말합니다. 그러나 이스라엘 역사는 단순히 지나간 사람들의 이야기가 아닙니다. 그 어느 것 하나도 하나님과 관계되지 않은 것이 없습니다. 그래서 그분의 역사, 하나님의 역사를 'HIS STORY'라고 합니다. 전 세계 도처에 지진과 화산 폭발이 도사리고 있다고 합니다. 한반도도 예외가 아닙니다. 백두산도 활화산인데 언젠가는 폭발하게 될 것이라고 합니다. 문제는 그 누구도, 그 어떤 방법으로도 막을 수 없다는 것입니다. 예측도 어렵고 내진 설계로도 막을 수 없답니다.

TV 대담에서 전문가는 "신만 막을 수 있다"라고 했습니다. 바른 역사를 만들고, 바르게 쓰고, 바르게 가르쳐야 합니다. 왜곡해도 안 되고, 지워도 안 됩니다. 국정 교과서에 기독교 이야기는 빼버리고 이슬람 이야기는 늘어놓고 있습니다. 역사는 역사 그대로 쓰고, 보존하고, 지켜야 합니다. 사람 따라, 정권 따라 바꿔 쓰면 안 됩니다. 신명기는 이스라엘 백성에게 지난 역사를 잊지 말라, 지우지 말라, 그리고 가르치고 전승하라고 말씀합니다.

3. 하나님을 기억해야 합니다

신명기 4장 9절을 보면 "네가 눈으로 본 그 일을 잊어버리지 말라"고 했습니다. 눈으로 본 그 일이 어떤 일입니까? 200여 만 명이 홍해를 육지같이 건넜던 일, 뒤쫓아 오던 애굽 군대가 바다에서 전멸한 사건, 40년간 거친 광야를 통과했던 일, 눈으로 보았던 그 일을 잊지 말라는 것입니다. 그 일이 어떤 일입니까? 하나님이 하신 일이었고 하나님이 쓰신 역사였습니다.

시편 103편 2절에서 시인은 "내 영혼아 여호와를 송축하며 그의 모든 은택을 잊지 말지어다"라고 했고 전도서 12장 1절은 "너는 청년의 때에 너의 창조주를 기억하라 곧 곤고한 날이 이르기 전에 나는 아무 낙이 없다고 할 해들이 가깝기 전에 그리하라"고 했습니다.

더 늙기 전에, 기억력이 없어지기 전에, 기력이 쇠하기 전에, 건망증이 심해지기 전에 하나님을 기억하고 신앙을 지키라는 것입니다. 그리고 지금까지 받고 누리며 살아온 하나님의 은택을 잊지 말라는 것입니다.

바울은 "나의 나 된 것은 하나님의 은혜"라고 했습니다. 잘살면 가난했던 시절을 잊게 됩니다. 건강하면 병들어 고통받던 때를 잊게 됩니다. 성공하면 힘들었던 시절을 잊게 됩니다. 그런데 바울은 아닙니다. "다 하나님 은혜였다"라고 선포합니다.

신명기 8장의 교훈을 살펴봅시다.

"네 하나님 여호와를 잊어버리지 않도록 삼갈지어다"(8:11).

"배부르고 아름다운 집 짓고 소와 양이 번성하고 은금이 많아지고 소유가 풍부하게 될 때 네 마음이 교만하여 네 하나님 여호와를 잊어버릴까 염려하노라"(8:12-14).

"네 하나님 여호와를 기억하라 그가 네게 재물 얻을 능력을 주셨음이라"(8:18).

'네가 성공한 것, 잘사는 것, 좋은 집을 짓고 사는 것, 사업하는 것, 부를 누리는 것, 다 하나님이 주신 것들이니 잊지 마라, 기억하라'는 것입니다.

그다음 구절이 중요합니다.

"네가 만일 네 하나님 여호와를 잊어버리고 다른 신들을 따라 그들을 섬기며 그들에게 절하면 내가 너희에게 증거하노니 너희가 반드시 멸망할 것이라"(8:19).

두렵고 겁이 나는 말씀입니다. 그런데 이스라엘은 이 말씀을 놓치고 살았습니다. 말씀도 하나님도 잊어버렸습니다. 그래서 나라가 남북으로 분열됐고 BC 586년, 722년에 차례로 남북이 멸망했습니다.

반면교사(反面教師)라는 말이 있습니다. 다른 사람의 잘못된 행동이나 말이 나에게 교훈이 되어 나 자신을 바르게 한다는 뜻입니다. 이스라엘의 지난 역사는 우리들의 반면교사입니다. 현대사에서 독재자로 명성을 떨치고 있는 사람들로 러시아의 푸틴과 중국의 시진핑을 꼽습니다. 그러나 푸틴이나 시진핑의 권력이 50년을 가겠습니까? 100년을 가겠습니까? 북한이 3대 세습을 이어가고 있습니다만 4대, 6대, 7대 세습이 될 수 있겠습니까? 아닙니다. 안 됩니다. 얼마 못 갑니다.

지금 내가 누리는 것들 건강, 성공, 부귀, 소유 얼마나 갈 수 있을까요? 얼마 못 갑니다. 거기다가 '내 것이다, 내가 일궜다, 내가 하면 된다'고 생각하고 하나님을 떠나면 썩은 나무토막처럼 될 것입니다.

신명기 8장 17~18절에 "내 능력과 내 손의 힘으로 내가 이 재물을 얻었다 말할 것이라 네 하나님 여호와를 기억하라 그가 네게 재물 얻을 능력을 주셨음이라"고 하면서 그 사실을 잊지 말라고 경고합니다.

잠언 30장 9절을 보겠습니다.

"혹 내가 배불러서 하나님을 모른다 여호와가 누구냐 할까 하오며 혹 내가 가난하여 도둑질하고 내 하나님의 이름을 욕되게 할까 두려워함이니이다."

부도 잘못 이루면 가난이 되고 성공도 잘못 다루면 가난이 되고 실패가 됩니다. 가난도 잘못 다루면 더 가난해지고 실패도 잘못 다루면 완전히 실패합니다. 가난도 잘 다루면 부를 이루고 실패도 잘 다루면 성공이 됩니다. 그 기준은 하나님을 잊지 않는 것입니다.

하나님의 기억력은 어떠실까요? 기억하시는 것과 기억하지 않으시는 것이 있습니다. 하나님이 기억하시는 것은 무엇일까요? 이사야 49장 15-16절을 보겠습니다.

> "여인이 어찌 그 젖 먹는 자식을 잊겠으며 자기 태에서 난 아들을
> 긍휼히 여기지 않겠느냐 그들은 혹시 잊을지라도 나는 너를 잊지
> 아니할 것이라 내가 너를 내 손바닥에 새겼고 너의 성벽이 항상 내
> 앞에 있나니."

버리지도 잊지도 않으시고 나를 기억하십니다. 그리고 내 성벽도 지켜주십니다. 성벽은 나의 소산과 삶을 뜻합니다. 우리는 내가 나를 지키고 이루고 산다고 생각할 때가 있습니다. 그러나 내가 할 수 있는 것은 아무것도 없습니다. 건강이 내 마음대로 됩니까? 사업이 내 뜻대로 됩니까? 인생이 내 의지대로 됩니까? 안 됩니다. 하지만 하나님은 나를 지으시고 다스리시고 지키시며 손바닥을 들여다보듯 다 아시고 이끌어 주십니다.

그런가 하면 기억하지 않으시는 것도 있습니다. 이사야 43장 25절을 보면 "나 곧 나는 나를 위하여 네 허물을 도말하는 자니 네 죄를

기억하지 아니하리라"고 했습니다. 위대한 약속이고 선언입니다. 만일 하나님이 나의 지난 날에 지은 죄 기록을 수시로 들추시면서 "그때 네가 한 일을 기억한다. 영상도 있고 녹음도 있고 기록도 있다"라고 겁박한다면 어떻겠습니까? 그런데 아닙니다. 네 허물을 없애버렸다, 기록도 지워버렸다, 기억도 하지 않는다고 하신 것입니다. 이 사실을 히브리서 10장 17절은 다시 반복해서 강조하면서 "또 그들의 죄와 그들의 불법을 내가 다시 기억하지 아니하리라"고 했습니다. 성경은 여러 곳에서 그 하나님을 잊지 말라, 기억하라고 말씀합니다.

중중 치매로 기억을 상실한 부자 노인에게 의사가 생각나는 것, 사람 이름이든 물건이든 도시 이름이든 하나만 써보라고 했습니다. 한참 후에 그가 쓴 글자는 단 한 글자, '돈'이었습니다. 다른 치매 노인에게 예수님 사진을 보여주며 누구냐고 물었습니다. 한참 들여다보더니 "세종대왕이 수염 길렀네"라고 했습니다.

과학자 뉴턴이 말년에 악성 치매로 가족 이름도, 자기가 한 일도, 자기가 누군지도 모르는 기억상실증에 걸렸습니다. 어느 날 의사가 기억나는 이름 하나만 불러보라고 했습니다. 한참 후에 그는 "예수님 내 구주"(Jesus my savior)라고 대답했습니다.

예수님 사진을 보면서 "뉘시더라? 예수? 처음 듣는 이름인데?" 하지 않아야 합니다. 어떤 경우, 어떤 환경, 어떤 상황에 처하더라도 살아 있을 때, 숨질 때, 떠날 때 주님을 잊지 맙시다. 주님을 기억합시다.

인생에는 성공과 실패가 있습니다. 오르막도 있고 내리막도 있습니다. 사는 것도 있고 죽을 때도 있습니다. 건강할 때도 있고 병들 때도 있습니다. 언제 어디서나 주님을 잊지 맙시다. 기억합시다. 그리고 확신합시다.

혹시 내가 주님을 떠나도 주님은 나를 떠나지 않으신다는 것을!

혹시 나는 주님을 버려도 주님은 나를 버리지 않으신다는 것을!

혹시 나는 등을 돌려도 주님은 나를 바라보신다는 것을!

혹시 나는 주님을 멀리 떠나도 주님은 내 곁에, 내 안에 머무신다는 것을!

혹시 내가 주님을 잊어도 주님은 나를 잊지 않으신다는 것을 확신합시다.

그리고 주님을 잃어버리고 기억하지 못하는 것은 최대의 불행이며, 비극이라는 것을 기억합시다. 사람 이름, 전화번호, 자동차 번호는 잊어버릴 수 있습니다. 그러나 하나님을 잊어버리지 맙시다.

"네 하나님 여호와를 잊어버리지 않도록 삼갈지어다"(8:11).

"네 마음이 교만하여 네 하나님 여호와를 잊어버릴까 염려하노라"(8:14).

"네 하나님 여호와를 기억하라"(8:18).

겉사람과 속사람

(고린도후서 4:16-18)

　　바울은 사람을 설명할 때 대칭적으로 표현했습니다. 예를 들면 옛사람과 새사람, 옛것과 새것, 겉사람과 속사람 등입니다. 본문에서는 겉사람과 속사람이라고 했습니다. 겉사람의 특징이 있습니다. 형체가 있고, 눈으로 볼 수 있고, 낡아지고, 망가집니다. 그리고 시한부입니다. 속사람의 특징은 형체가 없고, 눈으로 볼 수 없습니다. 그러면서 영원합니다. 겉사람은 육체이고 속사람은 영혼입니다. 공통점은 겉사람도 속사람도 하나님이 만드셨다는 것입니다.

　　창세기 1장에 사람을 만드신 기사가 나옵니다. 창세기 1장 27절에 "하나님이 자기 형상 곧 하나님의 형상대로 사람을 창조하시되 남자와 여자를 창조하시고"라고 했고, 2장 7절에서는 "여호와 하나님이 땅의 흙으로 사람을 지으시고 생기를 그 코에 불어 넣으시니 사람이 생령이 되니라"고 했습니다. 하나님의 형상대로 남자와 여자를 지으시면서 생기를 불어 넣으셨습니다. 육체는 흙으로, 영혼은 생기로 지으셨습니다. 여기서 말하는 생기는 영혼, 호흡, 기운이라는 뜻입니다. '생령'이란 숨 쉬는 존재, 살아 있는 존재, 영혼을 가진 존재라는 뜻입니다. 인간 창조의 순서로 육체를 먼저 만드시고 영을 불어 넣으셨습니다. 육체는 흙으로 만들었기 때문에 죽으면 흙으로 되돌아갑니다.

겉과 속은 다릅니다. 겉은 보이지만 속은 보이지 않습니다. 과일도 겉껍질과 속으로 되어 있습니다. 껍질을 깎아 보면 맛을 알 수 있습니다. 그런데 사람 속은 알 수가 없습니다. 사람 속을 연구하는 학문을 심리학이라고 합니다. 연구가 어렵고 분야가 넓습니다. 임상심리, 상담심리, 이상심리, 분석심리, 자기심리, 문화심리, 진화심리, 인지심리, 성격심리, 사회심리, 건강심리, 개인심리, 스포츠심리, 긍정심리, 발달심리학은 인간 존재 전체를 아우르고 있습니다. 그런데 아무리 캐고, 헤치고, 연구해도 끝이 안 보입니다. 그게 속사람의 특징입니다.

겉과 속은 같을 수 없을까요? 겉과 속이 가장 같을 때가 있었습니다. 그것은 아담과 하와가 타락하기 전이었습니다. 그러나 타락 이후부터는 완전히 겉과 속이 다른(표리부동) 사람이 되어버렸습니다.

1. 겉사람을 살펴보겠습니다

'겉사람은 낡아진다'고 했습니다. 병들고, 늙고, 힘이 빠지고 그러다가 흙으로 돌아간다는 것입니다. 예외가 없습니다. 칭기즈칸도, 나폴레옹도, 히틀러도, 김일성도 그렇게 갔습니다.

2023년 5월 19일 영국 여왕 엘리자베스 2세의 장례식이 있었습니다. 향년 96세였습니다. 전 세계 TV가 중계했습니다. 영국 2,800만 명, 미국 1,000만 명 등 수십억 명이 시청했습니다. 순금과 루비, 각종 보석 444개로 만든 왕관을 그대로 둔 채, 왕만 쥘 수 있는 홀 그대로 둔 채 떠났습니다.

조선 왕들의 건강, 식습관을 기록한 일지를 보면 조선 왕 27명 가운데 11명이 40세 전에 사망했고 다른 왕들도 평균 수명이 47세였다고 합니다. 1대 태조는 중풍과 화병으로 6년 2개월 동안 재위했다고 합니다. 그들이 단명한 이유는 운동 부족, 영양 과다, 색욕과 방탕 그리고 스트레스 때문이었답니다.

프랑스 루이 14세는 종합병원이었답니다. 14세에 천연두를 앓고, 홍역으로 얼굴이 얽고, 대머리, 피부병, 위염, 편두통, 치통, 통풍, 신장결석, 당뇨 등 온갖 병과 싸웠습니다.

겉사람은 누구나 낡아지고, 약해지고, 힘이 빠집니다. 그리고 떠납니다. 그러나 어떻게 관리하느냐에 따라 건강을 유지할 수도 있고 좀 더 오래 살 수도 있습니다. 겉사람도 하나님이 만들어 주신 선물입니다. 바르게, 우아하게, 예쁘게, 멋지게, 품위 있게 가꾸는 것은 잘못이 아닙니다. 단 정도를 벗어나는 것은 피해야 합니다. 외모지상주의나 성형중독에 빠지는 것은 옳지 않습니다.

한문 사자성어 가운데 '표리부동'(表裏不同)이라는 말이 있습니다. 겉과 속은 같지 않다는 뜻입니다. '면종복배'(面從腹背)라는 말도 있습니다. 겉으로는 복종하는 척하지만 속으로는 배신한다는 뜻입니다. '구밀복검'(口蜜腹劍)이라는 말도 있습니다. 입에는 꿀이 있고, 배에는 칼을 품고 있다는 뜻입니다. 두 가지 각각 다른 인격을 '이중인격'이라고 하고 감정이 수시로 변하는 것을 '천의 얼굴'이라고도 합니다. 얼굴이 바뀌는 것은 마음이 바뀌기 때문입니다. 얼굴이 바뀌고, 마음이 바뀌는 것은 남녀노소 마찬가지입니다.

어른과 아이, 동양과 서양, 남자와 여자, 겉과 속이 다른 건 같습니다. 겉사람은 변합니다. 늙어갑니다. 쇠약해집니다. 기능이 약해집니다. 그래서 본문은 겉사람은 세월이 지날수록 날마다 낡아진다고 한 것입니다.

2. 속사람을 살펴보겠습니다

"우리의 속사람은 날로 새로워지도다"라고 했습니다. 겉사람은 날마다 낡아지지만 속사람은 날마다 새로워진다는 것입니다. 초대교회 지도자였던 크리소스톰은 죽은 예수를 전한다는 죄목으로 로마정부가 체포했습니다. 그는 감옥에서 "저를 이곳에 보내신 것은 복음을 전할 사람이 있기 때문인 줄 믿고 감사합니다"라고 기도했습니다. 크리소스톰은 어떻게 사람이 새로워질 수 있는가에 대해 믿음으로만 가능하다고 했습니다. 간단한 대답이지만 정답입니다.

바울은 고린도후서 5장 17절에서 "누구든지 그리스도 안에 있으면 새로운 피조물이라 이전 것은 지나갔으니 보라 새것이 되었도다"

라고 했습니다. 얼굴 성형은 성형외과에서 할 수 있습니다. 체형도 고칠 수 있습니다. 그러나 속사람, 즉 영혼이 새로운 존재가 되려면 예수 그리스도를 믿고, 영접해야 합니다. 다시 말하면 예수 그리스도의 피 흘린 십자가를 믿고 구주로 고백할 때 속사람이 새롭게 될 수 있습니다. "보혈을 지나"라는 복음성가가 있습니다. 보혈은 지나는 것이 아니라 믿어야 하는 것이기 때문에 '지나'를 '믿어'로 바꾸겠습니다.

> "보혈을 믿어 하나님 품으로
> 보혈을 믿어 아버지 품으로
> 보혈을 믿어 하나님 품으로
> 한 걸음씩 나가네
> 보혈을 믿어 하나님 품으로
> 보혈을 믿어 아버지 품으로
> 보혈을 믿어 하나님 품으로
> 한 걸음씩 나가네
> 존귀한 주 보혈이 내 영을 새롭게 하시네
> 존귀한 주 보혈이 내 영을 새롭게 하네"

이 찬양은 김도훈 목사님이 2003년에 작사, 작곡한 찬양입니다. 내 영이 새로워지고, 내 삶이 새로워질 수 있는 비법이 있습니다. 그것은 예수 그리스도를 믿는 것입니다. 우리보다 몇 천 배 신앙이 좋았던 성인 바울의 고백을 들어보겠습니다. 로마서 7장 15-24절에서

"내가 행하는 것을 내가 알지 못하노니 곧 내가 원하는 것은 행하지 아니하고 도리어 미워하는 것을 행함이라…그것을 행하는 자가 내가 아니요 내 속에 거하는 죄니라"고 했습니다. 내 속에 죄가 자리 잡고 나를 조종한다, 내 마음대로 안 된다는 것입니다. "내 지체 속에서 한 다른 법이 내 마음의 법과 싸워 내 지체 속에 있는 죄의 법으로 나를 사로잡는 것을 보는도다 오호라 나는 곤고한 사람이로다 이 사망의 몸에서 누가 나를 건져내랴"라고 했습니다.

이 갈등과 고민은 초신자의 것이 아닙니다. 대사도 바울의 고민입니다. '내 속에 두 자아가 있어서 서로 싸운다. 그리고 죄의 법, 악한 생각이 더 강해서 이겨내기 힘들다'라는 것입니다. 그러나 25절에서 바울은 "우리 주 예수 그리스도로 말미암아 하나님께 감사하리로다"라고 했고, 고린도전서 15장 57절에서는 "우리 주 예수 그리스도로 말미암아 우리에게 승리를 주시는 하나님께 감사하노니"라고 했습니다. '죄와 싸우기 힘들고 괴롭다. 그러나 예수 그리스도의 십자가 보혈과 그 능력이 이기게 하신다. 이기게 하신 하나님께 감사한다'는 것입니다.

'거울은 혼자 웃지 않는다'는 말이 있습니다. 내가 웃으면 거울도 웃고, 내가 울면 거울도 웁니다. 얼굴은 마음의 창입니다. 마음이 편하면 얼굴이 웃고 마음이 불편하면 안색이 달라집니다. 마음은 속사람입니다. 어떻게 속사람이 편해집니까? 체내(몸 안)에서 분비되는 이로운 물질이 있습니다.

① 엔돌핀은 실컷 웃을 때 분비됩니다. 몰핀보다 300배 진통효과가 있고 병균도 죽이고 행복감을 줍니다.

② 도파민은 사랑할 때 분비됩니다. 의욕, 행복, 기억력, 인지능력, 감정조절 등 이로운 작용을 합니다.

③ 아이돌핀은 통증을 해소하는 데 엔돌핀보다 치료효과가 4천 배 높습니다. 즐거울 때 분비됩니다.

④ 세로토닌은 편한 마음을 가질 때 분비되는데 신체기능 조절, 식욕, 수면을 높이고 해독제 역할을 합니다.

반대로 체내에서 분비되는 해로운 물질도 있습니다. 노르아드레날린인데 화낼 때, 나쁜 마음을 품을 때 분비됩니다. 노화를 촉진하고 불안을 만드는데 독사의 독 다음으로 독하고, 청산가리보다 독하다고 합니다.

좋은 것도 나쁜 것도 속에서 만들고 분비됩니다. 다시 말하면 내가 이로운 물질도 만들고 해로운 물질도 만듭니다. 그래서 바울은 "너희 안에 예수의 마음을 품으라"(빌 2:5)고 했습니다.

요즘 사람들은 유행에 민감합니다. 유행이란 겉치장에 관한 것들, 보석이나 장신구, 의상, 살림도구 등이 고급화하면서 돌고 도는 것을 말합니다. 그런데 그 유행을 좇아가다 보면 끝이 없습니다. 그런 현상을 유행중독이라고 합니다. 거기에 비해 속사람에 대해선 별 관심이 없습니다. 명품 옷을 입고 값비싼 보석으로 치장하면 멋진 사람이 된다고 생각합니다.

그러나 그것보다 중요한 것은 속사람을 다듬고 가꾸고 새롭게 하는 것입니다. '속 빈 강정'이라는 말이 있습니다. 겉은 그럴싸한데 속은 텅텅 비어 있다는 것입니다. '외화내빈'이라는 말도 있습니다. 겉으로 화려해 보이지만 속은 초라하고 가난하다는 뜻입니다.

베드로의 교훈을 찾아보겠습니다.

"너희의 단장은 머리를 꾸미고 금을 차고 아름다운 옷을 입는 외
모로 하지 말고 오직 마음에 숨은 사람을 온유하고 안정한 심령의
썩지 아니할 것으로 하라 이는 하나님 앞에서 값진 것이니라"(벧전
3:2-3).

외모보다 속사람을 단장하라는 뜻입니다. 왜 속사람이 중요합니
까? 사람은 육체와 영혼으로 구성되어 있습니다. 그리고 육체는 영
혼이 조종하고 통제합니다. 영혼이 병들면 육체도 병들고, 영혼이 시
들면 육체도 시들게 됩니다. 그래서 사도 요한은 "영혼이 잘됨같이
범사가 잘되고 강건하기를 간구하노라"(요삼 1:2)고 했습니다.

현대의학의 발달로 질병 치료가 급발전하고 있습니다. 신약개발
도 빨라졌습니다. 그러나 영혼의 병, 영혼의 상처는 아무나 못 고칩
니다. 제약회사가 만든 약으로 안 됩니다. 현대인의 별명은 '상처받
은 사람들'입니다. 남자, 여자, 어른, 아이, 부자, 가난한 자, 고학력자,
저학력자 모두 상처가 있습니다. 몸에 난 상처는 소독하고 약 바르
고 봉합하면 되지만 영혼의 상처는 그렇게 안 됩니다. 상처를 영혼
의 병이라고도 합니다. 상처는 전문의가 치료해야 합니다. 그가 누굽
니까? 일찍이 이사야가 예언했습니다.

"그가 찔림은 우리의 허물 때문이요 그가 상함은 우리의 죄악 때문
이라 그가 징계를 받으므로 우리는 평화를 누리고 그가 채찍에 맞

으므로 우리는 나음을 받았도다"(사 53:5).

예수님의 십자가 예언입니다. 나 때문에 가시에 찔리시고 창에 찔리시고 못에 찔리셨습니다. 내 허물 때문에 상처를 받으셨습니다. 나 때문에 채찍에 맞으셨습니다. 나를 고치고 살리기 위해 십자가에 달려 죽으셨습니다. 고치시는 예수, 살리시는 예수, 새롭게 하시는 예수, 오직 예수 그리스도만 치료자이시고 구원자이십니다. 겉사람도 중요하지만 속사람이 더 중요합니다.

에베소서 3장 14-21절은 바울이 드린 기도입니다. 3장 16절을 보면 "그의 영광의 풍성함을 따라 그의 성령으로 말미암아 너희 속사람을 능력으로 강건하게 하옵시며"라고 기도했습니다.

말씀을 정리하겠습니다. 속사람이 강건해지고 새로워지고 변하면 어떻게 됩니까?

1) 사고(생각)의 틀이 바뀌고 말과 행동이 좋은 쪽으로 변합니다.

"내가 어렸을 때에는 말하는 것이 어린아이와 같고 깨닫는 것이 어린아이와 같고 생각하는 것이 어린아이와 같다가 장성한 사람이 되어서는 어린아이의 일을 버렸노라"(고전 13:11)고 했습니다.

속사람이 강건해지면 생각이 바뀌고 말하는 것과 행동이 달라집니다. 중요한 것은 좋은 쪽으로 변한다는 것입니다. 나쁜 생각을 하지 않습니다. 함부로 아무 말이나 하지 않습니다. 사고의 틀이 바뀌고 생각이 건강해지고 행동이 달라집니다.

예를 들어 보겠습니다. 세 살과 마흔세 살은 마흔 살 차이가 납니다. 그런데 마흔세 살 된 사람이 세 살처럼 생각하고 말하고 행동하면 되겠습니까? 교회에 다닌 햇수가 길수록, 예수를 믿은 연수가 많을수록 생각하는 것, 말하는 것, 행동하는 것이 좋은 쪽으로 변해야 합니다. 처음 교회 나온 사람과 오래 다닌 사람, 직분을 맡은 사람과 맞지 않은 사람은 달라야 합니다. 그리고 세상 사람들이 나를 바라보면서 "뭐가 달라도 다르다. 역시 다르다. 본받을 만하다. 존경할 만하다"라고 말할 수 있게 되어야 합니다. 그것이 장성한 그리스도인의 모습이기 때문입니다.

2) 신앙생활 태도가 바뀝니다.

그 사람의 믿음은 삶으로 드러납니다. 다시 말하면 태도와 자세로 드러납니다. 속병을 앓고 있으면 얼굴이 편치 않습니다. 그래서 의사들은 초진할 때 환자의 얼굴을 먼저 살핍니다. 속사람이 건강해지면 교회생활이나 신앙생활하는 태도가 변합니다. 기쁘고 감사하고 감격스러운 삶으로 바뀌고 교회생활이 즐겁고 예수 믿는 것이 행복해집니다. 그래서 뭔가를 하고 싶고 섬기고 싶어집니다.

인생을 사는 것이 맛이 있고 멋이 있습니다. 그런 맛은 돈을 주어도 못 사고 권력으로도 맛보지 못합니다. 인생의 역전이 일어납니다. 여기서 조심할 것이 있습니다. 속사람이 거듭나고 건강하고 잘되는 것을 가로막는 세력이 있다는 것입니다.

첫째, 겉사람, 옛사람입니다.
옛사람, 겉사람이 꿈틀거립니다. '무엇을 그렇게 서두르느냐, 옛

날이 좋다, 편히 살자, 편하게 믿자'는 생각이 치고 올라옵니다. 아닙니다. 그러면 안 됩니다. 옛 자아인 겉사람을 누르고 이겨야 합니다.

첼리스트이자 오케스트라 지휘자인 장한나가 한 말입니다. "하루 연습 안 하면 내가 알고, 이틀 연습 안 하면 비평가들이 알고, 사흘 연습 안 하면 세계가 안다." 나와 싸워 이겨야 합니다.

바울은 "내가 내 몸을 쳐서 복종시킨다"라고 했고(고전 9:27) "나는 날마다 죽노라"(고전 15:31)고 했습니다. 전쟁 중에 가장 힘든 전쟁은 나와 싸우는 것입니다. 영적 싸움에 지면 신앙이 무너집니다. 신앙이 무너지면 모든 것이 다 무너집니다.

둘째, 마귀입니다.

유혹하고 협박하고 회유하며 공격합니다. 그러나 지면 안 됩니다. 예수님도 "사탄아, 물러가라"고 물리치셨습니다. 어떻게 물리칩니까? 마가복음 9장 29절에 "기도 외에 다른 것으로는 이런 종류가 나갈 수 없느니라"고 했습니다. 기도하고 능력을 받아 그 능력으로 물리쳐야 합니다.

사탄의 전략은 다양하고 집요합니다. 쉽게 포기하지 않습니다. 예수한테 사람을 빼앗긴 것을 못내 아쉬워합니다. 그래서 사건을 터지게도 하고 이런저런 것으로 겁을 주기도 합니다. 그러나 지면 안 됩니다. 손들면 안 됩니다. 믿고 선포해야 합니다. "나는 하나님의 자녀다. 예수님이 나의 구주시다. 나는 예수를 믿는다. 나는 이겼고 너는 졌다!"

에베소서 4장 24절이 오늘 말씀의 결론입니다.

"하나님을 따라 의와 진리의 거룩함으로 지으심을 받은 새 사람을
입으라."

반드시 이깁니다

(출애굽기 17:8-16)

군사 용어 가운데 '전략'이라는 것이 있습니다. '어떻게 이길 것인가? 어떻게 싸울 것인가? 어떻게 마무리할 것인가?'를 계획하고 수행하는 것을 전략이라고 합니다. 그러나 전략이 사회 활동 전반에 필요한 시대가 되었습니다. 경영 전략, 마케팅 전략, 성장 전략, 개발 전략, 미래 전략 등 모든 분야에 전략이 등장합니다. 지는 전략, 손해 보는 전략, 적자 보는 전략이 아닙니다. 인생도 전략이 필요하고, 신앙생활도 전략이 필요합니다.

출애굽기 17장 8-16절은 애굽을 떠나 광야를 행진하던 이스라엘이 르비딤에서 아말렉 부족과 전쟁을 벌인 기사입니다. 아말렉은 야곱의 형 에서의 손자였고, 그 후손들이 아말렉 부족이 됐고, 시내 반도를 거점으로 유목민 생활을 하고 있었습니다. 이스라엘 민족이 시내 반도를 통과하게 되자 자기네 거주지를 침략하는 것으로 여겨 공격한 것입니다. 아말렉은 거친 광야를 누비며 사는 유랑 부족이었고 싸움 잘하는 부족이었습니다. 그들의 기습 공격을 받은 것입니다. 이스라엘의 경우 정규군도 없었고 특별한 무기도 없고 장비도 없고 전쟁 경험도 없었습니다. 그러니까 아말렉과 싸우는 것은 백전백패 지는 싸움이었습니다. 그런데 이겼습니다. 그 비결, 그 원인, 그 전략을 살펴보겠습니다. 아말렉은 공격과 약탈을 일삼는 호전적 부족인 데 반해 이스라엘은 그야말로 전투 경험이 없는 오합지졸이었습니다. 그래서 전략도 엉성하고 허약합니다. 자세히 살펴보겠습니다.

1. 지팡이를 들고 산꼭대기로 올라갔습니다

아말렉의 공격이 시작되자 모세는 지팡이 하나 들고 산꼭대기로 올라갔습니다(출 17:9). 모세가 늘 들고 있던 지팡이는 미디안 광야에서 양을 칠 때 들고 다니던 지팡이였습니다(출 4:2). 모세가 하나님의 보내심을 받아 애굽으로 들어갈 때도 그 지팡이를 가지고 들어갔습니다.

그런데 출애굽기 4장 20절을 보면 "모세가 그의 아내와 아들들을 나귀에 태우고 애굽으로 돌아가는데 모세가 하나님의 지팡이를 손에 잡았더라"고 했습니다. 모세 자신을 위해 지팡이를 쓸 때는 모세 지팡이였습니다. 그러나 하나님의 부르심을 받고 하나님의 종으로 애굽에 들어갈 때는 그 지팡이가 하나님의 지팡이가 된 것입니다.

내 지팡이와 하나님의 지팡이는 하늘과 땅 차이입니다. 하나님의 지팡이! 기적과 능력의 지팡이입니다. 애굽에서 열 가지 재앙을 내릴 때 도구였고, 홍해를 가른 지팡이였고, 반석을 쳐서 물이 나오게 한 지팡이였습니다. 그 지팡이를 들고 산꼭대기로 올라간 것입니다. 무엇을 의미합니까? 모세 혼자 올라간 것이 아닙니다.

다윗은 숱한 전쟁을 겪은 역전의 용사였습니다. 소년 시절 블레셋의 적장인 골리앗을 이겼고 싸울 때마다 이겼습니다. 그런 그가 "여호와는 나의 반석, 요새, 건지시는 이, 나의 하나님, 바위, 방패, 산성, 구원의 뿔"이라고 고백했습니다(시 18:2). 모세 역시 자신의 경험이나 지식을 의지하지 않고 처음부터 하나님의 지팡이를 들고 산꼭대기로 올라갔습니다.

마태복음 14장 13-21절을 보면 예수님이 보리떡 5개와 물고기 두 마리로 5천 명을 먹이신 기사가 있습니다. 아이가 가지고 있으면 오병이어 그대로입니다. 그러나 그것이 예수님 손으로 옮겨가면 5천 명이 먹고 열두 바구니가 남는 기적이 일어납니다.

지팡이를 들고 올라가서 무엇을 했습니까? 출애굽기 17장 11절을 보면 "모세가 손을 들면 이스라엘이 이기고 손을 내리면 아말렉이 이기더니"라고 했습니다. 이 점도 엉성합니다. 활을 쏘고 창을 던지고 칼을 휘둘러야 이깁니다. 그런데 '손을 들면 이기고 내리면 지고'라고 했습니다. 모세의 손에 신통력이 있거나 능력이 있었을까요? 아닙니다. 모세가 손을 든 것은 기도한 것입니다.

일반적으로 손을 드는 경우는 기도할 때, 축복할 때, 환영할 때, 서원할 때, 항복할 때입니다. 전쟁하다가 손을 드는 것은 항복하는 것입니다. 그런데 모세는 손을 들었습니다. 하나님한테 항복한 것입니다. "우리는 이 싸움을 못 이깁니다. 이 위기를 풀 수 없습니다. 하나님, 도와주십시오. 이 싸움이 하나님과 아말렉의 싸움이 되게 해주십시오"라고 하며 손을 들고 기도한 것입니다. 아말렉에게 손을 들면 그것으로 끝입니다. 그러나 하나님께 손을 들면 이기는 역사가 일어납니다.

디모데전서 2장 8절에서 바울은 "그러므로 각처에서 남자들이 분노와 다툼이 없이 거룩한 손을 들어 기도하기를 원하노라"고 했습니다. '손을 들고 기도하라'는 것은 기도할 때마다 너 자신을 믿지 말고 기도하라는 것입니다.

유대인들은 서서 손을 들고 기도했습니다(눅 18:11). 그러나 손이 아픈 사람, 자존심이 강한 사람, 체면을 앞세우는 사람은 손을 들고 기도하지 못합니다. 누가 응답받습니까? 언제 응답받습니까? 하나님께 손들고 항복하는 사람이 응답받습니다. 겉으로 보기에 엉성하고 촌스러운 모세의 전략이 승리를 거뒀습니다.

2. 함께했습니다

모세는 산꼭대기에서 두 손을 들고, 아론과 훌은 좌우에서 부축하고, 여호수아는 전선에서 싸우고, 백성들은 지휘와 명령을 따라 일사분란하게 전쟁에 참전했습니다. 그때 모세는 나이 많은 노인이었습니다. 그런 그가 계속 손을 들고 있는 것은 불가능했습니다. 그래서 형 아론, 매제인 훌이 모세를 돌 위에 앉게 한 뒤 모세의 손을 부축해 내려오지 않게 했습니다. 아론과 훌은 동역자였고 도우미였고 동지였습니다. 두 사람이 좌우에 없었다면 그날 전쟁은 지고 말았을 것입니다. 이 원리는 어느 공동체나 필요합니다. 목회자가 성공하려면 아론과 훌 같은 동역자, 도우미가 있어야 합니다.

대통령이 성공적인 정치를 하려면 참모들이 아론과 훌이 되어야 합니다. 회사나 기업이 성공하는 것도 아론과 훌 같은 인재들이 있어야 합니다. 그러나 반대로 비판하고 비난하고 방해하며 올라간 손을 끌어내리는 아말렉 같은 사람들이 많으면 되는 일이 없습니다. 여호수아는 생명을 걸고 앞장서고, 백성들은 여호수아의 지휘를 따라 함께 싸운 것입니다.

전도서 4장 12절에 "한 사람이면 패하겠거니와 두 사람이면 맞설 수 있나니 세겹줄은 쉽게 끊어지지 아니하느니라"고 말씀하고 있습니다. 부부가 함께해야 자녀가 잘되고 가족이 함께해야 가정이 잘됩니다. 교회가 함께하고 함께 가야 든든하고 평안한 교회가 됩니다. 시멘트는 물로 반죽하면 돌덩이가 되지만 흩어버리면 먼지가 되어 날아가 버립니다. 국가도 여야, 노사, 지역, 계층이 함께하면 선진국가, 살기 좋은 나라가 됩니다. 하지만 물고 뜯고 할퀴고 비난하며 끌어내리면 후진국가로 전락하게 됩니다. '함께'해야 합니다.

3. 하나님이 하셨습니다

17장 15절을 보겠습니다.

"모세가 제단을 쌓고 그 이름을 여호와 닛시라 하고."

닛시는 깃발이라는 뜻입니다. 하나님이 아말렉을 이기게 하셨고 승리의 깃발을 꽂게 하셨다는 것입니다. 그리고 16절을 보면 "여호와 가 아말렉과 더불어 대대로 싸우시리라"고 했습니다. 그것은 이 승리가 일회적 사건이 아니고 언제라도 하나님이 싸워 이기게 하신다는 것입니다. 손을 든다고 이깁니까? 산꼭대기로 올라가면 다 해결됩니까? 아닙니다. 이스라엘의 승리는 하나님이 이기게 하셨기 때문이고 이스라엘의 편이 되어 주셨기 때문입니다. 시편 118편 6절을 보겠습니다.

"여호와는 내 편이시라 내가 두려워하지 아니하리니 사람이 내게 어찌할까."

2차 세계대전이 끝나갈 무렵 영국군과 연합군 33만 5천 명이 프랑스 덩케르크에서 독일군에게 포위당한 채 꼼짝하지 못하고 있었습니다. 상황이 심각해지자 영국 의회가 긴급하게 모여 회의를 하고 있었습니다.

거기에는 당시 수상이었던 처칠도 참석했습니다. 의원들은 일제히 포문을 열고 처칠을 성토하고 공격하기 시작했습니다. "상황이 이렇게 되도록 수상은 뭘 하고 있었느냐? 어떻게 책임을 질 것이냐?" 그때 처칠은 입을 다문 채 눈을 감고 있었습니다.

화가 난 의장이 소리쳤습니다. "이봐요, 수상! 다들 나라 걱정하는데 당신은 졸고 있는 거요?"

처칠이 눈을 뜨고 대답했습니다.

"졸고 있는 게 아니고 기도하고 있었소이다."

"이럴 때 기도를 한단 말이오?"

"이럴 때 기도 안 하고 언제 기도합니까?"

결국 영국 의회는 전 국민에게 심각한 상황을 알리고 기도하기로 했습니다. 영국 교회와 국민이 기도하기 시작했습니다. 드디어 기적이 일어나기 시작했습니다. 폭우가 쏟아지기 시작했습니다. 땅바닥이 진흙구덩이로 변했습니다. 독일 전차가 꼼짝도 못했습니다. 짙은 안개가 끼면서 앞을 분간할 수 없게 됐습니다. 독일 비행기가 한 대도 뜨지 못하게 됐습니다. 그 틈을 이용해 33만 5천 명이 탈출에 성공하게 됐습니다.

훗날 전쟁사가들은 그때의 대탈출을 "기도 때문이었다"라고 기술했습니다. 케케묵은 옛날 이야기입니다. 그러나 "기도가 답이다. 하나님이 하시면 된다"라는 사실을 웅변하고 있습니다.

이런 이야기는 성경 안에도 많습니다. 아브라함이 318명 장정을 이끌고 소돔과 고모라를 침공한 연합군을 이긴 일(창 14장), 기드온이 300명으로 미디안 사단 병력을 무찌른 일(삿 7장), 소년 다윗이 골리앗을 이기고(삼상 17:41~48), 히스기야가 앗수르 산헤립이 인솔한 18만 5천 명을 이긴 일(사 37:36~38) 등 수를 셀 수 없습니다.

이 모든 사건의 공통점이 있습니다. '하나님이 하셨다'는 것입니다. 출애굽기 17장 12절을 보면 "모세의 손이 피곤하매"라고 했습니다. 모세뿐입니까? 인간은 모두 피곤합니다. 자력 구원도 불가능하고 문제를 풀고 해결하는 능력도 없습니다. 그러나 전기가 전선을 타고 오는 것처럼 하나님께 연결되어 있으면 문제가 해결되고 상황의 반전이 일어납니다. 내 이야기, 우리들의 이야기를 해봅시다.

4. 아말렉은 무엇입니까?

아말렉은 전쟁을 좋아한다는 뜻입니다. 그러니까 도전자, 침략자, 공격자입니다. 전염병을 예로 들어보겠습니다. 1520년에 시작된 천연두로 5억 명이 사망했고, 1345년의 흑사병으로 2억 명, 1918년의 스페인 독감으로 5천만 명, 1981년에 시작된 에이즈로 4천만 명이 사망했습니다. 2020년에 시작된 코로나로 680만 명이 사망했고 아직까지 진행형입니다. 이는 인류를 공격한 거대 아말렉입니다.

북한 핵도 아말렉입니다. 그런데 러시아 핵탄두 5,890발, 미국 5,244발, 중국 410발, 프랑스 290발, 북한 40발 등 9개국 보유량을 합하면 총 12,523발입니다. 동시에 터트리면 전 세계가 10번, 20번 전멸됩니다. 가공할 만한 아말렉입니다. 그뿐입니까?

개인적인 아말렉도 있습니다. 실패, 고통, 질병, 환경, 절망, 좌절 등 아말렉의 가지 수가 많습니다. 가장 큰 아말렉은 악한 영입니다. 온갖 수단을 동원하고 위장하며 공격하고 있습니다.

5. 하나님의 지팡이를 들고 산꼭대기로 올라가야 합니다

산꼭대기는 기도하는 곳, 하나님을 만나는 곳, 하나님을 대면하는 곳입니다. 그곳이 골방일 수도 있고 교회일 수도 있고 사무실일 수도 있습니다. 걸그룹, 방탄소년단, 트로트 공연장 소리는 빵빵 터지고 웅장합니다. 그런데 기도 소리, 찬송 소리는 점점 줄어들고 있습니다.

모세가 올라갔던 산꼭대기는 다 없애고 평지를 만들어버렸습니다. 그러다가 큰일 납니다. 내 지팡이로는 안 됩니다. 하나님의 지팡이라야 합니다. 내 힘으로는 안 됩니다. 하나님의 능력이라야 합니다.

6. 손을 들어야 합니다

행복을 갈망하는 사람이 있었습니다. 거실에도, 책상 앞에도, 식당에도 '행복'이라는 두 글자를 써 붙였습니다. 그러던 어느 날 문득 글자를 바꾸라는 깨달음이 왔습니다. 그래서 글자를 '항복'이라고 바꿨습니다. 그는 두 손을 들고 하나님께 항복했습니다. 가정에서, 직장에서 항복하기 시작했습니다. 전투적이고 공격적이고 비판적인 삶의 태도를 항복으로 바꿨습니다. 그랬더니 행복이 겹겹으로 찾아오기 시작했습니다.

조심할 것이 있습니다. 하나님을 향해 손을 들고 항복해야지, 마귀에게 항복하면 마귀의 종이 됩니다. 불의, 불법, 불신에게 손을 들고 항복하면 불행이 시작됩니다.

7. 영적 무장을 해야 합니다

에베소서 6장 11~12절에서 바울은 "마귀의 간계를 능히 대적하기 위하여 하나님의 전신갑주를 입으라 우리의 씨름은 혈과 육을 상대하는 것이 아니요 통치자들과 권세들과 이 어둠의 세상 주관자들과 하늘에 있는 악의 영들을 상대함이라"고 했습니다. 싸움의 상대를 바로 알라는 것입니다.

악한 영, 간교한 사탄과 싸워 이기는 것이 쉽습니까? 아닙니다. 어렵습니다. 아담과 하와를 넘어뜨렸고 예수님에게도 세 가지 시험을 걸었습니다. 그래서 베드로는 "근신하라 깨어라 너희 대적 마귀가 우는 사자같이 두루 다니며 삼킬 자를 찾나니 너희는 믿음을 굳건하게 하여 그를 대적하라"고 했습니다(벧전 5:8). 지금도 사탄은 이곳 저곳, 이 사람 저 사람, 이 일 저 일을 가리지 않습니다.

바울은 "하나님의 전신갑주를 취하라"고 했습니다(엡 6:13). 내 힘으로 내 재주로 내 경험으로는 안 됩니다. 하나님을 믿는 그 믿음, 하나님의 지팡이, 악한 영이 공격하지 못하는 전신갑주로 완전 무장을 하라는 것입니다.

바울이 밝힌 전신갑주, 영적 무장은 어떤 것들입니까? 에베소서 6장 14~18절을 보면 진리, 호심경(가슴보호 대방탄복), 복음, 믿음의 방패, 구원의 투구, 성령의 검(말씀의 검), 기도라고 했습니다. 장거리 미사일이 아닙니다. 첨단 장비도 아닙니다. 핵무기도 아닙니다. 믿음으로 무장하라는 것입니다.

8. 나도 이깁니다

이 선포가 제일 중요합니다. 아브라함도 이겼고, 모세도 이겼고, 여호수아도 이겼고, 기드온도 이겼고, 다윗도 이겼고, 히스기야도 이겼습니다. 그러나 제일 중요한 것은 나도 이긴다는 것입니다. 단 하나님을 믿는 믿음으로 무장하는 것입니다.

소년 다윗이 골리앗과 한판 싸움을 하고 있었습니다. 다윗이 선포합니다.

"너는 칼과 창과 단창으로 내게 나아오거니와 나는 만군의 여호와의 이름 곧 네가 모욕하는 이스라엘 군대의 하나님의 이름으로 네게 나아가노라…여호와의 구원하심이 칼과 창에 있지 아니함을 이 무리에게 알게 하리라 전쟁은 여호와께 속한 것인즉 그가 너희를 우리 손에 넘기시리라"(삼상 17:45, 47)고 승리를 선포했습니다.

나도 이깁니다. 하나님이 이기게 하십니다. 믿고 견딥시다. 이깁시다. 이기고 지는 것은 하나님께 있습니다. 하나님은 자기 편을 결코 포기하거나 버리거나 지도록 하지 않습니다. 바울도 선포했습니다.

"우리 주 예수 그리스도로 말미암아 우리에게 승리를 주시는 하나
님께 감사하노니"(고전 15:57).

걱정한다고 이깁니까? 밤잠을 설친다고 이깁니까? 피난을 간다고
이깁니까? 하나님이 이기게 하십니다. 반드시 이깁니다. 나도 이깁
니다!

바로 믿고 바로 살고

(야고보서 2:14-26)

　　로마서는 '오직 믿음으로만 죄 사함 받고 구원받는다'는 것을 강조하고, 야고보서는 '행함이 중요하다. 행함이 없으면 믿음은 헛것이다'라고 강조합니다. 그래서 두 책은 상반된 교리를 강조하는 것 같습니다. 로마서는 '믿으라', 야고보서는 '행하라'고 합니다. 두 책의 다른 점을 찾아보겠습니다.

　　첫째, 기록자가 다릅니다.

　　로마서는 바울이, 야고보서는 야고보가 기록했습니다.

　　둘째, 대상이 다릅니다.

　　로마서는 구약에 명시된 율법을 그대로 지켜야 구원받는다는 율법주의자들인 유대인들이 대상입니다. 그러나 야고보서는 믿노라면서 제멋대로 사는 사람들, 믿음과 삶의 괴리가 깊은 사람들이 대상입니다.

셋째, 핵심이 다릅니다.

로마서는 오직 믿음만으로 구원받는다, 구원은 전적으로 하나님의 은혜다, 율법을 그대로 다 지키고 구원받을 사람은 단 한 명도 없다는 것이 핵심입니다. 그러나 야고보서는 행함이 없는 믿음은 헛것이다, 믿음의 증거는 행함으로 드러난다는 것이 핵심입니다.

두 책의 공통점이 있습니다. 그것은 '바로 믿고 바로 살라'는 것입니다. 로마서는 '바로 믿으라', 야고보서는 '바로 살아라'를 강조합니다. 두 교훈을 합하면 '정도 신앙! 바로 믿고 바로 살고'가 됩니다. 자세히 살펴보겠습니다.

1. 바로 믿고

잘 믿는 사람이 있습니다. 주일 출석을 잘하고, 성경을 많이 읽고, 필사하고, 새벽기도회에 빠지지 않고, 십일조와 헌금을 잘하고, 교회 봉사도 잘하고, 어딜 가나 무엇을 하나 그 사람 얼굴이 빠지지 않는 사람. 그를 잘 믿는 사람이라고 합니다. 그러나 그런 일들이 바로 믿는 것은 아닙니다. 그렇다고 그런 일들이 나쁜 것입니까? 그렇지는 않습니다. 바로 믿는 것은 어떤 것일까요?

첫째, 구원의 확신입니다.

교회를 다니고 예수를 믿는 이유는 구원받는 것입니다. 예수 믿는 것은 교양도 아니고 취미도 아닙니다. 구원받는 것이 목표이고 목적입니다.

옛날 가난한 시골 선비가 전도를 받았습니다. "교회 나와 예수 믿으면 구원받습니다." 그 당시 9원은 큰돈이었습니다. 한 달, 두 달, 석 달 다녀도 구원은커녕 모일 때마다 주머니를 돌려 돈만 걷어가곤 했습니다.

구원은 물량적 의미가 아닙니다. 내 영혼이 죄 사함 받고 구원받는 영적 사건입니다. 누가복음 19장 1-10절은 삭개오 이야기입니다. 그는 두 가지 약점이 있었습니다. 첫째, 신체적 약점입니다. 키가 작았습니다. 둘째, 신분상 약점입니다. 그는 당시 여리고 지방 세무서장이었습니다. 로마 정부가 정한 세금을 징수해 납부하고 그 외는 자기 마음대로 과다 징수해 부를 누리며 살았습니다. 그러나 세금에 시달리는 주민들은 그를 매국노, 이리, 면허증 가진 강도라고 불렀고, 따돌렸고, 사람 취급을 하지 않았습니다. 그런 그가 예수님을 보기 위해 앞으로 달려가 돌무화과나무 위로 올라갔습니다. 그에게 예수님은 "내려오너라. 오늘 네 집에 가서 유숙해야겠다" 하시며 그의 집으로 가셨습니다.

중요한 것은 누가복음 19장 9절입니다.

"오늘 구원이 이 집에 이르렀으니 이 사람도 아브라함의 자손임이로다."

구원받기 위해 삭개오가 먼저 한 일이 있었습니다. "소유의 절반은 가난한 자들에게 주겠습니다. 속여 빼앗은 것은 네 갑절로 갚겠습니다"라는 엄청난 결단을 내렸습니다. 이것은 그의 회개였습니다. 예수님은 삭개오의 회개를 확인하시고 구원을 선포하신 것입니다.

구원의 전제조건은 자신의 죄를 회개하는 것입니다. 그리고 그 회개는 입으로만 성립되는 것이 아니라 행동하고, 결단해야 합니다. 만일 삭개오가 예수님을 모시고 산해진미를 대접하고, 값비싼 선물을 드리고, 헌금 봉투를 내미는 것으로 끝났다면 구원받지 못했을 것입니다.

그는 행동하고 실천했습니다. 삭개오의 믿음은 그의 행위로 드러난 것입니다. 회개와 구원은 마차의 두 바퀴와 같습니다.

호세아는 북왕국 이스라엘의 선지자였습니다. 참한 여자가 있다며 결혼하라는 하나님의 지시를 따라 고멜과 결혼했고 아들, 딸까지 낳았습니다. 그러던 어느 날 고멜이 바람이 나서 가출했습니다. 수소문 끝에 알아보니 그 남자에게 속아 인신매매로 팔려가 있었습니다. 호세아는 아내를 찾아갑니다. 그 당시 종의 몸값은 30세겔이었습니다. 가진 것이 15세겔밖에 없어서 나머지 15세겔은 보리 한 호멜 반으로 채웠습니다. 호세아는 몸값을 지불한 후 아내를 데리고 집으로 돌아왔습니다. 그리고 아내에게 이렇게 말합니다.

"여보, 고생 많았어. 앞으로 나도 안 그럴 테니까 당신도 딴 맘 먹지 마."

이런 말이 가능합니까?, 그게 가능합니까?

호세아는 이 사건을 통해 그럼에도 불구하고 찾으러 오신 하나님, 묻지 않고 따지지 않고 캐지 않고 규명하지 않고 용서하시는 하나님의 사랑을 설명합니다.

바로 믿고 바로 살고(야고보서 2:14-26)

왜 찾으러 갔을까요? 무슨 낯으로 돌아오겠습니까? 돌아올 수 없으니까 호세아가 찾아간 것입니다. 그리고 행여 상처를 건드릴까 봐 "나도 안 그럴게"라고 한 것입니다.

왜 예수님이 이 땅에 오셨습니까? 우리가 하나님께로 못 가니까 오신 것입니다. 왜 십자가에 죽으셨습니까? 내가 갚아야 할 몸값, 죗값을 대신 갚기 위해 죽으셨습니다.

만일 그때 고멜이 "죽으면 죽었지 나는 안 간다. 이대로 살겠다. 나를 버려라. 딴 여자 만나서 살아라" 하면서 호세아를 따라나서지 않았다면 어떻게 됐을까요? 고멜은 따라나셨습니다. 행동했습니다.

누가복음 15장의 둘째 아들은 제발로 걸어 돌아왔습니다. 만일 그가 거지가 된 후에 심각하게 뉘우치고 깨닫고 땅을 치고 통곡하고 참회록을 쓰고 고향 하늘을 바라보면서도 아버지께로 돌아오지 않았다면, 결단하지 않았다면, 행동하지 않았다면 굶어 죽었거나 병들어 죽었을 것입니다.

아버지께로 돌아온 것은 회개입니다. 바른 회개는 하나님께로 돌아오는 것입니다. 딴 데로, 딴 사람에게로 돌아가는 것은 타락입니다. 구원이 무엇입니까? 하나님께로 돌아와서 죄를 용서받고 아들의 신분을 회복하는 것입니다. 누가 구원받습니까? 교회 출석하는 자입니까? 취미로 교회에 드나드는 자입니까? 이것저것 봉사하는 자입니까? 아닙니다. 하나님께로 돌아오는 자가 죄 용서를 받습니다. 바로 믿는 것이 구원의 조건입니다.

믿음의 뜻은 '맡기다, 신뢰하다'입니다. 신뢰하기 때문에 맡기는 것이 믿음입니다. 문제는 '누구를 신뢰할 수 있는가? 누구에게 맡길 수 있는가?'입니다. 돈, 귀금속, 중요한 문서 따위는 은행에 맡기면 됩니다. 하지만 내 생명은 어디다 누구에게 맡깁니까? 바로 믿는 것은 내 생명을 하나님께 맡기는 것입니다. 생명을 맡기면 생명에 따라오는 모든 것들도 다 맡기는 것입니다. 바로 믿는 것은 바로 맡기는 것입니다.

성경 안에 '믿음', '믿는다', '믿음으로' 등 동사와 명사가 580여 회 나옵니다. 베드로전서 5장 7절에서 베드로는 "너희 염려를 다 주께 맡기라 이는 그가 너희를 돌보심이라"고 했습니다. 생명을 맡겼다면서 염려와 걱정을 그대로 안고 있는 사람이 있습니다. "맡기라"는 것은 던져버리라는 것입니다. 근심, 걱정, 염려를 손에 쥐고 있지 말고 주님께 믿고 던져버리라는 것입니다.

마치 야구선수가 공을 믿고 던지는 것처럼 던져야 합니다. 바로 믿는 것은 믿고 던져버리는 것, 맡겨버리는 것입니다. 그리고 말씀대로 순종하고 따라가는 것입니다. 물론 쉽진 않습니다. 그러니까 맡기고 따라가야 합니다.

정리를 하겠습니다. 바로 믿는 것은 무엇입니까?

① 다른 것 믿지 않고 예수 믿는 것

② 예수 믿고 구원받는 것

③ 믿고 다 맡기는 것

④ 말씀대로 순종하고 따라가는 것

⑤ 영원히 변치 않고 따라 가는 것, 동행하는 것입니다.

잘 믿으려 하지 말고 바로 믿읍시다.

바로 믿고 바로 살고(야고보서 2:14−26)

2. 바로 살고

야고보서 2장 14-26절에서 야고보는 '행함'을 12회 언급하고 있습니다. 앞에서 말씀드린 대로 "나는 오래 믿었다, 나는 잘 믿는다" 하는 사람들에게 바로 사는 게 중요하다는 것을 강조하고 있습니다. 바울도 디모데에게 보낸 편지 속에서 "배우고 확신한 일에 거하라"고 했습니다(딤후 3:14).

배우라, 믿으라, 그리고 배운 대로 믿는 대로 살라, 실천하라는 것입니다. 야고보가 그토록 강조한 행함이란 무엇일까요? 행함이 없으면 유익이 없다(14절), 행함이 없는 믿음은 죽은 것이다(17절), 행함이 없는 믿음은 헛것이다(20절), 행함으로 믿음이 온전케 된다(22절), 아브라함도, 기생 라합도 행함으로 의롭다 함을 받았다(23, 25절)는 것입니다.

야고보의 강조점은 마음으로 믿는 바를 행동으로 드러내고 실천해야 된다는 것입니다. '행함이 없다'는 것은 믿음과 행함이 분리된 것을 의미합니다. 네 입으로 말한 것, 믿는다고 말한 그것을 실천하라는 것입니다. 바로 살려면 어떻게 해야 합니까?

자아를 통제해야 합니다. 바울은 "날마다 나를 쳐 복종시킨다"라고 했습니다(고전 9:27). 운동선수나 군대 훈련 중 가장 힘든 것은 극기 훈련입니다. 자기와 싸우는 것, 자아를 이기는 것, 자아를 길들이는 것이 제일 어렵습니다. 바로 믿고 바로 사는 것도 내 몫이기 때문에 나를 훈련하고 다스리고 통제해야 합니다. 그러나 그것은 결코 쉽지 않습니다. 보는 것, 듣는 것, 말하는 것, 먹고 마시는 것을 어떻게 다 통제하고 조절합니까?

한 가지만 예로 들겠습니다. 가장 다스리기 힘든 것은 자신의 감정입니다. 캐나다 과학자가 실험을 했습니다. 평화롭게 놀고 있는 쥐가 있는 곳에 매일 아침 고양이가 지나가게 했습니다. 며칠 뒤 쥐의 위장을 열어보니 위장에 피멍이 들고 심장은 거의 망가져 있었습니다. 공포성 스트레스가 쥐의 위장과 심장을 망가트린 것입니다.

다른 실험도 있습니다. 걸핏하면 불같이 화를 내는 사람의 입김을 고무풍선에 넣어 냉각 후 액체를 만들었습니다. 그리고 그 액체를 주사기로 뽑아 쥐에게 주사했습니다. 그 쥐는 3분 동안 발작하다가 죽었습니다. 화는 치명적인 독이라는 것을 증명한 것입니다. 그것은 다른 사람에게도, 자신에게도 독이 됩니다. 그 독을 24시간 1년~2년 내내 품고 있으면 어떻게 되겠습니까?

의사였던 한스 셀리예는 1958년 스트레스 연구로 노벨 의학상을 받았습니다. 하버드 대학에서 고별 강연이 끝난 뒤 한 학생이 물었습니다. "스트레스를 해소하는 가장 좋은 방법이 무엇입니까?" 그의 답은 간단했습니다. "감사, 감사하며 살아라." 감사하고 노래하면 행복 호르몬인 세로토닌이 쏟아진다고 합니다. 이 물질은 기분을 상쾌하게 하고, 식욕 증진, 수면, 신체 기능 조절을 해준답니다. 기독교인의 수명이 비교적 긴 이유는 감사하고 찬송을 부르기 때문이라고 합니다. 바로 사는 것, 자신을 통제하며 사는 것이 결코 쉽지는 않습니다.

이런 글을 읽었습니다. "입 달린 짐승이 어떻게 말없이 살겠는가?" 서빙고 철길 건널목에 현수막이 걸려 있습니다. "무심코 건너는 철길, 가족과 영원한 이별의 길!" 겁을 주는 경고입니다. 경고를 무시하고 아무것이나 보고, 듣고, 말하고, 손대는 것은 자신을 수렁으로 빠트리게 합니다.

예수님은 겟세마네 동산에서 칼을 휘두른 베드로에게 "칼을 집에 꽂으라"고 하셨습니다. 분노의 칼, 만용의 칼, 심사숙고하지 않은 칼, 언어의 칼, 감정의 칼을 집에 꽂으라는 것입니다. 이 말씀의 큰 뜻은 '너 자신을 통제하라, 다스려라, 감정에 휘둘리지 말라'는 것입니다. 바로 믿고 바로 사는 것이 쉽습니까? 그래서 바울은 "나는 날마다 죽노라"고 했고(고전 15:31), "날마다 나를 쳐서 복종시킨다"라고 했습니다(고전 9:27).

어떻게 바로 믿고 바로 삽니까?

1) 하루하루 바로 살아야 합니다.

그날그날 바로 보고, 바로 듣고, 바로 말하고, 바로 행동하고 살아야 합니다. '내일부터 해야지, 다음 달부터 해야지' 하면 안 됩니다. 오늘부터 지금부터 여기서 시작하고 출발해야 합니다.

"과거는 바꿀 수 없다. 그러나 미래는 바꿀 수 있다." 명언입니다.

미래는 오늘을 어떻게 사느냐에 따라 바뀔 수 있습니다. '내일 하지, 내일부터 잘하지' 하는 사람은 영원히 못 합니다. 내일은 영원히 내일이기 때문입니다. 오늘 여기가 중요합니다. 지금 이곳이 중요합니다. 오늘 당장 고칠 것은 고치고, 버릴 것은 버리고, 돌아설 것은 돌아서고, 바꿀 것은 바꾸고 결단해야 합니다.

2) 가까운 사람들의 인정을 받아야 합니다.

부부가, 부모가, 자녀가 그리고 가까운 동료, 이웃, 교인이 나를 인정해야 합니다. "나는 잘 믿어"라고 하지만 다른 사람이 "아닌데… 그게 잘 믿는 거야?"라고 한다면 그것은 아닌 것입니다. 내가 아는 나와 다른 사람이 아는 나는 다릅니다. 내가 보는 나와 남이 보는 나는 같지 않습니다. 내가 인정하는 나와 남이 인정하는 나는 동일하지 않습니다. 직장이나 동네에서 다른 사람이 나를 인정하는 기준은 '저 사람은 잘 믿는다'로 결정하지 않습니다. 어떻게 사느냐, 어떤 삶의 모습을 보여주느냐로 결정합니다. '당신은 사는 모습이 귀감이 됩니다, 존경합니다'라는 평을 들어야 합니다. 한국 교회 교인들이 그런 평을 듣게 될 때 세상 사람들이 비난을 그치게 될 것입니다.

3) 하나님이 인정하셔야 합니다.

이스라엘 초대 왕의 뒤를 이어 왕이 될 사람을 찾기 위해 어느 날 사무엘 선지자가 베들레헴에 있는 이새의 집을 극비로 방문했습니다. 이새에게는 여덟 아들이 있었습니다. 일곱 아들을 면접했지만 하나님이 정한 사람은 없었습니다. 막내 다윗이 들에서 양을 치다가 사무엘 앞에 섰습니다. 외모나 서열로 보아 다윗은 아니었습니다. 그러나 하나님은 "이 사람이 내 마음에 합한 사람이다"라고 하면서 다윗을 선택했습니다. 아버지인 이새나 사무엘 선지자의 예상 밖 사람을 하나님이 정하신 것입니다(행 13:20~23).

선택의 기준이 달랐습니다. 하나님 마음에 들어야 합니다. 하나님의 인정을 받아야 합니다. 제아무리 사람들이나 이웃들이 인정해도 하나님의 인정을 받지 못하면 그리스도인이 아닙니다. 하나님이 "내가 너를 잘 안다. 너를 인정한다. 신뢰한다"라고 인정하시는 사람이 바로 믿고 바로 사는 사람입니다.

4) 주님과 함께해야 합니다.

내 안에는 탈선할 수 있고 빗나갈 수 있고 곁길로 갈 수 있고 제멋대로 살 수 있는 부정적 가능성이 자리 잡고 있습니다. 그러나 주님이 내 안에 자리 잡고 나를 운전하시고 운행하시고 이끄시면, 바로 믿고 바로 살도록 인도하시면 나는 정도인생, 정도신앙의 사람이 될 수 있는 것입니다.

내 노력이나 결심, 내 다짐은 변덕스럽습니다. 한계가 있습니다. 그러나 어제도, 오늘도, 영원히 변치 않는 주님이 내 안에 나와 함께 하시면, 나를 통제하고 조정하시면 변치 않는 믿음을 지킬 수 있게 됩니다.

잘 믿는 것보다 바로 믿는 것이 중요합니다.

잘 사는 것보다 바로 사는 것이 중요합니다.

많이 아는 것보다 바로 아는 것이, 많이 가지는 것보다 바로 쓰는 것이 더 중요합니다.

그리스도인은 바로 믿고 바로 사는 사람들이라야 합니다. 떳떳하고 당당해야 합니다. 바르고 곧아야 합니다. 융통성이 있어야 하지만 불의와 타협해선 안 됩니다. 너그러워야 하지만 아무렇게나 살면 안 됩니다. 가리지 않아야 하지만 아무것이나 다 먹고 마시는 것은 안 됩니다. 관대해야 하지만 죄를 용납하면 안 됩니다.

정도신앙(正導信仰), 바로 믿고 바로 살고! 아멘.

겁내지 맙시다

(이사야 41:8-16)

이사야서는 총 66장으로 구성된 긴 책입니다. 기록한 사람은 이사야 선지자이고, 이름의 뜻은 "여호와는 구원이시다"입니다. 이사야는 20세 때 부름받아 활동한 선지자였습니다. 예언의 범위는 당시 이스라엘과 주변 국가였던 앗수르, 바벨론, 페르시아, 수리아, 애굽 등이었습니다.

예언의 중요 내용은 다음과 같았습니다.

① 우상숭배하지 말라. 하나님이 가장 싫어하시는 범죄이기 때문이다.

② 치우치지 말라. 어느 나라도 우방이 아니다.

③ 메시아가 오신다. 참고 기다려라.

④ 회개하라. 신앙을 회복하라. 그 길만이 사는 길이다.

이사야서는 전반부와 후반부로 나눕니다. 전반부는 하나님의 징계와 심판을 무섭게 경고합니다. 그러나 후반부에서는 위로, 격려, 회복을 강조합니다.

'두려워 말라, 겁내지 말라'는 말씀은 후반부 메시지입니다.

1. 두렵고 겁나는 것은 무엇이었을까요?

이스라엘 주위에는 앗수르, 바벨론, 애굽 같은 강대국이 포진하고 있었습니다. 그들이 볼 때 이스라엘은 전략적으로 꼭 필요한 나라였고 지정학적으로 반드시 손에 넣어야 할 나라였습니다. 그래서 온갖 방법을 동원해 접근하는가 하면 호시탐탐 침략의 기회를 노리고 있었습니다. 그러나 이스라엘은 정치적으로, 지리적으로, 경제적으로 작은 나라였습니다. 맞설 힘도, 싸울 힘도 없었습니다. 그래서 겁이 나고 불안했습니다.

앗수르나 바벨론, 애굽이 "친하게 지내자, 좋은 우방이 되자" 하면서 추파를 던지고 있었지만 내심은 '언제 점령하느냐, 언제 손아귀에 넣느냐'였습니다. 이 모습을 들여다본 이사야는 그들과 손잡지 말라, 친구라고 믿지 말라는 메시지를 전한 것입니다.

여기서 잠깐 우리네 상황을 살펴보겠습니다. 미국, 일본, 중국, 러시아 등이 우리를 에워싸고 있습니다. 그러나 모든 나라들은 자기네 국익이 우선입니다. 국익에 손해가 된다면 다 등을 돌릴 나라들입니다. 이스라엘이 친앗수르파, 친바벨론파, 친애굽파로 갈라져 싸우고 국론이 분열되고 있었던 것처럼 우리나라도 찬미, 반미, 친러, 반러, 친중, 반중, 친일, 반일로 다투고 있습니다. 옛적 이스라엘과 비슷합니다. 그때나 지금이나 국가가 불안하면 사회가 불안하고 사회가 불안하면 경제가 불안합니다. 그리고 윤리 도덕이 불안하고 사는 게 불안해집니다.

이사야 선지자가 살던 시대가 그랬습니다. 걱정, 불안, 염려의 먹구름이 덮고 있었습니다. 그런 상황에서 하나님은 이사야를 통해 희망의 메시지를 주셨습니다.

그 메시지는 '두려워하지 말라, 겁내지 말라'는 것입니다(사 44:8). 이사야 41장 10절에서는 "두려워하지 말라 내가 너와 함께함이라 놀라지 말라 나는 네 하나님이 됨이라 내가 너를 굳세게 하리라 참으로 너를 도와주리라 참으로 나의 의로운 오른손으로 너를 붙들리라"고 했습니다.

두려워하지 말라, 겁내지 말라는 말씀이 반복됩니다.

41장 13절에서 "두려워하지 말라 내가 너를 도우리라"고 했고

43장 1절에서도 "두려워하지 말라"

44장 2절에서도 "두려워하지 말라"

44장 8절에서도 "두려워하지 말라, 겁내지 말라"

54장 4절에서도 "두려워 말라, 놀라지 말라"고 했습니다.

다 열거할 수 없습니다.

2. 겁내지 않아도 되는 이유는 무엇일까요?

하나님 때문입니다. 하나님이 지키시고 보호해주시고 함께해주시기 때문입니다. 왜 하나님은 이스라엘을 그토록 포기하지 않으시고 지키실까요?

1) 하나님의 소유이기 때문입니다.

이사야 43장 1절을 보면 "야곱아 너를 창조하신 여호와께서 지금 말씀하시느니라 이스라엘아 너를 지으신 이가 말씀하시느니라 너는 두려워하지 말라 내가 너를 구속하였고 내가 너를 지명하여 불렀나니 너는 내 것이라"고 했습니다. '내가 너를 창조했고 구속했다. 너는 내 것이다. 그래서 포기할 수가 없다'는 것입니다.

강대국이 약한 나라를 침략하거나 빼앗아 갈 순 있습니다. 그러나 약소국이 강한 나라 것을 빼앗아 가는 것은 불가능합니다. 누가 하나님의 것을 빼앗아 갑니까? 역사적으로 그런 시도를 했던 국가, 권력, 집단, 개인은 다 무너졌습니다. 하나님의 소유, 그것도 하나님께서 구속한 사람들을 누가 뺏어갑니까? 안 됩니다. 못합니다. 우리는 하나님의 소유입니다.

2) 약하기 때문입니다.

41장 14절은 "버러지 같은 너 야곱아"라고 했고,

42장 3절은 "상한 갈대"라고 했고,

45장 9절은 "질그릇"이라고 했습니다.

버러지는 천하고, 갈대는 약하고, 질그릇은 쉽게 깨집니다. 이스라엘은 천하고 약하고 깨지기 쉬운 민족입니다. 그래서 불쌍하고 가련한 민족입니다. 멸시받고 천대받고 침략당하고 조롱받는 민족입니다. 그래서 버리지 않으시겠다는 것입니다.

하나님은 강한 사람, 힘센 사람, 큰 사람들 편만 들어주시는 분이 아닙니다. 약한 사람, 가난한 사람, 힘없는 사람, 외로운 사람들의 편을 들어주십니다. 불쌍하고 약해서 버리지 않으신다는 것입니다.

3) 약속 때문입니다.

41장 8절을 보면 "나의 종 너 이스라엘아 내가 택한 야곱아 나의 벗 아브라함의 자손아"라고 했습니다. 이 말씀을 이해하려면 창세기 22장을 살펴야 합니다. 아브라함이 외아들 이삭을 번제로 바쳤습니다. 그 사건 직후 창세기 22장 16절을 보면 "여호와께서 이르시기를 내가 나를 가리켜 맹세하노니 네가 이같이 행하여 네 아들 네 독자도 아끼지 아니하였은즉"이라고 합니다. 그다음이 중요합니다. 창세기 22장 17절입니다.

> "내가 네게 큰 복을 주고 네 씨가 크게 번성하여 하늘의 별과 같고
> 바닷가의 모래와 같게 하리니 네 씨가 그 대적의 문을 차지하리라."

22장 18절도 보면 "또 네 씨로 말미암아 천하 만민이 복을 받으리니 이는 네가 나의 말을 준행하였음이니라"고 했습니다. 이 약속 때문에 하나님은 이스라엘을 버리실 수도 없고 아브라함을 나의 벗이

라고 하신 것입니다. 내가 하나님을 어떻게 믿고 고백하느냐도 중요하지만, 하나님이 나를 어떻게 보시고 불러주시느냐도 중요합니다. "너는 내 것이다, 너는 내 자녀다, 너는 내 친구다." 이것이 우리의 희망이고 믿음입니다.

3. 하나님은 어떻게 지켜주십니까?

1) 오른손으로 지켜주십니다.

41장 10절을 보면 "참으로 나의 의로운 오른손으로 너를 붙들리라"고 했습니다. 강한 손, 능력의 손으로 지켜주시고 이끌어 주신다는 것입니다.

2) 손바닥에 새기고 지키십니다.

49장 16절을 보면 "내가 너를 내 손바닥에 새겼다"라고 했습니다. 늘 볼 수 있게 지워지지 않게 손바닥에 새기고 지키십니다. 겁날 것이 없습니다.

4. 겁내지 맙시다

우리들의 이야기로 바꿔봅시다. 겁나는 것들이 너무나 많습니다. 전쟁, 자연재해, 질병, 경제, 정치, 사회적 갈등… 개인적으로는 고독,

질병, 죽음 등 겁나는 것이 많습니다.

미국 사람들은 자연재해(지진, 토네이도, 폭설, 폭염 등), 기후변화, 환경오염, 금융위기, 총기사고, 범죄 등이 겁난다고 했습니다. 문제는 겁내고 걱정한다고 해결이 되느냐는 것입니다.

마태복음 6장 27절에서 주님은 "너희 중에 누가 염려함으로 그 키를 한 자라도 더할 수 있느냐"라고 하셨습니다. 나이가 들면 허리가 굽어지고 기력이 약해지며 키가 줄어듭니다. 그렇다고 날마다 한숨짓고 걱정하면 더 굽고 약해지고 줄어듭니다.

파도를 타는 사람들이 있습니다. '서퍼'라고 부릅니다. 집채보다 높은 파도가 밀려와야 파도를 탑니다. 그들은 파도를 즐깁니다. 그들은 파도를 겁내지 않습니다.

성경에도 파도 이야기가 있습니다. 어느 날 제자들끼리 갈릴리바다를 건너가고 있었습니다. 갑자기 폭풍이 불면서 파도가 뱃전을 강타했습니다. 다 죽게 됐다며 소리치고 있을 때 예수님이 파도를 타고 물 위로 걸어오고 계셨습니다. 그리고 말씀하셨습니다. "안심하라 나다 두려워하지 말라." 이는 마태복음 14장 22-31절에 나오는 기사입니다. 제자들은 파도를 탈 수도 없고 잔잔하게 할 힘도 없는 사람들입니다. 파도가 겁나고 파도에 휩쓸려 죽게 될 사람들입니다.

1984년 12월(39년 전입니다) 제가 펴낸 에세이 책 제목이 《파도를 타는 사람들》이었습니다. 미래학자 앨빈 토플러가 파도처럼 밀려오는 정보화의 물결을 '제3의 파도'라고 지칭한 글을 읽으면서 책 제목을 《파도를 타는 사람들》로 정했습니다.

고난의 파도, 실패의 파도, 절망의 파도, 두려움의 파도는 언제나 있고, 어디나 있고, 누구에게나 있습니다. 그리고 그 파도를 잠재울 능력도, 방법도 없습니다. 파도를 만나 겁에 질려 있던 제자들의 해법은 예수님이셨습니다. 예수님이 배에 오르시매 바람과 파도가 잔잔해졌습니다. 그리고 마가복음 4장 39절을 보면 "예수께서 깨어 바람을 꾸짖으시며 바다더러 이르시되 잠잠하라 고요하라 하시니 바람이 그치고 아주 잔잔하여지더라"고 했습니다. 그리고 41절을 보면 "그들이 심히 두려워하여 서로 말하되 그가 누구이기에 바람과 바다도 순종하는가 하였더라"고 했습니다. 바다도, 바람도 지으신 하나님이시기 때문입니다.

문제는 믿음입니다. 믿음이 없으면 겁납니다. 폭풍과 풍랑을 잠잠하라는 말씀 한마디로 잔잔케 하시는 하나님을 믿는 믿음이 있으면 겁날 게 없습니다.

어려서 부르던 동요가 있습니다. 강소천 씨가 가사를 쓰고 권길상 씨가 곡을 만든 동요인데 "산토끼야"라는 노래입니다.

"토끼야 토끼야 산속의 토끼야
겨울이 오면은 무얼 먹고 사느냐
흰 눈이 내리면 무얼 먹고 사느냐
겨울이 되어도 걱정이 없단다
엄마가 아빠가 여름 동안 모아논
맛있는 먹이가 얼마든지 있단다"

"새끼 토끼야 겨울이 곧 닥칠 텐데 걱정도 안 하냐? 굶어 죽을

래?" 어떤 짐승이 물었겠죠. 새끼 토끼가 답합니다. "걱정 안 해. 울 엄마, 아빠가 다 준비해 놓았어. 너나 걱정해." 이런 내용의 동요입니다. 여기서 깨달아야 할 메시지는 없을까요? 새끼 토끼보다는 우리가 나아야 하지 않습니까?

말씀으로 천지를 창조하신 하나님! 폭풍과 풍랑을 말씀 한마디로 잠잠케 하신 하나님! 나흘이 지난 시체를 향해 "나사로야, 나오라"고 명령하시고 살려내신 생명의 하나님! 내 아버지! 그 하나님을 믿는다면서 왜 그리 걱정이 많습니까? 왜 그리 한숨을 쉬어댑니까? 왜 얼굴을 펴지 못합니까? 아직 흰 눈 내리는 겨울도 오지 않았는데 왜 그리 걱정이 태산 같습니까?

보통 사람들은 먹다가 기절하는 매운 짬뽕을 땀을 뻘뻘 흘리며 먹는 사람이 있습니다. 그는 그 매운 것을 먹으며 "죽을 맛이다. 먹다가 죽어야지. 오늘이 마지막이다. 다신 안 먹어야지. 다시 먹으면 내가 사람이 아니다"라고 말하지 않습니다. 엄청 뿌듯해하고 행복해합니다. "아! 잘 먹었다. 너무 개운하다. 이다음에 또 먹어야지"라고 말합니다.

전문의 양성관 씨는 "인간은 평범한 동물이 아니다. 인간은 부정적 경험인 고통을 즐기는 유일한 동물이다. 그렇기에 롤러코스터를 타고, 공포 영화를 보고, 매운맛을 찾는다. 일부러 숨 넘어가게 달리고 마라톤을 한다. 그때 우리 몸에선 엔도르핀이 분비된다. 엔도르핀은 쾌감을 이끈다"라고 했습니다.

늙어가는 게 겁나는 사람이 있습니다. 그런데 나만 늙는 게 아닙니다. 다 늙어갑니다. 사람이 겁난다는 사람이 있습니다. 그런데 이 세상엔 나쁜 사람보다 좋은 사람이 더 많고, 나쁜 일보다 좋은 일이 더 많습니다.

외로워서 겁난다는 사람이 있습니다. 그런데 나보다 더 외롭고 불쌍하고 처량한 사람이 더 많습니다. 잘 곳도 없고, 만나주는 사람도 없고, 반기는 사람도 없습니다. 그러나 우리는 아닙니다. 제발 자주 오라는 교회가 있고, 왜 안 오느냐고 전화도 오고, 교회 오면 반기고, 손잡아 주고, 노래도 부르고, 좋은 말씀도 듣습니다. 우리는 외로운 사람이 아닙니다.

아파서 겁난다는 사람이 있습니다. 그런데 아프다는 것은 아직 죽지 않고 살아 있다는 증거입니다. 종합병원에 가 보십시오. 매일 수백 명씩 아픈 사람들이 차례를 기다리고 있습니다.

후진국은 배가 고프고, 선진국은 마음이 고프답니다. 몸도 마음도 아픈 사람들로 세상은 가득 차 있습니다. 죽는 게 겁난다는 사람이 있습니다. 그런데 나만 죽는 게 아닙니다. 다 죽습니다. 시차가 다를 뿐 조금 먼저 가고 늦게 가는 것이 다를 뿐 다 죽습니다. 그래서 히틀러도 죽고, 스탈린도 죽고, 김일성도 죽고, 재벌 회장도 죽고, 의사도 죽고, 목사도 죽고, 노벨상 수상자도 죽고, 영웅도 죽었고 죽고 있습니다.

다른 점이 있습니다. 죽은 뒤 가는 곳이 다릅니다. 예수 믿고 구원받은 사람은 천국으로, 예수 안 믿고 구원받지 못한 사람은 지옥으로 갑니다. 중간지대도 없고, 대기소도 없고, 죽은 다음에 갈 곳을 바꾸는 방법도 없습니다.

우리에겐 소망이 있어서 좋습니다. 죽음을 겁낼 필요도 없습니다. 과학과 의학의 발달로 120세까지 살 것이라고 합니다만 가는 것은 정한 이치입니다.

구약의 므두셀라는 969세까지 살았지만 결국 그도 갔습니다. 창세기 5장 27절을 보면 "그는 구백육십구 세를 살고 죽었더라"고 했습니다. 그런데 창세기 5장 24절을 보면 "에녹이 하나님과 동행하더니 하나님이 그를 데려가시므로 세상에 있지 아니하였더라"고 했습니다. 이 사건은 구원받은 사람들이 천국에 들어가는 예표적 사건이었습니다.

히브리서 13장 6절을 봅시다.

> "그러므로 우리가 담대히 말하되 주는 나를 돕는 이시니 내가 무서워하지 아니하겠노라 사람이 내게 어찌하리요."

주님이 나를 도우신다, 지키신다, 함께하신다. 그래서 나는 겁내지 않는다. 세상도, 사람도 겁나지 않는다는 신앙 고백입니다. 염려, 걱정, 근심, 불안은 정신적, 심리적 현상입니다. 그런데 그것이 지나치면 영혼이 약해집니다. 믿음이 흔들립니다. 바로 그때 사탄이 틈탑니다. 사탄은 연탄가스와 같습니다. 틈새가 없으면 가스는 스며들지 못합니다. 그러나 틈새가 있으면 스며들어 죽게 만듭니다. 마귀에게 틈을 주면 안 됩니다.

바울의 교훈입니다. "분을 내어도 죄를 짓지 말며 해가 지도록 분을 품지 말고 마귀로 틈을 타지 못하게 하라"고 했습니다(엡 4:26). 틈의 뜻은 장소, 공간입니다. 마귀에게 장소를 제공하면 제집인 줄 알고 못된 짓, 악한 짓, 망치는 짓을 저지르게 된다는 것입니다.

사탄은 영혼도, 육체도, 가정도, 국가도, 교회도 파괴합니다. 틈을 주고, 방석을 깔아 주고, 장소를 만들어 주면 큰일 납니다. 절대로 안 됩니다. 사탄을 이기고 물리치는 힘도 나한테 있는 게 아닙니다. 하나님의 능력이라야 사탄도 물리치고 이길 수 있습니다. 그것도 겁낼 것 없습니다.

찬송가 450장 3절 가사입니다. "불 같은 시험 많으나 겁내지 맙시다 구주의 권능 크시니 이기고 남겠네." 불 같은 시험, 고통, 걱정, 염려는 어디나 있고, 언제나 있고, 누구에게나 있습니다.

요셉에게도, 모세에게도, 다윗에게도, 다니엘에게도, 바울에게도 있었습니다. 그런데 그들은 하나같이 겁내지 않았습니다. 이겼습니다. 하나님이 살아 계심을 믿었기 때문입니다. 겁내지 맙시다! 겁내지 맙시다!

로마서 8장 37절을 결론으로 삼겠습니다.

"이 모든 일에 우리를 사랑하시는 이로 말미암아 우리가 넉넉히 이기느니라."

제3부

고치소서 구원하소서

승자와 패자

(고린도전서 9:24-27)

고대 그리스에는 큰 운동경기가 두 종류 있었습니다. 올림픽 경기는 올림피아에서 4년마다 개최되었고 이스무스 경기는 매 3년마다 고린도에서 개최되었습니다. 바울 사도가 고린도에 머물 때 이스무스 경기를 참관했을 것으로 보고 있습니다. 바울만 여러 곳에서 운동경기에 대해 언급하고 있습니다. 예를 들면 고린도전서 9장 24-27절에서 달음질 이야기를, 빌립보서 3장 14절에서는 '달려간다'는 표현을, 디모데후서 4장 7절에서는 "달려갈 길을 마치고"라고 했습니다. 바울만 운동경기 용어를 사용했습니다.

모든 운동경기에는 개인전이든 단체전이든 승자와 패자가 있습니다. 누구나 승자가 될 수 있고 패자가 될 수 있습니다. 누구나 성공할 수도 있고 실패할 수 있습니다. 승자보다 패자는 말이 많고 이유가 많고 핑계가 많습니다. 승자는 감사하고 패자는 원망합니다. 승자는 활짝 웃고 패자는 울상을 짓습니다. 승자가 되고 승자 편에 서고 승자의 윤리를 배워야 합니다.

본문 중심으로 몇 가지 교훈을 찾아보겠습니다.

1. 승자(상 얻는 자)는 하나입니다

"운동장에서 달음질하는 자들이 다 달릴지라도 오직 상을 받는 사람은 한 사람인 줄을 너희가 알지 못하느냐 너희도 상을 받도록 이와 같이 달음질하라"(24).

바울은 모든 그리스도인들을 달음질하는 사람으로 비유합니다. 마라톤 경기를 연상한 듯합니다. '다 달린다. 그러나 상 얻는 사람은 하나다'라고 하면서 상을 받도록 달음질하라고 말씀합니다. 올림픽 마라톤 우승자에겐 월계관을, 이스무스 경기에서 우승자에게는 솔잎으로 만든 관을 씌워주었습니다. 월계관이나 솔잎관은 값으로 치면 비싼 것들이 아닙니다. 그러나 그 영광은 돈 주고 살 수 있는 것이 아닙니다.

모든 경기는 승자와 패자가 있습니다. 신앙생활을 경주로 비유한 점을 주목해야 합니다. 본문은 "이기기를 다툰다"라고 했습니다. 그 뜻은 "격렬하게 몸부림친다"는 것입니다.

모든 운동경기는 격렬합니다. 앉아서 노닥거리는 경기는 없습니다. 몸을 부딪치고, 뛰고, 달리고, 땀을 흘리고, 부상을 당하기도 합니다. 신앙생활이나 교회생활의 경우 편하게 할 수 있습니다. 그러나 그렇게 하면 승자 되기가 어렵습니다. '상 얻는 자는 하나'라는 뜻은 한 사람만 구원받는다는 것은 아닙니다. 상은 명예이고 영광입니다. 승자가 누리는 권리이기도 합니다. 축구, 야구, 배구 경기에서 이기면 팀원 전체가 메달을 받습니다. 승리한 그리스도인, 힘들고 어려운 신앙생활의 관문을 통과한 모든 그리스도인들은 함께 상을 받게 됩니다.

우리가 받을 최고의 상은 천국에 들어가는 것입니다. 월계수로 만든 관이 아니라 주님이 만드신 면류관을 받는 것이 최종목표입니다.

2. 절제해야 합니다

"이기기를 다투는 자마다 모든 일에 절제하나니"(25).

이스무스 경기의 경우 출전 선수들은 10개월간 합숙훈련을 했습니다. 식사, 취침, 기상, 휴식, 오락을 통제했고 고된 훈련을 했습니다. 규칙을 어기면 매를 맞고 경우에 따라서는 퇴출도 당했습니다.

어느 나라나 마찬가지입니다. 추위와 더위를 견디는 극기훈련을 해야 하고 술 마시는 것, 부부생활, 외출이 금지되고 개인행동이 제한되었습니다. 그렇게 해야 경기에 임할 수 있기 때문입니다.

바울은 "내가 내 몸을 쳐 복종시킨다"(27)라고 했습니다. 그 뜻은 '눈 아래 부위를 친다'는 것입니다. 제일 이기기 힘든 상대는 나 자신입니다.

운동선수에겐 세 가지 힘이 필요합니다.

① 체력입니다. 체력이 허약하면 선수로 나서기가 어렵습니다. 그래서 체력을 단련하고 키웁니다,

② 지구력입니다. 즉 끝까지 버티는 힘이 있어야 합니다. 쉽게 포기하거나 물러서는 선수는 승자 되기가 어렵습니다.

③ 정신력입니다. '나는 지게 될 거야, 나는 저 선수보다 약해'라고 생각하면 집니다. 그러나 '나는 이긴다, 생명 걸고 한다'라는 정신으로 게임에 임하면 쉽게 포기할 수 없습니다.

성공도 잘못 다루면 실패가 되고 실패도 잘 다루면 성공이 됩니다. 골리앗과 맞선 다윗은 싸우기 전 먼저 승리를 선포했습니다. "이 싸움은 내가 이겼고 너는 졌다. 이 싸움은 나와 너의 싸움이 아니고 하나님과 너의 싸움이다"라고 선포했습니다. 정신적 싸움, 영적 싸움에서 먼저 승리한 것입니다.

골리앗에 비해 다윗의 체격은 비교가 안 됩니다. 그러나 정신력, 신앙력은 다윗과 골리앗은 비교가 안 됩니다.

바울의 교훈을 살펴보겠습니다.

"우리의 씨름은 혈과 육을 상대하는 것이 아니요 통치자들과 권세들과 이 어둠의 세상 주관자들과 하늘에 있는 악의 영들을 상대함이라"(엡 6:12).

그리스도인의 싸움은 영적 싸움, 즉 마귀와의 싸움이라는 것입니

다. 그래서 "하나님의 전신갑주를 입으라, 성령의 검 하나님의 말씀을 가지라"고 한 것입니다. 영적 무장을 하라, 영적 능력으로 무장하라는 것입니다.

마귀의 독특한 습성이 있습니다. 그것은 내가 강하면 마귀는 약해지고 내가 약해지면 마귀는 강해진다는 것입니다. 마귀는 간교하고 힘이 센 영적 존재입니다. 그러나 내가 영적으로 무장하고 하나님 편에 서면 문제 될 것도 없고 걱정할 이유도 겁낼 필요도 없습니다.

에베소서 1장 21~22절을 보겠습니다.

> "모든 통치와 권세와 능력과 주권과 이 세상뿐 아니라 오는 세상에 일컫는 모든 이름 위에 뛰어나게 하시고 또 만물을 그의 발 아래에 복종하게 하시고 그를 만물 위에 교회의 머리로 삼으셨느니라."

예수 그리스도는 모든 것을 다스리시고 통치하십니다. 절제하라는 것은 '움츠러들어라, 물러서라'가 아닙니다. '너 자신과 싸워 이겨라, 너 개인의 욕망과 경험과 경륜을 전능자 예수 그리스도에게 위임하라, 너를 내세우지 말라'는 것입니다.

3. 법대로 경기해야 합니다

> "나는 달음질하기를 향방 없는 것 같이 아니하고 싸우기를 허공을 치는 것 같이 아니하며"(26).

정해진 목표를 향해 달려야 하고 헛손질, 헛발질을 해선 안 된다는 것입니다. 배구선수, 야구선수가 헛손질을, 축구선수가 헛발질을 하면 어떻게 되겠습니까? 100미터 달리기 선수가 뒤로 달리면 어떻게 되겠습니까?

디모데후서 2장 5절에 "경기하는 자가 법대로 경기하지 아니하면 승리자의 관을 얻지 못할 것이며"라고 했습니다. 모든 경기엔 경기룰(법칙)이 있습니다. 그 법을 안 지키면 이겨도 지고 승리해도 패자가 됩니다.

신앙생활도 법이 있습니다. 그 법은 성경입니다. 성경은 '하라'와 '하지 말라'로 구성되어 있습니다. 그리스도인은 성경대로, 그 법대로 살고 일해야 합니다. 성경을 캐논이라고도 합니다. 인생과 삶, 신앙생활의 표준이 되기 때문입니다.

디모데후서 3장 16절에 "모든 성경은 하나님의 감동으로 된 것으로 교훈과 책망과 바르게 함과 의로 교육하기에 유익하니"라고 했습니다. 성경은 사람의 생각이나 경험을 기록한 자서전도 아니고 명상록이 아닙니다. 표준이고 법입니다. 그 법대로 하면 승자가 될 것이고 제멋대로 하면 패자가 될 것입니다.

"성경을 보니까, 성경이 말씀하시기를…"이라고 해야지 "뉴스를 보니까, 책을 보니까, 신문을 보니까, 누구 말을 들으니까…"라고 하지 맙시다. 뉴스, 책, 신문, 강연은 다 사람이 만든 것들입니다. 하나님 말씀이 아닙니다. 성경은 안 보고 덮어놓고 다른 것을 옳다고 하지 맙시다.

세상 법은 바뀝니다. 세상의 여론은 왔다갔다 합니다. 변합니다.

변하는 것들을 따라가다 보면 인생과 신앙의 방향이 바뀌고 태도가 달라지게 됩니다. 하나님의 말씀인 성경이 법입니다. 나침반이고 내비게이션입니다.

법대로! 성경대로! 문제는 '누가 성경대로 믿고 사는가?'입니다. 신앙생활은 미래완료형입니다. 바울은 "함께 지어져 가느니라"고 했습니다(엡 2:22).

교회도 완전한 교회가 되기 위해, 신앙도 바른 신앙이 되기 위해 지어져 가고 있습니다. 그 노력을 포기하면 안 됩니다.

4. 승리의 관을 쓰기까지 해야 합니다

바울은 디모데후서 4장 7절에서 "나는 선한 싸움을 싸우고 나의 달려갈 길을 마치고 믿음을 지켰으니"라고 했습니다. "영적 전쟁을 했다, 그리고 완주했다, 믿음을 지켰다"라며 개선의 노래를 부를 것입니다.

실패할 수 있습니다. 그러나 포기하지 않으면 다시 일어설 수 있습니다. 포기도 선택입니다. 패자는 자신의 실패를 예견합니다. 그리고 실패할 조건을 찾습니다. 그러나 승자는 승리를 예견하고 승리할 조건을 찾습니다. 실패를 이기고 승리하려면 단 1퍼센트라도 승리할 이유를 찾아야 합니다.

'패자 부활전'이라는 것이 있습니다. 경기마다 다 있는 것은 아니지만 패자나 진 팀에게 한 번 더 기회를 주는 경기법칙입니다. 패자 부활전에서 승리해서 우승한 사람이나 팀도 있습니다. 이는 실패를 잘 다뤄서 이긴 경우입니다. 세계적 명사들 가운데 실패를 이기고 승자가 된 사람들이 많습니다.

예를 들겠습니다. 천재 과학자 아인슈타인이 어렸을 때 친구들은 바보, 멍청이라고 불렀답니다. 세 살 때까지 의사표현도 못했고 아홉 살이 되어서도 단어 구사를 제대로 못했으며 수학 외 다른 과목은 다 낙제였습니다. 그는 "나는 천재가 아니다. 딱 한 가지 일에 오래 매달렸을 뿐이다"라고 말했습니다. 그는 못하는 것에 매달리지 않고 잘하는 한 가지에 매달려 세계적인 과학자가 된 것입니다.

세계적인 작곡가 베토벤은 20대가 되면서 귀가 들리지 않았습니다. 자기 작품을 연주해도 관중이 환호하는 함성도 듣지 못했습니다. 그런데 그의 음악은 환희와 장엄으로 가득 차 있습니다. 절망을 이겨낸 것입니다. 그는 말했습니다. "나는 음악이라는 예술을 만들어 낼 때까지 죽을 수 없다"라고.

링컨은 어떻습니까? 미국인 가운데 가장 불행한 사람, 이게 그의 별명입니다. 그런데 그는 마침내 불행과 비극, 패배와 절망을 희망으로 바꾸는 데 성공합니다. 그는 30여 차례 실패를 겪었습니다. 그러나 포기하지 않고 마침내 16대 대통령이 됩니다. 그가 한 말이 있습니다.

"나는 천천히 걷지만 뒤로 되돌아가진 않는다."

"나의 관심사는 하나님이 내 편인가가 아니라 내가 하나님 편이 되는 것이다."

"내가 가는 길은 미끄러운 길이었다. 그러나 낭떠러지는 아니었다."

승자와 패자(고린도전서 9:24-27)

우리들의 이야기로 끝맺음을 해야 합니다. 싸움과 경쟁의 대상은 누구입니까? 부부를 예로 들겠습니다. 30~40년 살다 보면 티격태격 다툴 수 있습니다. 그러나 한쪽이 이기고 다른 한쪽이 지면 어떻게 될까요? 행복할까요? "기선을 잡아야 돼, 여기서 지면 안 돼, 죽기 살 기로 이겨야 돼" 하며 맨날 싸운다면 집안 꼴은 어떻게 되고 자식들은 어떻게 되겠습니까? 방법은 간단합니다. 같이 지면 같이 이깁니다. 둘이 함께 물러서면 둘이 함께 갈 수 있습니다.

교회도 예외가 아닙니다. "내가 뭘 잘못했어? 왜 큰소리 쳐! 왜 이래라 저래라 명령해? 내가 알아서 할 테니 상관하지 마!" 이런 교회는 시끄럽고 싸움이 납니다. 그러나 "미안합니다. 죄송합니다. 제가 잘못했군요. 더 잘하겠습니다"라고 서로 말하면 평화 공동체, 행복한 공동체가 됩니다.

창세기 32장을 보면 야곱의 씨름 이야기가 기록되어 있습니다. 하나님이 보내신 천사와의 씨름으로 해석합니다. 32절을 보면 "허벅지 관절에 있는 둔부 힘줄을 쳤다"라고 했습니다. 밤샘 씨름에서 야곱이 천사를 이겼습니다. 아닙니다. 천사가 져준 것입니다. 그리고 야곱이 천사한테 얻어맞고 절뚝거리게 된 후 싸움이 끝났습니다. 얻어맞고 지고 난 후 이겼습니다.

5. 나를 이겨야 합니다

그런데 이게 쉽지 않습니다. 고집스럽고 자존심이 강할수록 더 어렵습니다. 고집과 소신은 다릅니다. 고집은 버리는 게 좋습니다. 자기주장, 나쁜 습관, 시도 때도 가리지 않는 분노는 소신이 아닙니다. 나를 망치는 것도 나이고, 나를 시험에 빠지게 하는 것도 나이고, 유혹에 빠지게 하는 것도 나입니다. 나를 이기지 못하면 사업도, 운동도, 신앙도 제대로 못합니다.

네가 문제가 아니라 내가 문제입니다. 너 때문이 아니라 나 때문입니다. 네가 주범이 아니라 내가 주범입니다. 어떻게 나를 이길 수 있습니까? 바울은 "내 몸을 쳐 복종하게 한다"라고 했습니다. 우리가 할 수 있는 것은 날마다 성경 읽고 기도하고 자신을 성찰해야 합니다. '내가 그러면 안 되지. 나를 다스려야지. 나는 목사인데, 장로인데, 권사인데, 집사인데, 기독교인인데…' 하면서 자신을 다독거려야 합니다.

6. 악한 영(사탄)을 이겨야 합니다

창세기 3장 1절을 보면 아담과 하와를 넘어뜨린 뱀을 "가장 간교하니라"고 했고, 3장 13절을 보면 "뱀이 나를 꾀므로"라고 했습니다. 뱀은 사탄의 도구입니다. 간교하고 꾀는 일에 명수입니다. 뱀의 꾐에 빠진 후 바라본 선악과는 어제 보던 선악과가 아니었습니다. "먹음직도 하고 보암직도 하고 지혜롭게 할 만큼 탐스럽기도 한 나무인지라"(3:6)고 했습니다.

지금도 사탄은 보는 것, 먹는 것, 탐심을 동원해서 시험합니다. 시각, 미각, 지각을 동원합니다. 어떻게 이깁니까? 나에게는 이길 만한 힘도 방법도 없습니다. 바울이 빌립보에 머물던 어느 날 귀신 들린 여자를 만났습니다. 점을 잘 쳐서 돈도 많이 버는 귀신이었습니다. 바울이 "그 귀신에게 이르되 예수 그리스도의 이름으로 내가 네게 명하노니 그에게서 나오라 하니 귀신이 즉시 나오니라"고 했습니다(행 16:18). 내가 명한다고 귀신이 나갑니까? 꿈쩍도 안 합니다. 내 힘으로, 내 경험으로 하는 게 아닙니다. 예수님의 이름과 그 권능이 마귀를 이기고 물리치는 것입니다.

한때 귀신론을 가르치고 주장하는 사람들이 있었습니다. 감기도 귀신, 독감도 귀신, 신경통도 귀신, 소화불량도 귀신, 암도 귀신이므로 귀신만 내쫓으면 된다면서 축사(귀신 쫓는 일)를 일삼던 사람들이 있었습니다. 그러다 보면 귀신의 힘을 높이고 귀신의 역사를 강조하게 됩니다. 귀신은 자기 세상을 만난 줄 알고 더욱 설치게 됩니다. 내 힘으로 안 됩니다. 내가 명하고 내쫓는다고 이기는 것이 아닙니다. 그러나 예수님을 진실로 믿고 의지하면 죄도 사함받고 악한 영도 이기고 유혹과 시험도 이기고 승리의 깃발을 꽂게 됩니다.

내가 믿는 예수 그리스도는 세상을 이기셨습니다(요 16:33). 죽음을 이기셨습니다(눅 24:6). 마귀를 이기셨습니다(마 4:10). 나도 이깁니다(고전 15:57). 이 벅찬 승리 소식을 널리 선포하고 증거합시다. 아멘!

베들레헴에서 갈보리까지

(미가 5:2-4, 요한복음 19:17-18)

예수님의 생애는 33년이었습니다. 그러나 짧고 굵게 사셨습니다. 베들레헴에서 태어나시고 애굽으로 피난 가셨다가 나사렛으로 돌아와 30세까지 사셨습니다. 예루살렘으로 상경해 3년간 사역하시다가 갈보리로 올라가 십자가에 죽으셨습니다. 베들레헴, 애굽, 나사렛, 예루살렘, 갈보리가 예수님이 거치신 곳들입니다.

갈보리와 골고다는 같은 지명입니다. 갈보리는 라틴어 번역이고 골고다는 히브리어 번역입니다. 왜 베들레헴에서 나셨는가, 왜 갈보리까지 가셨는가를 살펴보겠습니다. 베들레헴은 어떤 곳인가요. 지금은 팔레스타인이 지배하고 있는 곳입니다. 예루살렘 남쪽 10킬로미터 지점에 있는 구릉 지대이고 당시 인구는 1천 명 이내였으나 지금은 7만 6천 명 정도가 살고 있습니다. 대다수 사람들이 올리브를 가꾸고 양을 치고 살았습니다. 성경에 베들레헴이 등장한 것은 이새의 아들 다윗이 베들레헴에서 태어나서 살았다는 것, 그리고 미가 선지자가 베들레헴에서 이스라엘을 다스릴 왕이 태어날 것이라고 예언한 것입니다. 베들레헴은 다윗이 태어난 곳, 예수님이 태어나신 곳이어서 유명해졌습니다.

> "베들레헴 에브라다야 너는 유다 족속 중에 작을지라도 이스라엘
> 을 다스릴 자가 네게서 내게로 나올 것이라 그의 근본은 상고에 영
> 원에 있느니라"(미 5:2).

에브라다는 베들레헴의 옛 이름입니다. 귀족, 왕족, 상류층, 특권 층은 모두 예루살렘에 거주했습니다. 그러나 베들레헴 동네에 사는 사람들은 보통 사람들, 천대받는 사람들, 멸시당하는 사람들, 비주류 인생들이 살고 있었습니다. 거기서 태어나신 것입니다.

베들레헴에서 나신 초림 예수의 모습을 이사야 53장은 "연한 순 같다. 고운 모양도 없고 풍채도 없다. 멸시받고 버림받고 간고를 겪고 질고와 멸시를 당하고 귀히 여기지 아니하였다"라고 표현했습니다. 요한복음 1장 29절에서는 "하나님의 어린 양"이라고 했습니다.

그러나 다시 오실 재림 예수의 모습은 전혀 다릅니다.

> "그가 구름을 타고 오시리라…가슴에 금띠를 띠고…그의 눈은 불꽃
> 같고…가슴에 금띠를 띠고…입에서 좌우에 날선 검이 나오고 그 얼
> 굴은 해가 힘 있게 비치는 것 같더라"(계 1:).

"그가 철장을 가지고 그들을 다스려"(계 2:27).

"열면 닫을 사람이 없고 닫으면 열 사람이 없는 그가"(계 3:7).

"나는 알파와 오메가요 처음과 마지막이요 시작과 마침이라"(계 22:13).

베들레헴 예수, 연한 순 예수, 어린양 예수가 아닙니다. 그런 예수님이 왜 베들레헴에 나셨습니까? 베들레헴 사람들, 약한 사람들, 병들고 가난한 사람들, 죄짓고 죽어 가는 사람들, 그들을 살리고 편을 들어주고 구원하기 위해 베들레헴에 나셨습니다.

예수님의 고난은 베들레헴으로 끝난 게 아닙니다. 당시 헤롯 왕이 왕으로 태어났다는 아기 예수를 죽이려는 폭거를 피해 애굽으로 피난하셨습니다. 먼 거리, 먼 나라입니다. 자동차로 8~10시간 걸립니다. 그때는 유일한 교통수단이 걷거나 나귀를 타는 것입니다.

헤롯이 죽은 뒤 예루살렘으로 오지 않고 나사렛으로 가셨습니다. 나사렛은 어떤 곳입니까? 구약성경에 지명이 나와 있지도 않은 작은 마을이었습니다. 요셉과 마리아가 나사렛에서 살고 있었기 때문에 그곳으로 가신 것입니다. 이방인들이 많이 살고 있었던 탓으로 낙후된 가난한 마을이었습니다. 사람들은 "나사렛 예수"라고 부르기도 했습니다.

30세 되시던 해 나사렛을 떠나 예루살렘으로 상경하십니다. 고위직으로 발탁된 것도 아니고, 종교 대표로 추대된 것도 아니고, 의회

의원으로 당선된 것도 아닙니다. 십자가를 지기 위해서입니다. 살기 위해서가 아니라 죽으러 상경하신 것입니다. 사람들은 성공하면 상경합니다. 그런데 예수님은 나사렛을 떠나 죽으러 상경하셨습니다.

1997년은 충신교회가 창립된 지 40주년이 되는 해였습니다. 다양한 기념행사를 진행했고, 그 가운데 음악회가 있었습니다. 개 교회로서는 최초로 예술의 전당 대음악당에서 창작 칸타타 "베들레헴에서 갈보리까지"를 연주했습니다. 칸타타 작사는 박종순 목사가, 작곡은 이영조 교수가 맡았고, 찬양대 6백여 명, 오케스트라 80여 명이 협연했습니다. 그 후 10년 후인 2007년에도 창작 칸타타 "나의 주 나의 하나님"을 예술의 전당에서 연주했습니다.

"베들레헴에서 갈보리까지" 제1장은 영광송으로 막을 열고 제2장은 예수님의 생애를 노래했습니다. 베들레헴에 오시고 사역하시고 고난받으시고 재판받으시고 갈보리 십자가에 못 박히시고 다시 사신 그리스도의 생애를, 그리고 제3장에서는 가라 세상으로, 교회의 선교적 사명을 노래했습니다.

예수님의 생애는 출생부터가 초라합니다. 그리고 짧은 생애가 고난으로 점철되어 있습니다. 단 한 번도 호의호식하거나 영웅 대접을 받으신 일이 없습니다. 베들레헴도, 나사렛도 화려한 도시가 아니고 명승지도 아닙니다. 골고다, 갈보리 같은 곳인데 거기는 어떻습니까? 예루살렘 언덕에 있는 곳인데 거기는 어떻습니까? 예루살렘 언덕에 있는 곳인데 언덕 모양이 해골처럼 생겼다고 해서 골고다를 해골이라 부르기도 했습니다.

신학자 제롬은 골고다는 사형수를 처형하는 처형장이었다고 했습니다.

예수님이 재판받으신 빌라도 법정에서 골고다까지 올라가는 언덕 길은 760미터가 넘습니다. 그 길을 '비아 돌로로사'라고 합니다. 라틴 어로 '비아'(Via)는 길이고, '돌로로사'(Dolorosa)는 슬픔이란 뜻입니다. 지형상으로 올라가는 언덕길입니다. 그 길을 십자가를 지시고 올라 가신 것입니다.

만일 예수님의 생애가 베들레헴을 떠나 골고다에서 끝났다면 기 독교는 존재할 수 있었을까요? 가난한 종교, 죽은 예수를 기념하는 종교가 되고 말았을 것입니다. 그리고 어떻게 전 세계가 함께 기뻐하 고 경축하는 메리 크리스마스(Merry Christmas)가 될 수 있었을까요? 그것은 갈보리 이후 사건이 있었기 때문입니다. 부활이 있었고 승천 이 있었고 재림이 있기 때문입니다. 그러므로 우리들의 노래는 갈보 리에서 부활 동산으로, 승천하신 언덕으로, 그리고 영원을 바라고 재림을 기다리는 신앙으로 승화되어야 합니다.

1. 베들레헴으로 갑시다

예수님이 나시던 그때 베들레헴은 성탄 트리도, 캐럴도, 산타클로 스도, 카드도 없었습니다. 천사들의 축하와 목자들의 경배가 있었을 뿐입니다. 태어나신 베들레헴은 초라한 시골 동네였고, 태어나신 곳 은 산부인과가 아니라 구유였습니다. 이게 초림의 모습입니다. 우리가 성공하고 잘살고 영화를 누려도 베들레헴을 잃어버리면 안 됩니다.

베들레헴에서 갈보리까지(미가 5:2-4, 요한복음 19:17-18)

톨스토이는 러시아 출신의 세계적 작가입니다. 그는 약 50여 편의 소설을 썼습니다. 그의 단편 가운데 "사랑이 있는 곳에 신이 있다"라는 작품이 있습니다. 구두 수선공 마르틴은 아내와 두 자녀를 잃고 막내까지 어려서 잃게 됩니다. 실망한 그는 하나님을 원망하고 교회도 나가지 않고 술로 세월을 보냅니다. 어느 날 그에게 음성이 들렸습니다. "내일 내가 너를 찾아가겠다. 길거리를 내다보도록 하라." 다음 날 그는 음성을 떠올리며 거리를 내다보고 있었습니다. 늙은 청소부가 힘겹게 눈을 치우고 있었습니다. 불쌍한 마음이 든 그는 청소부를 불러 따뜻한 차를 대접합니다. 잠시 후 젖먹이를 안고 추위에 떠는 가난한 아기엄마를 보게 됩니다. 집 안으로 불러 식사를 대접하고 아기를 돌봐줍니다. 얼마 후 사과를 훔치다 들킨 소년이 주인에게 잡혀 고생하는 것을 보게 됩니다. 문제를 해결하고 소년을 돌려보냅니다. 그러나 오겠다던 하나님은 하루 종일 오지 않았습니다. 그날 밤 마르틴은 다시 음성을 듣습니다.

"마르틴, 아직도 나를 알아보지 못하겠느냐? 내가 여러 차례 갔었느니라. 너는 내가 배고플 때 먹을 것을 주었고, 목말라 할 때 마실 것을 주었고, 내가 힘들어할 때 나를 도와주었고, 추울 때 나를 따뜻하게 해주었느니라."

마르틴이 그날 만난 사람들은 바로 베들레헴 사람들이었습니다. 베들레헴은 동서남북에 널려 있습니다. 예수님을 만나러 베들레헴까지 비행기를 타고 갈 필요가 없습니다. 지금은 이스라엘과 하마스 전쟁 때문에 가지도 못합니다. 작은 마을 베들레헴은 옆집일 수도 있고 친구일 수도 있고 북한 동포들일 수도 있습니다.

이름 바꾼 사람들

2. 골고다로 갑시다

해골이라는 별명을 가진 곳, 사형수 처형장, 예수님이 잔인한 폭도들에게 못 박혀 죽으신 곳! 누가 거길 가고 싶겠습니까? 그러나 주님이 가신 곳이니까 거기도 가야 합니다. 거기서 예수님이 못 박히신 것처럼 나도 못 박혀야 합니다.

갈라디아서 2장 20절을 보겠습니다.

> "내가 그리스도와 함께 십자가에 못 박혔나니 그런즉 이제는 내가
> 사는 것이 아니요 오직 내 안에 그리스도께서 사시는 것이라."

'십자가에 못 박혔다'는 것은 문법상 완료형입니다. 십자가에 못 박혀 왔고 못 박혀 있다는 것입니다. 내가 십자가에 못 박히면 예수님과 함께 사는 것이고 못 박히지 않으면 내 멋대로, 내 마음대로 사는 것입니다. 골고다로 가자는 것은 '죽으러 가자, 다시 살자'는 뜻입니다. 골고다로 가서 죽고 사흘만 참으면 부활의 새 아침을 맞게 됩니다.

3. 부활의 동산으로 갑시다

예수님의 생애, 즉 베들레헴 출생, 애굽 피난, 나사렛 생활, 예루살렘 박해, 비아 돌로로사의 고통, 갈보리 십자가의 아픔. 이 모든

것은 부활 아침으로 다 끝났습니다.

요한복음 16장 33절을 보겠습니다.

> "이것을 너희에게 이르는 것은 너희로 내 안에서 평안을 누리게 하
> 려 함이라 세상에서는 너희가 환난을 당하나 담대하라 내가 세상
> 을 이기었노라."

이기었다는 것은 완전히 정복했다는 뜻입니다. 죄, 죽음, 사단의 권세를 다 이겼다, 완전히 정복했다는 승리의 선포입니다. 기독교의 매력, 우리가 믿는 예수님의 매력은 베들레헴, 애굽, 나사렛, 골고다만 있는 것이 아니라 부활이 있다는 것입니다.

예수님이 십자가에 달리셔서 하신 일곱 마디 말씀이 있습니다. 그 가운데 "다 이루었다"(요 19:30)라는 말씀이 있습니다. 다 이루었다는 것은 당시 통용되던 경제 용어로 다 지불했다, 완불했다는 뜻입니다. 십자가에 죽으심으로 해결하지 못한 죄가 남아 있다는 것이 아닙니다. 십자가 부활! 그래서 위대한 것입니다.

4. 기다립시다

기독교 신앙은 부활로 끝나지 않습니다. 다시 오십니다. 말씀드린 대로 초림은 초라했지만 재림은 그렇지 않습니다.

요한계시록 1장 7절을 보겠습니다.

"볼지어다 그가 구름을 타고 오시리라 각 사람의 눈이 그를 보겠고 그를 찌른 자들도 볼 것이요 땅에 있는 모든 족속이 그로 말미암아 애곡하리니 그러하리라 아멘."

암행어사처럼 몰래 오시는 것이 아닙니다. 두 눈으로 볼 수 있게 오십니다. 전 세계가 다 볼 수 있게 오십니다. 그날을 기다려야 합니다.

1) 믿고 기다립시다

"2천 년 전 얘긴데 뭘 더 기다려? 그때 박해받는 기독교인들을 위로하기 위해 한 말인데 아직도 안 오고 있잖아?"라고 할 수 있습니다. 베드로후서 3장 8절을 보겠습니다.

"사랑하는 자들아 주께는 하루가 천 년 같고 천 년이 하루 같다는 이 한 가지를 잊지 말라."

하나님의 시간과 인간의 시간 사이에는 엄청난 시차가 있다는 것입니다. 2천 년이 이틀일 수 있다는 것입니다. 다시 말하면 하나님의 시간은 영원하고 인간의 시간은 유한합니다. 하나님의 시간은 하루 24시간, 1시간 60분, 1년 365일이 아닙니다.
베드로후서 3장 9절도 보겠습니다.

"주의 약속은 어떤 이들이 더디다고 생각하는 것같이 더딘 것이 아니라 오직 주께서는 너희를 대하여 오래 참으사 아무도 멸망하지

베들레헴에서 갈보리까지(미가 5:2-4, 요한복음 19:17-18)

아니하고 다 회개하기에 이르기를 원하시느니라."

재림이 더딘 것은 하나님이 참고 기다리시기 때문이라는 것입니다. 왜 오지 않느냐고 의심하지 말고, 언제 오신다고 설치지 말고 내가 재림 예수라고 헛소리하지 말고 반드시 오실 줄 믿고 참고 기다려야 합니다.

2) 다르게 살며 기다립시다
베드로후서 3장 10절을 보겠습니다.

> "그러나 주의 날이 도둑 같이 오리니 그날에는 하늘이 큰 소리로
> 떠나가고 물질이 뜨거운 불에 풀어지고 땅과 그중에 있는 모든 일
> 이 드러나리로다."

천재지변이 일어나고 모든 것들의 실체가 낱낱이 숨길 수 없이 드러난다는 것입니다. 베드로후서 3장 11절을 보겠습니다.

> "이 모든 것이 이렇게 풀어지리니 너희가 어떠한 사람이 되어야 마
> 땅하냐."

이는 '어떻게 살아야 하겠느냐?'라는 뜻입니다. 성탄절을 맞는 사람들, 예수를 믿는 사람들, 주의 재림을 기다리는 사람들에게 던지는 실존적 질문입니다. 그 답을 한마디로 요약하면 '바로 믿고 바로

살아야 한다'입니다.

SNS에 올라온 이야기입니다. 크리시다 로드리게스는 인도 최고의 패션디자이너, 모델, 화가, 작가로 명성을 떨친 여성이었습니다. 그녀가 암에 걸려 투병하면서 SNS에 올린 글이 세계로 퍼져나갔습니다.

- 나는 지구에서 가장 유명한 자동차를 갖고 있다.

  그러나 나는 병원 휠체어에 앉아 있다.
- 내 집 옷장에는 수를 셀 수 없는 최고급 의상들이 걸려 있다.

  그러나 나는 하얀 환자복을 입고 있다.
- 은행에는 엄청 많은 돈이 예금되어 있다.

  그러나 그 돈으로 내 병은 고칠 수 없다.
- 내 집은 왕궁처럼 크고 화려하다.

  그러나 나는 병원 철침대에 누워 있다.
- 유명 옷 디자인을 계약할 때마다 사인을 했다.

  그러나 지금은 진단서에 사인하고 있다.
- 머리와 옷에 장식하는 보석 장신구가 많이 있다.

  그러나 지금은 장식품을 꽂을 머리가 없다.
- 그 어떤 것도 나를 도와줄 수 없다.

이 글을 남긴 지 이틀 후 세상을 떠났습니다. 어리석은 사람은 후회하고 지혜로운 사람은 작은 일이라도 실천합니다. 그녀는 생각하고 후회만 했을 뿐 실천하지 못했습니다. 우리는 그러지 맙시다. 우리는 로드리게스처럼 왕궁에 사는 것도 아니고 6~7억짜리 자동차

베들레헴에서 갈보리까지(미가 5:2-4, 요한복음 19:17-18)

를 타는 것도 아니고 수백 벌, 수천 개의 의상과 장신구를 가진 것도 아닙니다. 그냥 평범한 베들레헴 사람들입니다.

그러나 할 일은 있습니다. 베들레헴으로 갑시다. 목자들처럼 아기 예수를 만나 경배하고 동방박사들처럼 나를 선물로 드립시다. 그리고 거기를 떠나 갈보리로 갑시다. 가는 길이 힘들고 어렵고 아프며 고되더라도 갈보리로 가서 십자가에 달리신 예수님을 만납시다. 그리고 "저 때문입니다, 제가 죄인입니다"라고 고백합시다. 거기서 끝나면 안 됩니다. 부활의 동산, 빈 무덤으로 갑시다. 그리고 거기서 큰소리로 목청 터지게 "예수 만세!"를 외칩시다. 그러고 난 후 주님이 예비하신 영원한 나라를 바라보고 행군을 시작합시다.

- 주님! 메리 크리스마스!
- 주님! 성탄을 찬양합니다!
- 주님 때문에 행복합니다!
- 주의 이름을 선포하겠습니다!
- 내가 사는 곳, 머무는 곳, 일하는 곳

그때 거기서 주님께 영광을 돌리겠습니다!

베들레헴에서 갈보리까지 갈보리에서 영원까지! 아멘.

방주로 들어가라, 나오라

(창세기 7:1-5, 8:13-19)

노아에 관한 창세기 기사는 6-10장까지 이어집니다. 6장은 홍수 심판 이유와 방주 제작, 7장은 홍수 심판 시작, 8장은 홍수 후 번제 제사, 9장은 무지개 언약과 노아의 세 아들, 10장은 노아의 후손과 족보로 구성되어 있습니다. 노아 시대에 있었던 홍수 사건과 방주 이야기를 넷으로 나눠 살펴보겠습니다.

1. 홍수 심판 원인

창세기 6장 5절을 보면 "여호와께서 사람의 죄악이 세상에 가득함과 그의 마음으로 생각하는 모든 계획이 항상 악할 뿐임을 보시고"라고 했습니다. '죄악'의 뜻은 '깨트리다, 쓸모 없게 만들다'라는 말에서 유래했다고 합니다. 쓸모없는 것으로 취급했다는 것입니다. '가득했다'의 뜻은 '크다, 너무 많다, 꽉 찼다'입니다.

6장 2절이 실례를 들고 있습니다.

> "하나님의 아들들이 사람의 딸들의 아름다움을 보고 자기들의 좋아하는 모든 여자를 아내로 삼는지라."

하나님을 섬기는 사람들이 하나님을 섬기지 않는 여자들의 외모만 보고 결혼한 것입니다. 아름답다는 것은 결코 나쁜 게 아닙니다. 가꾸고 꾸미는 것도 나쁜 게 아닙니다. 그러나 외모, 외적 조건만 따지고 보는 것은 옳지 않습니다. 외모나 외적 조건은 변하는 것들이기 때문입니다. 이 상황을 현대화하면 종교 혼합주의, 종교 다원주의가 됩니다. "모든 종교는 다 같다, 다 구원이 있다, 이것저것 따질 것 없다는 주장과 외모만 이쁘면 다른 건 따질 필요 없다" 하면서 결혼했던 노아 시대 사람들과 같은 부류입니다.

6장 4절을 보면 당시에 '네피림'이 있었다고 했습니다. 네피림의 뜻은 떨어진 자, 영웅, 침략자라는 것입니다. 현대판 네피림은 성공 지상주의, 출세 지상주의, 권력 지상주의, 치부 지상주의입니다. 하나님 신앙, 윤리, 양심, 이웃은 관심이 없습니다. 이런 모습에 대해 하나님은 "한탄하시고 근심하셨고"(6:6) "지면에서 쓸어 버리되 사람으로부터 가축과 기는 것과 공중의 새까지 그리하리니"라고 했습니다(6-7절).

우리 시대는 어떻습니까? 아이들이 부르는 동요를 예로 들겠습니다. 1936년도에 만든 동요입니다.

"샘물이 솟는다 퐁퐁퐁 낮이나 밤이나 퐁퐁퐁
길가는 나그네 목축여 가라고 산비탈 돌 틈에서 퐁퐁퐁"

태권V에 나오는 노래입니다.

"달려라 달려 로보트야 날아라 날아 태권 브이
정의를 위해 키운 로보트 태권 이 세상 당할 자 있을까 보냐
평화의 사도 사명을 띠고 악의 로보트 때려 부순다
멋지다 신난다 태권 브이 만만세 무적의 우리 친구 태권 브이"

두 동요의 분위기나 감정은 전혀 다릅니다. 많이 변했고, 거칠어졌고, 삭막해졌고, 전투적으로 변했습니다.

사회심리학자들은 "집단 분노 조절 장애"라는 말을 합니다. 부부 간에도, 부모 자식간에도, 이웃끼리도, 나라끼리도 모두가 분노로 가득 차 있습니다. 우리가 어렸을 때엔 울거나 말 안 들으면 순사(경찰) 온다, 호랑이 나온다며 겁을 줬습니다. 그러나 지금은 아닙니다. 사람이 겁나고, 무섭고, 두려워졌다고 합니다. 핵폭탄보다 사람이 더 겁나고 두려워졌습니다.

하나님이 보실 때 우리 시대의 죄악 지수는 몇 도가 될까요? 양호할까요? 심각할까요? 죄악의 탑을 무너뜨리고 죄악 지수를 제로로

방주로 들어가라, 나오라(창세기 7:1-5, 8:13-19)

낮추는 것은 예수 그리스도의 십자가뿐입니다.

노아 시대는 가득한 죄악 때문에 홍수 심판을 당하게 됩니다. 우리 시대가 노아 시대가 되지 않도록 브레이크를 밟아야 하고, 교회가 그 일을 해내야 합니다.

2. 방주로 들어가라

배의 도면은 하나님이 직접 만들어 주셨습니다. 미국 켄터키 윌리엄스 타운에 창조과학회 설립자인 켄함 박사가 6년간 1억 달러를 들여 성경에 나온 실제 크기대로 방주를 만들었습니다. 2016년 7월 7일부터 개장해서 전시하고 있습니다. 그 크기와 규모가 놀랍습니다. 성경에 나오는 큐빗과 미터로 그 크기를 비교해 보겠습니다. 길이 300큐빗(155m,) 폭 50큐빗(26m), 높이 30큐빗(13.5m), 총 톤수 13,960톤, 용적량 11,600㎡, 미식축구장 1.5배, 화물차 552대, 재료 고페르 나무(잣나무 삼나무과) 천 년간 썩지 않는 나무, 제작 기간 120년, 수용 노아의 여덟 식구, 정결한 짐승 암수 7쌍, 부정한 짐승 암수 2쌍, 새 암수 7쌍, 현재 지구상에 살고 있는 짐승은 2만 5천 종으로 포유류 1만 5천 종, 파충류 6천 종, 양서류 2천5백 종, 곤충류는 1백만 종이 된다고 합니다. 방주 안에는 종 보존을 위해 2쌍, 7쌍씩 들어갔고 노아네 가족도 들어갔습니다.

홍수가 시작되자 하나님이 방주문을 닫으셨습니다(7:16). 방주의 특징이 있습니다.

① 기관실도, 선장도 없습니다.

그냥 물 위에 떠 있고 하나님이 움직이시는 곳으로 가야 합니다. 노아도 그 자녀들도 방주 안에 그대로 있어야 합니다. 인생이 그렇습니다. 내가 운전하고 운행하고 방향을 결정하고 내 맘대로 가는 게 아닙니다. 하나님께 맡기고 이끄시는 대로 가는 것이 신앙 인생입니다.

② 문이 하나뿐입니다.

노아 마음대로 출입이 안 됩니다. 동서남북 층마다 문이 있는 게 아니고 하나님이 만드신 문 하나뿐입니다. 방주에서 나오는 것도 노아 뜻대로 못합니다.

기독교는 편협하다, 독선적이다라고 비판하지만 그럼에도 불구하고 문은 하나, 길도 하나뿐입니다.

"내가 문이니 누구든지 나로 말미암아 들어가면 구원을 받고 또는 들어가며 나오며 꼴을 얻으리라"(요 10:9).

문은 많습니다. 그러나 구원으로 들어가는 문은 단 하나, 유일하게 하나, 예수 그리스도뿐입니다. 길도 하나뿐입니다.

"내가 곧 길이요 진리요 생명이니 나로 말미암지 않고는 아버지께로 올 자가 없느니라"(요 14:6).

어느 문으로 들어갈까 기웃거리지 맙시다. 어느 길로 들어설까 망설이지 맙시다. 우리는 문도, 길도 바로 들어선 사람들입니다. 뒤돌아볼 필요도 없고, 후회할 일도 없고, 헤맬 필요도 없습니다. 곧장 똑바로 걸어갑시다.

3. 방주에서 나오라

창세기 8장 16~19절입니다.

> "너는 네 아내와 네 아들들과 네 며느리들과 함께 방주에서 나오고 너와 함께 한 모든 혈육 있는 생물 곧 새와 가축과 땅에 기는 모든 것을 다 이끌어내라 이것들이 땅에서 생육하고 땅에서 번성하리라 하시매 노아가 그 아들들과 그의 아내와 그 며느리들과 함께 나왔고 땅 위의 동물 곧 모든 짐승과 모든 기는 것과 모든 새도 그 종류대로 방주에서 나왔더라."

방주에서 나오는 것도 "나오라"고 하실 때 나왔습니다. 하라는 대로 하는 것, 말씀대로 따르는 것이 신앙입니다.

이스라엘이 430년 동안 긴 종살이를 끝내고 애굽을 떠나 해방을 맞이하게 됩니다. 그런데 모세 마음대로, 이스라엘 사람들 마음대로 날짜를 정하고 떠난 게 아닙니다. 하나님이 날짜를 정하시고 방법을 정하신 날에 떠났습니다.

출애굽기 12장 28절을 보겠습니다.

"이스라엘 자손이 물러가서 그대로 행하되 여호와께서 모세와 아
론에게 명령하신 대로 행하니라."

하나님께서 명하신 대로, 말씀대로 행하는 것이 정도이고 정석입
니다. 방주 안은 어땠을까요? 시끄럽고 냄새나고 답답하고 지루했을
것입니다. 그렇다고 제멋대로 뛰쳐나가면 안 됩니다. 성경 전체의 핵
심은 간단명료합니다. '하라!'와 '하지 말라!'입니다. 십계명도 '하라'
와 '하지 말라'로 되어 있습니다. 그것은 하나님의 전권을 인정할 때
가능합니다.

우리가 성경에 나오는 이야기를 할 때 조심할 것이 있습니다. 그
것은 "노아가 여덟 식구를 구원했다"라고 하는 것입니다. 아닙니다.
노아가 구원한 것이 아닙니다. "모세가 홍해를 갈랐다"도 아닙니다.
모세가 가른 게 아닙니다.

"다윗이 골리앗을 이겼다"도 다윗이 이긴 게 아닙니다. 하나님이
노아와 그 가족을 구원하셨고, 홍해를 가르셨고, 골리앗을 이기게
하셨습니다.

3. 노아의 신앙

노아는 어떤 사람이었습니까?

1) 바른 예배자

8장 20~21절을 보면 "노아가 여호와께 제단을 쌓고 모든 정결한 짐승과 모든 정결한 새 중에서 제물을 취하여 번제로 제단에 드렸더니 여호와께서 그 향기를 받으시고"라고 했습니다. 방주에서 나온 후 맨 먼저 한 일은 예배(번제)를 드리는 것이었습니다. 구원받은 감격, 살아남은 감격으로 드린 예배였습니다.

'예배를 본다'는 바른 용어가 아닙니다. '예배를 드린다'가 맞습니다. 예배 인도자도, 기도하는 사람도, 찬양대도, 설교하는 사람도 예배드리는 사람이어야 합니다. 예배는 보는 게 아닙니다. 번제는 정결한 짐승을 제사 현장에서 잡고 피는 뿌리고 고기는 불태워 드리는 제사입니다. 그런 믿음과 자세로 예배드려야 합니다. 하나님이 받으시는 예배를 드려야 합니다.

2) 은혜받은 사람

노아와 홍수 이야기는 여러가지 의문점을 제기합니다.

첫째, 방주 제작입니다. 그는 목수도 아니고 당시 조선소가 있는 것도 아닌데 어떻게 그토록 큰 방주를 만들 수 있었을까?

둘째, 어떻게 그 많은 생물들을 방주로 이끌었을까?

셋째, 방주 안에서 무엇을 먹고 마시고 살았을까?

창세기 6장 8절을 보면 "노아는 여호와께 은혜를 입었더라"고 했습니다. 노아의 순종과 모든 행위는 하나님의 은혜였다는 것입니다.

한국창조과학회가 노아의 방주를 연구하고 그 결과를 밝혔습니다. "방주는 스스로 움직이지 못한다. 추진도 조정도 할 수 없다. 배에는 키도 없다. 그래서 떠 있기만 한다." 창조과학회는 국가 공인기관인 선박해양플랜트 연구소에 방주의 안전성 연구를 의뢰했습니다. 연구결과는 "현대 최첨단 조선공학적 기법으로 제작한 어떤 선박보다 안전성이 뛰어나다. 파고 30미터에도 끄덕없고 43미터에도 배가 뒤집히지 않는다"였습니다. 이 연구에 참여했던 인하대학교 조선해양학 이경호 교수는 "처음 연구를 시작할 때는 걱정이 많았다"며 연구를 마친 후에는 "하나님의 지혜와 설계는 완벽하다는 것을 깨달았다"라고 말했습니다.

노아 방주는 4,500여 년 전 사건입니다. 노아가 만든 게 아닙니다. 하나님이 노아에게 은혜를 주셔서 만들 수 있었습니다. 방주 안에는 수를 셀 수 없는 생물들 암수 7쌍, 2쌍이 들어갔습니다. 어떻게 그것이 가능합니까? 짐승을 잡는 사파리 팀이 있는 것도 아니고 도구가 있는 것도 아닙니다.

창세기 7장 14~15절이 대답해 줍니다. 모든 들짐승, 모든 가축, 땅에 기는 모든 것, 모든 새가 종류대로 생명의 기운이 있는 육체가 "노아에게 나아와 방주로 들어갔으니"라고 했고, 7장 16절에서는 "명하신 대로 들어가매"라고 했습니다. 방주 안에 들어가야 될 모든 짐승인 새, 곤충들이 방주 앞으로 모여든 것입니다.

이 사건도 하나님이 계획하시고 섭리하신 은혜 사건입니다. 은혜가 떠나면 모든 것들도 떠납니다. 그러나 은혜가 임하면 모든 것들이 찾아오고 돌아오고 회복됩니다. 방주를 만든 것도, 모든 생물이 제 발로 찾아온 것도, 구원받은 것도 은혜, 은혜, 은혜였습니다.

방주로 들어가라, 나오라(창세기 7:1-5, 8:13-19)

4. 영원한 방주

노아의 방주는 노아 여덟 식구, 그리고 선택받은 생물들이 들어 갔습니다. 그 당시 인구가 얼마였는지는 정확한 기록이 없습니다. 그 러나 창세기 6장 1절을 보면 "사람이 땅 위에 번성하기 시작할 때"라 고 했습니다. 사람이 번성하고 있었지만 노아의 말에 귀를 기울이고 방주로 들어온 사람은 단 한 명도 없었습니다. 노아의 방주는 그 당 시 사람들을 구원하는 도구였습니다. 구약 안에 '방주'라는 단어가 두 번 나옵니다. 노아 방주와 어린 모세를 담아 나일강에 띄웠던 갈 대상자를 방주라고 했습니다. 모세의 갈대상자(방주)도 일회적 사건 이었습니다. 그러나 영원한 방주가 있습니다.

1) 예수 그리스도가 영원한 방주이십니다

그 방주는 뒤집히거나 밀리거나 물샐 일이 없습니다. 영원한 구원 의 방주이기 때문입니다. 노아의 방주는 영원한 방주의 그림자입니 다. 방주 안에 들어간 사람만 구원받은 것처럼 영원한 구원의 방주 이신 예수 방주를 믿는 사람만 구원받게 됩니다. 앞에서 말씀드린 대로 다른 길, 다른 문, 다른 방주는 없습니다. 노아 방주가 유일했 던 것처럼 예수님도 유일하시고 한 분이시고 구원의 방주이십니다.

2) 천국이 영원한 방주입니다

천국은 누구나 들어갈 수 있습니다. 단 조건이 있습니다. 예수를 믿고 구원받은 사람이라야 합니다. 천국 방주는 흔들리지도, 떠내려

가지도, 파도를 만날 일도, 답답할 일도, 지루할 일도 없습니다. 천국 방주의 보편적 특징이 있습니다. 그것은 누구나 들어갈 수 있고, 누구나 들어갈 수 없다는 것입니다.

유명한 모 가수의 할아버지가 세상을 떠났습니다. 홀로 된 할머니를 위로하느라 손자가 말했습니다. "할머니, 힘내세요. 하늘나라 가면 할아버지 만나실 거예요." 그러자 할머니는 "못 만난다. 네 할아버지는 딴 데 가 있을 거다"라고 답했습니다. 딴 데로 가면 못 만납니다.

방주보다 크고 화려하고 최신 시설을 갖춘 호화 여객선이 있을 수 있습니다. 그러나 구원의 방주는 아닙니다. 초라해 보이고, 낡아 보이고, 답답해 보여도 구원의 방주에 승선해야 합니다. 구원의 방주에 승선한 것을 감사합시다. 천국 방주, 영원한 방주에 승선한 걸 기뻐하고 감격합시다. 그리고 엄청 크고 화려한 다른 배가 갈아타라고 손짓해도 바꿔 타지 맙시다. 지하철을 바꿔 타야 할 경우가 있습니다. 그때 잘못 바꿔 타면 전혀 다른 곳으로 가고 헤매게 됩니다.

인생길을 바로 가고 신앙길을 곧게 가는 안내서, 가이드북이 있습니다. 성경입니다. 천국 방주까지 가는 길이 가파를 수도, 힘겨울 수도, 험난할 수도, 장애물이 있을 수도 있습니다. 그러나 방주를 바꿔 타지 맙시다. "들어가라! 나오라!" 그 말씀대로 합시다. 신약 성경에도 배를 떠나지 말라는 말씀이 있습니다.

로마로 가던 무역선이 있었습니다. 바울도 재판을 받기 위해 그 배에 승선하고 있었습니다. 그런데 그 배가 큰 풍랑을 만납니다. 사태가 급박해지자 배에서 탈출해야 산다는 사람들이 많아졌습니다.

방주로 들어가라, 나오라(창세기 7:1-5, 8:13-19)

그때 바울이 외쳤습니다. 사도행전 27장 31절입니다.

"바울이 백부장과 군인들에게 이르되 이 사람들이 배에 있지 아니
하면 너희가 구원을 얻지 못하리라."

그들은 그 말씀대로 배를 떠나지 않았고 단 한 사람도 죽지 않았
습니다.
예수 방주! 구원 방주! 천국 방주! 아멘.

소원을 말하라

누가복음 18장과 같은 기사가 마태복음 20장 29-34절, 마가복음 10장 46-52절에도 기록되어 있습니다. 맹인이 몇 살이냐, 고향은 어디냐, 누구 아들이냐, 누구 남편이냐, 언제 어떻게 맹인이 됐느냐, 가정형편은 어떠냐 하는 것들은 문제가 아닙니다. 초점은 누가 그를 고쳤느냐, 어떻게 고쳤느냐입니다. 우리는 본문에서 그 사실을 규명하고 살펴야 합니다.

고치신 곳은 여리고였습니다. 당시 여리고는 요단강 서쪽 8킬로미터 지점이었고, 예루살렘에서는 24킬로미터 지점에 있는 살기 좋은 부촌 마을이었습니다. 그곳 여리고에서 구걸로 생계를 이어가는 맹인이 있었습니다.

어느 날 사람들이 몰려오는 소리가 들렸습니다. 그가 물었습니다. "무슨 일입니까? 누가 오고 있습니까?" 사람들이 시큰둥하게 대답합니다. "나사렛 예수가 지나가신다." 나사렛 예수는 나사렛에서 성장한 보통 사람 예수라는 뜻입니다. 그러니까 보통 사람 나사렛 예수가 지나간다, 신경 쓰지 말라는 것입니다. 그런데 맹인은 "다윗의 자손 예수여, 나를 불쌍히 여기소서"라고 소리칩니다.

본문의 진행 과정을 살피고 교훈을 찾도록 하겠습니다.

1. 무리가 지나감을 듣고

맹인은 볼 수 없는 대신 청각과 촉각이 발달되어 있습니다. 눈으로는 못 보지만 귀로 봅니다. 그리고 눈으로는 글씨를 읽지 못하지만 손으로 글씨를 읽습니다. 이 맹인의 경우, 웅성거리는 사람들의 소리를 그냥 소리로 듣지 않고 소중한 사람이 오고 있는 소리로 들은 것입니다.

1880년 6월 27일 미국에서 태어난 헬렌 켈러는 태어나서 19개월 되던 해에 시각과 청각을 다 잃었습니다. 그러나 그는 설리번 여사를 만나 인생이 바뀝니다. 그가 한 말 가운데 유명한 말들이 있습니다.

"세상은 당신이 생각하는 것보다 훨씬 아름답다."

"장애는 불편하다. 하지만 불행한 것은 아니다."

"맹인으로 태어나는 것보다 더 비극적인 것은 앞은 볼 수 있으나 비전이 없는 것이다."

얼마나 탁월한 감각입니까?

1820년 3월 24일 미국에서 태어난 페니 크로스비는 태어난 지 6주 만에 시력상실로 평생을 맹인으로 살았습니다. 그런데 그녀는 평생 8천 곡 이상의 찬송과 복음성가를 작시했습니다. 우리 찬송가 안에도 "예수로 나의 구주 삼고, 예수 나를 위하여, 너희 죄 흉악하나, 인애하신 구세주여, 나의 갈길 다 가도록" 등 여러 곡이 있습니다.

그의 묘비명은 "그녀는 그가 하려고 했던 것을 다 해냈다"라고 새겼습니다.

본문의 맹인 역시 탁월한 영적 감각, 깨달음, 통찰력을 가지고 있었습니다.

2. 다윗의 자손 예수여

눈 뜬 사람들은 나사렛 예수라고 불렀고, 맹인은 다윗의 자손 예수라고 불렀습니다. 앞에서 말씀드린 대로 '나사렛 예수'는 시골 사람 별 볼 일 없는 사람, 우리만 못한 사람이라는 것입니다. 그러나 '다윗의 자손 예수'는 신앙고백입니다. 메시아의 칭호이기 때문입니다. 눈 뜬 사람들이 알지 못하는 진리를 그는 알고 믿고 있었습니다.

마태복음 21장 9절을 보면 "호산나 다윗의 자손이여 찬송하리로다 주의 이름으로 오시는 이여 가장 높은 곳에서 호산나 하더라"고 했습니다. 메시아 구원자, 다윗의 후손으로 오신 예수를 알아보고 소리쳐 부른 것입니다. 이것은 사람들 앞에서 예수를 시인한 공적 고백입니다.

소원을 말하라(누가복음 18:35-43)

눈을 떴지만 보지 못하는 사람들이 있고, 눈은 감았지만 신령한 세계를 보는 사람들이 있습니다. 정신적 맹인, 영적 맹인이 더 가련한 사람들입니다.

3. 앞서가는 자들이 그를 꾸짖어, 잠잠하라

시끄럽다, 떠들지 말라고 한 것입니다. "이 사람은 불쌍한 사람입니다. 이 사람을 도와주십시오"라고 해야 정상입니다. 그런데 시끄럽게 굴지 말라며 가로막았습니다.

마태복음 15장 21-28절에 기록된 이야기입니다. 귀신 들린 딸을 둔 어머니가 있었습니다. 때를 가리지 않고 발작하고 불에도, 물에도 뛰어듭니다. 어느 날 예수님 일행이 지나가신다는 소문을 듣고 길거리로 나왔습니다. 그녀 역시 "주 다윗의 자손이여, 나를 불쌍히 여기소서. 내 딸이 흉악하게 귀신 들렸나이다"라고 소리 질렀습니다.

그때 제자들이 "그 여자가 우리 뒤에서 소리를 지르오니 그를 보내소서"라고 끼어들었습니다. 그러면 안 됩니다. "주님, 불쌍한 여인입니다. 딸 때문에 자기 삶을 포기한 여인입니다. 도와주시지요. 그 아이를 고쳐 주시지요"라고 했어야 합니다. 남의 일에 끼어들지 맙시다. 정 끼어들고 싶으면 긍정적으로 돕는 헬퍼로 거들어 주는 일로 끼어듭시다.

4. 네게 무엇을 하여 주기를 원하느냐

드디어 좋은 일이 터지기 시작합니다. "소원을 말하라. 소원이 뭐냐?" 맹인의 소원은 뭘까요? 거처, 입을 옷, 돈, 결혼, 신분 등 수십 가지일 것입니다. 우리 소원은 무엇입니까? 소원을 말하라고 하면 무엇을 말할 수 있을까요? 바른 소원이 있고 잘못된 소원이 있습니다. 어떤 소원이냐에 따라 행복과 불행, 성공과 실패가 결정됩니다.

실례를 들겠습니다. TV 프로그램 가운데 "벌거벗은 세계사"라는 프로그램이 있습니다. 각 대학의 역사, 세계사를 가르치는 교수들이 나와서 알려지지 않은 세계사와 전쟁사 등을 다루고 있습니다. 전남대 사학과 김봉중 교수, 외국어대 김철민 교수, 상명여대 류한수 교수, 건국대 박삼현 교수, 서강대 박현도 교수, 경북대 윤영휘 교수 등 쟁쟁한 교수들이 드러나지 않은 역사의 뒷면을 밝히고 있습니다. 책으로도 출간됐습니다.

그들이 미국의 명문가로 알려진 '케네디가의 비극'을 다뤘습니다. 케네디 대통령의 증조부는 1849년 26세 때 아일랜드에서 미국으로 이민을 옵니다. 대대로 천주교 신자 가문입니다. 이민 2세인 할아버지 패트릭 케네디는 술집 운영으로 돈 벌어 부자가 되고 하원, 상원 의원이 됩니다. 부친 조셉 케네디는 술장사와 밀주사업으로 갑부가 되고, 마피아와 손잡고 돈을 법니다. 검은 거래로 부자가 된 것입니다. 뉴욕 월 스트리트에서 주가를 조작하고 헐리우드에 진출해 어려운 영화사들을 싼값에 사서 흡수 통합하고 갑부가 되고 정치계에 진출합니다. 그의 소원은 자식들이 백악관의 주인인 대통령이 되는 것입니다. 그러기 위해 4남 모두 하버드 대학을 나오게 만듭니다. 그러나 비극이 이어집니다.

장남은 비행기 사고로 죽게 됩니다. 둘째인 존 F. 케네디는 하원 상원 의원을 거쳐 대통령이 됩니다. 그러나 3년 뒤 46세 때 달라스에서 암살당합니다. 그는 공립학교에서 아침마다 기도로 시작하는 것을 법으로 막아 버렸고 성경공부를 막아 버렸습니다. 그리고 수많은 여성을 편력하고 바람을 피웠습니다. 재클린과는 형식상 부부였습니다. 셋째인 로버트 케네디는 총격으로 사망했고, 넷째인 에드워드 케네디는 여비서와 드라이브하다가 교통사고로 여비서만 죽고 에드워드는 대통령 후보를 사퇴합니다.

케네디 대통령의 아들, 딸, 조카들도 줄지어 마약 중독, 비행기 사고, 심장마비, 약물 중독, 뇌손상 등을 겪었습니다. 케네디가의 몰락과 비극 원인은 "과도한 야망과 성공에 대한 집착 때문이었다"라고 했습니다. 명문가가 되는 것, 성공하는 것, 백악관 주인이 되는 것은 결코 나쁜 소원이 아닙니다. 그러나 그 과정과 절차와 방법이 잘못되면 큰일 납니다. 제2, 제3의 케네디가가 됩니다.

기독교 윤리, 성경이 밝히는 정도(正道)는 목적도, 방법도, 결과도 선해야 합니다. 성공, 출세, 치부가 다 소원일 수 있습니다. 그러나 그것이 전부가 되어서는 안 되고 최고의 가치여도 안 됩니다. 성공보다 중요한 것이 있습니다. 그것은 바른 양심과 윤리 그리고 신앙입니다. 이것이 빠진 성공은 썩은 탑과 같습니다.

5. 보기를 원하나이다

소경은 "보는 게 소원입니다!"라고 했습니다. 그는 바른 소원, 제일의 소원, 최상 소원을 구했습니다. 만일 그때 그가 집이나 옷이나 돈을 구했다면 그는 고침받지 못했을 것입니다.

소원은 세 가지 특징이 있습니다.

첫째, 개인차가 있습니다. 다 각각 다릅니다. 성별따라 다르고, 인종따라 다르고, 지역따라 다르고, 직업따라 다르고, 나이따라 다릅니다.

둘째, 수를 셀 수 없습니다. 전 세계 인구가 81억입니다. 소원을 한 가지씩만 가져도 81억 가지가 됩니다.

셋째, 소원대로 안 됩니다. 내가 원하는 소원대로 다 된다면 얼마나 편하고 좋을까요? 그런데 소원대로 안 됩니다.

1997년 8월 8-12일까지 세계개혁교회연맹(WARC) 제23차 총회가 헝가리 데브라첸에서 개최됐습니다. 한국 교회 대표단 20여 명도 참석했습니다.

둘째 날인 8월 9일 저녁은 '한국의 밤'으로 정하고 북한기독교연맹 강영섭 위원장과 한국기독교 대표로 제가 각각 인사를 한 후 "우리의 소원은 통일" 노래를 영어로 옮겨 모두 합창했습니다. 남북 기독교 대표가 두 손을 잡고 치켜든 채 노래를 불렀습니다. 우리의 소원을 노래한 지 27년이 지났지만 아직 통일이 되지 않고 있습니다. 아니 남과 북이 분단된 지 70여 년이 지났지만 통일의 길은 보이지 않습니다. 소원은 소원한다고 이루어지는 것이 아니기 때문입니다.

소원을 말하라(누가복음 18:35-43)

맹인의 경우 예수님께 어떤 소원을 말해야 될까를 바르게 파악하고 있었습니다. 그리고 가장 중요한 결정적 소원을 말한 것입니다. "보기를 원합니다." 그러나 내가 보기를 원한다고 볼 수 있는 것은 아닙니다. 그다음이 중요합니다.

6. 보라 네 믿음이 너를 구원하였느니라

우리는 이 대답에 숨어 있는 진리를 찾아내야 합니다.

"소원을 말하라!"

"보기를 원합니다!"

그다음은 "네 소원대로 되리라, 눈을 뜨고 보아라!"가 되어야 합니다.

그런데 예수님은 전혀 다른 대답을 하셨습니다. "네 믿음이 너를 구원하였다." 예수님은 그 사람의 눈을 보시기보다 그 사람의 믿음을 보신 것입니다.

다시 말하면 예수님을 나사렛 사람으로 보지 않고 다윗의 자손 메시아 구주, 전능하신 하나님으로 믿고 고백한 그 믿음을 보신 것입니다. 즉 그에겐 메시아 신앙이 있었던 것입니다. 그 믿음을 보시고 구원을 허락하신 것입니다.

예수님은 병자들을 고치실 때마다 믿음을 먼저 보셨습니다.

"네 믿음이 너를 구원했다. 네 믿음대로 되리라. 네 믿음이 크다. 네 소원을 말하라!"

이 말은 아무나 아무렇게나 할 수 있는 말이 아닙니다. 소원대로 해주어야 하기 때문입니다.

어느 날 고등학교 다니는 딸의 생일이 되었습니다. 선물을 건네며 아버지가 물었습니다. "넌 소원이 뭐야?" 빤히 아버지를 바라보던 딸이 "소원 다 들어줄 거야?" 하는 것입니다. "그래, 말해봐." 그러자 딸이 말합니다.

"학원 안 가는 거, 엄마 잔소리 안 하는 거, 아침 10시까지 잠자는 거."

애초에 묻지를 말아야지 그 소원을 어떻게 들어줍니까?

북한학 전문 교수에게 방송 MC가 물었습니다. "김정은의 소원은 무엇일까요?" 교수의 대답은 "김정은에게 직접 물어봐야겠지요"라며 "짐작건대 대한민국을 적화하고 통일하는 것, 딸을 4대째 세습하는 것일 것 같다"라고 답했습니다. 만일 그게 김정은의 소원이라면 그대로 이루어져도 됩니까?

헬라 아테네에 괴짜 철학자가 있었습니다. 궤변 철학자인 그는 '개처럼 살자'는 철학 때문에 견유학파라고 부르는 디오게네스였습니다. 어느 날 알렉산더 대왕이 통 속에 드러누워 일광욕을 즐기는 그를 찾아갔습니다.

"그대 소원을 말하라."

"당신은 지금 햇빛을 가리고 있소. 비켜주겠소?"

'비켜 달라'가 소원이 되면 좋겠습니까? 지금 여기서 나에게 주님이 "네 소원을 말하라. 무엇이 네 소원이냐?"라고 물으시면 나는 어떤 소원을 말씀드려야 할까요? 앞에서 말씀드린 대로 소원은 천차만

소원을 말하라(누가복음 18:35-43)

별 개인차가 있을 것입니다. 그러나 공통된 답을 찾아야 합니다.

7. 곧 보게 되어 하나님께 영광을 돌리며 예수를 따르니 백성이 다 이를 보고 하나님을 찬양하니라

해피엔딩입니다. 멋진 결론입니다. 사는 곳, 일하는 곳, 머무는 곳에서 하나님의 영광을 드러내는 삶. 예수님을 따르겠다는 결단이 나의 소원이 되어야 합니다.

첫째 소원, 주님의 소유가 되는 것입니다.

로마서 14장 8절에 "우리가 살아도 주를 위하여 살고 죽어도 주를 위하여 죽나니 그러므로 사나 죽으나 우리가 주의 것이로다"라고 말씀합니다. 주님의 품. 그 손을 벗어나면 안 됩니다. 내가 주님의 소유가 되면 손해될 게 하나도 없습니다. 주님이 지키시고, 보호하시며, 책임져 주시기 때문입니다.

이사야 43장 1절에 "너는 두려워하지 말라 내가 너를 구속하였고 내가 너를 지명하여 불렀나니 너는 내 것이라"고 했고, "물 가운데로 지날 때 강을 건널 때 불 가운데로 지날 때 너를 지켜주리라"고 했습니다.

왜냐하면 주님의 소유이기 때문입니다. 주님 것이기 때문입니다. 내가 내 것을 지키려면 밤잠을 못 자고 불안하고 걱정스럽지만 주님의 소유로 살면 그런 걱정을 안 해도 됩니다. 그래서 나의 첫째 소원은 주님의 소유가 되는 것입니다.

둘째 소원, 주님의 기쁨이 되는 것입니다.

에베소서 5장 1절에서 바울은 "주를 기쁘시게 할 것이 무엇인가 시험하여 보라"고 했습니다. 즐겨 부르는 복음성가 중에 "나 주님의 기쁨이 되기 원하네"라는 찬송이 있습니다. 이런 가사입니다.

"나 주님의 기쁨 되기 원하네 내 마음을 새롭게 하소서
새 부대가 되게 하여 주사 주님의 빛 비추게 하소서
내가 원하는 한 가지 주님의 기쁨이 되는 것
내가 원하는 한 가지 주님의 기쁨이 되는 것"

주님이 나만 보시면, 나만 생각하시면, 내 말만 들으시면, 내가 하는 일만 지켜보시면 언제나 활짝 웃으시고, 기뻐하시고, 기분 좋아하시는 그런 사람이 되는 것. 짜증나고 귀찮고 처치 곤란한 사람이 되지 않는 것. 둘째 소원은 주님의 기쁨이 되는 것입니다.

셋째 소원, 주님의 자취를 따르는 것입니다.

베드로전서 2장 21절에 "이를 위하여 너희가 부르심을 받았으니 그리스도도 너희를 위하여 고난을 받으사 너희에게 본을 끼쳐 그 자취를 따라오게 하려 하셨느니라"고 했습니다. 주님이 걸어가신 길은 결코 평탄한 꽃길이 아닙니다.

베들레헴 말구유에서 출발 → 애굽 피난 → 나사렛 → 예루살렘

→ 비아 돌로로사 → 골고다 → 십자가로 이어진 가시밭길입니다. 그래서 선뜻 누구나 따라나서기가 어렵습니다.

어느 큰 신학교에서 목사가 되는 과정에 대한 최종 면접을 했습니다.

교수: "이번 시험에 불합격하면 다시 도전하겠습니까?"

학생 A: "안 합니다. 이번이 마지막입니다."

학생 B: "집에 가서 집사람과 의논해 보겠습니다."

학생 C: "다른 거 해야죠."

"목숨 걸고 이 길을 걷겠습니다"라는 학생은 없었다고 합니다.

무엇이 그리스도인이고 어떻게 사는 것이 그리스도인입니까? 주님이 걸어가신 자취를 밟고 따라가는 것입니다. 그래야 주님이 기다리고 계시는 최종 종착지인 천국에 이르게 되는 것입니다. 걱정하지 마십시오. 우리 주님께서 무거우면 들어 주시고, 힘들면 업어 주시고, 길 잃으면 손 잡아 주시고, 넘어지면 일으켜 주시고, 외롭고 서러우면 안아주십니다. 그래서 주님과의 동행이 좋고 끝까지 따라갈 수 있습니다.

단, 내가 뛰쳐나가고 배신하고 다른 길로 들어서면 그때는 이별가를 불러야 합니다. 가룟 유다는 열두 제자로 부름받은 사람이었습니다. 그런데 예수님을 배신하고 팔아넘깁니다. 그 장면을 요한복음 13장 30절은 "유다가 그 조각을 받고 곧 나가니 밤이러라"고 설명합니다. 예수님의 곁을 떠나 딴 길로 간 것입니다.

호남고속도로를 달려 지방을 다녀온 적이 있습니다. 몇 군데 전광판이 있었고 이런 문자가 떠 있었습니다. "행복과 불행은 한 끗

차이." 광고 문안을 만든 이는 카피라이터일 것입니다. 한 끗이란 순간, 찰나를 의미하는 한글 표기입니다. 불행과 행복은 한 끗으로 결정되니 운전 조심하라는 뜻입니다. 힘들고 어렵더라도 예수님을 떠나지 맙시다. 딴 길로 가지 맙시다. 떠나면 나락으로 굴러떨어집니다.

내 평생 소원, 한 가지 소원, 영원한 소원, 예수 그리스도! 아멘.

그들을 깨우치라

(에스겔 3:16-21)

"인자야 내가 너를 이스라엘 족속의 파수꾼으로 세웠으니 너는 내
입의 말을 듣고 나를 대신하여 그들을 깨우치라."

17절 말씀입니다. "에스겔아, 내가 너를 이스라엘 족속의 파수꾼
으로 세웠다. 너는 내가 하는 말을 나를 대신해 그대로 전하고 그들
이 깨닫게 하라"는 것입니다. 파수꾼이 하는 일은 망대나 높은 곳에
서 적의 동향을 살피다가 적이 침공해 오면 나팔을 불거나 봉화를
올려 아군 진지에 알리는 것입니다. 적의 침공을 알고도 그 소식을
알리지 않거나 침묵하면 아군은 전멸하거나 영토를 빼앗기게 됩니
다. 하나님은 에스겔을 파수꾼으로 세우시고 이스라엘에게 하나님
의 심판 경고를 알리도록 하셨습니다.

에스겔은 30세 되던 해 선지자(파수꾼)로 부름받았습니다. 에스겔

이 예언활동을 하던 시기는 앗수르는 망하고 애굽은 무너지기 시작하고 신흥국가인 바벨론은 패권을 잡기 시작하던 때였습니다. 국제정세가 소용돌이치고 있었습니다. 그런데 이스라엘 백성들은 정신을 차리지 못하고 우상숭배, 사치, 허영에 빠져 멸망을 자초하고 있었습니다. 하나님은 그들에게 에스겔을 통해 경고의 메시지를 주신 것입니다. "내가 너를 세웠다. 파수꾼 노릇 잘해라. 나를 대신해 그들을 깨우치라"고 하셨습니다. "하나님을 배반하지 말라. 죄를 짓고 하나님을 떠나면 죽는다"라는 경고를 백성들에게 전하라고 하신 것입니다.

에스겔이 이 경고 메시지를 전하지 않으면 이스라엘은 범죄의 결과로 심판을 받아 죽고, 중대한 메시지를 전하지 않은 파수꾼도 죽게 된다는 것입니다. 18절에 "가령 내가 악인에게 말하기를 너는 꼭 죽으리라 할 때에 네가 깨우치지 아니하거나 말로 악인에게 일러서 그의 악한 길을 떠나 생명을 구원하게 하지 아니하면 그 악인은 그의 죄악 중에서 죽으려니와 내가 그의 핏값을 네 손에서 찾을 것이고"라고 했습니다. 전하지 않으면 범죄한 이스라엘도, 너도 심판을 받는다는 것입니다. 그리고 19절에서는 네가 전했는데도 그들이 듣지 않으면 그들은 죽지만 너는 생명을 보존하리라고 했습니다. 이 말씀을 우리들의 입장으로 바꿔보겠습니다.

"복음을 전해라. 전했는데도 그 사람이 안 믿으면 그는 지옥 간다. 그러나 너는 생명을 잃지 않는다. 네가 만일 복음을 전하지 않으면 그 사람도 죽고 너도 심판을 면하지 못한다. 그렇게 되고 싶지 않으면 전도하라"는 뜻입니다. 이 메시지는 하나님이 파수꾼으로 부르신 에스겔과 이스라엘 백성에게 주신 두렵고 무서운 경고입니다.

1. 전도가 무엇입니까?

전도는 좋은+소식의 합성어입니다. '유앙겔리조'라는 말인데 기쁜 소식, 좋은 소식을 전하는 것을 말합니다. 슬픈 소식, 절망의 소식, 실패의 소식이 아닙니다. 예수 믿으라는 소식은 살리는 소식, 희망의 소식, 기쁜 소식입니다. 예수 믿고 구원받으라고 전하는 것이 전도입니다.

그리고 예수님의 마지막 명령입니다.

> "그러므로 너희는 가서 모든 민족을 제자로 삼아 아버지와 아들과 성령의 이름으로 세례를 베풀고"(마 28:19).

> "오직 성령이 너희에게 임하시면 너희가 권능을 받고 예루살렘과 온 유대와 사마리아와 땅끝까지 이르러 내 증인이 되리라 하시니라"(행 1:8).

이는 승천하시기 전 제자들에게 주신 명령입니다. '건강해라, 돈 많이 벌어라, 부자 되라, 성공해라, 출세해라, 잘살아라'는 말씀 대신 '전도해라, 제자 삼아라, 증인 되라, 땅 끝까지 가라'고 명령하셨습니다.

'못해요, 아니오'라고 토를 달 수가 없습니다.

2. 왜 못 합니까? 왜 안 합니까?

몇 가지 핑계가 있고 구실이 있습니다.

첫째, '나만 믿으면 된다'입니다.

경상남도에서 46년간 목회하고 은퇴한 이일기 목사님의 설교를 읽었습니다. 1840년대 뉴욕시 소방청장을 지낸 유보너의 경험담이 소개되어 있었습니다. "나는 잠을 잘 때 침대에 걸린 소방벨 소리가 아무리 작게 울려도 그 소리에 잠을 깬다. 반면 아기 울음 소리에는 끄덕 없이 잠을 잔다. 그러나 아내는 큰 벨소리에는 까딱없이 잠을 자지만, 아기가 바스락 소리만 내어도 벌떡 일어난다."

우리에게도 영적 민감성, 감수성이 필요합니다. 바울은 "만일 복음을 전하지 아니하면 내게 화가 있을 것이라"고 했습니다(고전 9:16). 누가복음 16장에는 부좌와 거지 나사로 이야기가 나옵니다. 부자도 죽고, 나사로도 죽었습니다. 부자는 지옥으로, 나사로는 낙원에 들어갔습니다.

지옥의 특징은 포항제철보다 더 뜨거운 풀무불이 끓는 곳, 한 번 들어가면 나오지 못하는 곳, 영원한 불못, 뜨겁지만 타서 죽지 않는 곳입니다. 지옥에 간 부자는 너무 견디기 힘들었습니다. 그래서 아브라함에게 간청했습니다. "너무 뜨거워 견디기 어렵습니다. 나사로를 보내 한 방울 물로 제 혀를 적셔 주십시오." 그러나 답은 "안 된다. 너 있는 지옥과 우리 있는 낙원 사이엔 큰 구렁텅이가 있어서 갈 수도, 올 수도 없다." 부자가 다시 간청합니다. "제가 살던 고향엔 제 형제 다섯이 살고 있습니다. 나사로를 보내주십시오. 그들이 저처럼 뜨거운 지옥에 오지 않도록 설득해 주십시오." 답은 "안 된다. 못 간다. 살아 있는 선지자들이 있으니 그들의 말을 듣고 믿으면 된다"였습니다.

여기서 발견해야 될 것은 '천국과 지옥은 있다, 살아서 믿어야 한다, 지옥은 갈 곳이 아니다, 지옥에 간 부자도 자기 형제들을 걱정했다, 나는 어떻게 해야 하는가?'입니다. 나만 믿으면 되는 게 아닙니다.

둘째, '자존심이 허락하지 않는다'입니다.

내가 뭐가 아쉽고 뭐가 모자라 굽신거리고 "교회 나와라, 예수 믿어라"고 해야 되는가? 전도는 자존심 대결이 아닙니다. 살리느냐, 죽게 내버려 두느냐, 천국 가게 하느냐, 지옥불에 들어가게 하느냐의 문제입니다.

재벌집 며느리가 있었습니다. 대학원까지 나온 엘리트였습니다. 그가 은혜받고 성령받은 뒤 전도하기 시작했습니다. 전도하러 나가는 날은 귀걸이, 목걸이, 반지를 다 빼고 바지 입고, 스웨터 입고, 가방 속에 아기들을 만나면 줄 과자를 가득 넣고 전도하러 다녔습니다. 그녀라고 자존심이 없었겠습니까? 뭐가 모자라는 게 있었겠습니까? 자존심이 지나치면 소리 내어 찬송도, 기도도 하기도 힘듭니다. "주여!"라고 부르기도 힘듭니다. 전도는커녕 교회 다닌다는 말도 못합니다. 이런 자세를 좋다고 볼 수 있습니까?

셋째, '때가 아니다'입니다.

다니던 교회니까 그냥 다니긴 하지만 기독교가 몰매를 맞고 있는 때여서 예수 믿으라고 말하기가 어렵다고 합니다. 비난받고, 공격당하는 상황에서 전도는 때가 안 맞는다는 생각 때문에 전도를 못합니다.

예수님을 믿는다는 사람들은 천사도 아니고 성자들도 아닙니다. 지난날에 죄를 짓고 한가락씩 하던 사람들입니다. 그들 중엔 괜찮은 사람도 있고 안 괜찮은 사람도 있습니다. 착한 사람과 안 착한 사람이 뒤섞여 있습니다. 그리고 최종 목표는 좋은 사람, 착한 사람, 구원받은 사람이 되는 것입니다.

사과상자 안에 들어 있는 사과 중 한 개가 흠집이 나고 썩기 시작했습니다. 9개의 다른 사과는 싱싱합니다. 이럴 경우 사과가 다 썩었다면서 사과상자를 버리진 않습니다. 하나만 들어내면 됩니다. 한국 기독교인 800만이 다 썩고 한국 교회 5만 개가 다 썩은 것은 아닙니다. 싸잡아 공격하고 매도하는 것은 공격을 위한 공격입니다.

예수가 나쁩니까? 예수가 뭘 잘못했습니까? 예수가 부끄럽습니까?

"누구든지 사람 앞에서 나를 시인하면 나도 하늘에 계신 내 아버지 앞에서 그를 시인할 것이요 누구든지 사람 앞에서 나를 부인하면 나도 하늘에 계신 내 아버지 앞에서 그를 부인하리라"(마 10:32-33).

천 번 만 번 새겨야 할 말씀입니다.

3. 어떻게 해야 합니까?

첫째, 망설이지 맙시다.

"내가 복음을 전할지라도 자랑할 것이 없음은 내가 부득불 할 일임이라 만일 복음을 전하지 아니하면 내게 화가 있을 것이로다"(고전 9:16).

"너는 말씀을 전파하라 때를 얻든지 못 얻든지 항상 힘쓰라"(딤후 4:2).

바울 사도는 감옥에서, 파선한 배에서, 쫓겨다니면서, 헐벗고 굶주리면서 때와 장소를 가리지 않고 전도했습니다. 나쁜 일은 주저하고 망설이고 거절해야 합니다. 그러나 좋은 일은 망설이거나 주저하면 안 됩니다.

구소련의 붕괴로 공산주의는 사람을 살리는 사상이 아니라는 것이 증명되었습니다. 그런데도 많은 사람들이 그 사상의 굴레를 벗어나지 못하고 추종하고 있습니다. 세뇌되었기 때문이고 아직도 공산주의가 최상의 사상체계라고 믿고 있기 때문입니다. 공산주의가 예수 구원 사상, 구원과 생명의 길과 비교가 됩니까? 망설이지 맙시다. 주저하지 맙시다. 머뭇거리지 맙시다.

둘째, 지금 여기서!

1988년은 한국에서 올림픽이 개최된 해였고 세계에 한국을 알리고 경제적인 부가 효과를 누린 해였습니다. 1988년은 충신교회에서도 부흥과 성장의 획을 그은 해였습니다. 6월 5일은 총동원 전도주일이었습니다. 1988년 교회표어는 "전도 하면 된다"였고 5개월간 준비했습니다. 총무분과, 전산분과, 예배분과, 기도분과, 양육분과, 시설분과 등 10개 부서를 만들고 총동원 목표는 2만 명으로 정했습니다. 당시 충신교회는 1,500여 명 출석하고 있었습니다.

7만 시간 기도운동, 40일 연속 새벽기도회, 교회 나와 24시간 릴레이 기도, 기관별 기도회, 아침 10시와 저녁 10시에 있는 곳에서 기도하기 등 기도의 불을 지폈고 상황실은 3개월간 매일 24시간 문을 열고 운영했습니다.

그날 저는 아침 6시 30분부터 10번 사회와 설교를 했고 저녁 10시 30분에는 감사예배를 드렸습니다. 그날 모여든 사람들은 4만 명을 넘었고 수천 명은 자리가 없어서 되돌아갔다고 합니다. 부산, 대구, 광주, 전주, 의정부, 동두천, 천안, 양평에서 온 사람들은 가까운 교회로 가도록 안내했습니다.

간증도 에피소드도 많습니다. 장안의 유명한 점쟁이도 왔고, 불교 승려가 승복을 입은 채로 와서 예배드리기도 했습니다. 큰일을 준비하다 보니 선물이며 차량 등 경비가 들어갔습니다. "전도하는 데 돈을 쓸 필요가 있느냐"라는 의견을 제시한 사람도 있었습니다.

그때 고 제재형 장로님이 국회의원 출마 얘기를 하면서 '5당 3락'이라는 말을 했습니다. 그 당시 국회의원이 5억 이상 쓰면 당선되고 3억 이하 쓰면 떨어진다며 천하보다 귀한 생명을 구하는 데 돈 얘기

그들을 깨우치라(에스겔 3:16-21)

는 안 하는 게 좋다는 명언을 남겼습니다.

10번씩 예배드린 것은 교회당이 작기 때문이었습니다. 전 교인들이 10명, 50명, 100명, 200명을 작정하고 카드를 제출했습니다. 당시 고2 학생이 70명을 작정했습니다. 그 학생과 인터뷰를 했습니다.

"70명을 작정한 동기가 있습니까?"

"별다른 동기는 없습니다. 예수님의 명령이기 때문에 당연히 해야 합니다."

"어떤 각오로 임하고 있습니까?"

"제가 전도 안 하면 하나님께 벌을 받을 것이라는 생각으로 하고 있습니다. 전도하면 벌도 안 받고, 축복도 받고, 일거양득 아닙니까?"

"어떤 방법으로 할 생각입니까?"

"제가 다니는 학교 주변에는 4개 학교가 있습니다. 합하면 1만 명이 넘습니다. 그들 중에서 70명을 초청하는 것은 어려운 일이 아닙니다."

"총동원 전도에 임하는 고등부 형제들에게 당부하고 싶은 말이 있습니까?"

"제 주제에 무슨 할 말이 있겠습니까. 그러나 정한 목표는 하나님과의 약속입니다. 하나님은 기억하고 계시고 계산이 정확하십니다. 하나님께 잘못 보이지 않으면 좋겠습니다."

총동원 전도를 준비하는 교회들을 위해 6.5 잔치가 끝난 후《전도, 하면 된다》라는 책자를 총동원 전도 자료집으로 펴냈습니다. 그 잔치 이후 충신교회는 갑절로 성장하는 부흥시대를 맞게 되었습니다.

셋째, 성령님께 맡기라.

사도행전 1장 8절에서 "성령이 너희에게 임하시면 너희가 권능을 받고"라고 했습니다. 작정도, 기도도, 초청도 성령님이 주도하셔야 합니다. 내가 하는 것이 아닙니다. 내가 한다고 생각하면 작정도 힘들고, 초청은 더 어렵습니다. 성령님께 맡기고 기도하고 이끄심을 따르면 됩니다. 성령 하나님께 내 인생과 삶과 신앙의 운전대를 맡겨 드리면 됩니다.

1988년 6월 5일 총동원 전도 주일을 준비하면서 충신교회가 외치고 제창한 구호가 있었습니다. "전도! 합시다. 하면! 됩니다. 내가! 합니다." 이 구호를 바꿔보겠습니다. "전도! 못합니다. 해도! 안 됩니다. 내가! 너나 하시오!" 이건 사탄의 구호입니다. 사탄은 전도를 싫어하고 못하게 방해합니다. 사탄의 영역이 좁아지고 자기 병사들을 뺏기기 때문입니다.

주변을 둘러보십시오. 절망의 바다에 빠져 허우적거리는 사람, 말 못할 영적 통증으로 긴 밤을 지새우는 사람, 지푸라기라도 잡고 싶은 갈망으로 지친 사람, 이런저런 일로 상처받은 사람, 누군가 손잡아 주길 바라는 사람… 그들에게 생명, 소망, 구원의 예수 그리스도를 전합시다. 바울은 자신을 복음의 빚진 자라고 했습니다(롬 1:14). 빚을 갚읍시다.

구호를 외치겠습니다. "전도! 합시다. 하면! 됩니다. 내가! 합니다." 아멘.

고치소서 구원하소서

(예레미야 17:12-18)

예레미야는 20세 때 하나님의 부르심으로 선지자가 되고 50여 년 긴 세월 동안 유대 나라를 대상으로 예언활동을 했습니다. 그의 예언은 크게 두 가지였습니다.

첫째, "택한 백성이 하나님을 떠나 죄를 짓고 멋대로 살면 바벨론에 의해 멸망한다, 회개하고 하나님께로 돌아오라"였습니다.

문제는 다른 선지자들이나 제사장들은 "아니다, 잘 되어가고 있다, 태평성세다, 왜 멸망하느냐, 그렇지 않다" 하며 칭찬하고 박수를 치고 있는 것이었습니다. 그리고 회개하라는 메시지를 전하는 예레미야를 공격하고 매도하면서 권력자들은 예레미야를 감옥에 투옥시켰습니다.

예레미야는 바벨론의 침략이 시계 초침처럼 다가오는데도 "탈 없다, 문제 없다, 그럴 일 없다" 하는 사람들과 유대 나라의 앞일이 너무 걱정스럽고 슬펐습니다. 그래서 그는 소리쳐 울고 목청껏 외치곤 했습니다. 예레미야가 통곡하며 드린 기도가 예레미야서와 예레미야 애가 속에 수없이 드러납니다.

둘째, 회복의 메시지입니다. "하나님의 뜻은 심판과 멸망에 있지 않다. 회개하고 하나님께로 돌아오면 용서하시고 구원하신다. 그리고 장차 오실 메시아를 통해 회복과 구원을 이루신다"는 메시지를 전했습니다.

구약의 모든 예언자들의 공통점이 있습니다. "누구라도 하나님을 떠나면 멸망한다. 그러나 하나님께로 돌아오면 용서하시고 구원하신다"는 것입니다.

본문에서 특히 주목할 구절은 14절입니다.

"나를 고치소서 그리하시면 내가 낫겠나이다 나를 구원하소서 그리하시면 내가 구원을 얻으리이다."

그는 무슨 중병이 걸렸을까요? 왜 고쳐달라고 했을까요? 20세에 부름을 받아 50년간 예언활동을 한 선지자입니다. 구원받지 못한 사람을 하나님의 종으로 부르셨겠습니까? 그런데 왜 예레미야는 "나를 고치소서, 나를 구원하소서"라고 기도했을까요? 말씀드린 대로 예레미야는 오랜 세월 동안 박해받고 공격당하고 따돌림을 당하고 감옥 생활을 한 탓으로 몸도 마음도 허약했습니다. 그러나 죽을

고치소서 구원하소서(예레미야 17:12-18)

병에 걸린 것은 아니었습니다. 그렇다면 "고쳐주십시오. 구원해 주십시오"라는 절박한 기도는 단순히 자신만을 위한 기도가 아니라 중병에 걸려 죽어 가는 유대 민족을 고쳐달라는 기도였습니다. 그리고 멸망을 향해 돌진하는 유대 나라를 구원해 달라는 중보기도로 보아야 합니다.

우리는 오늘 "나를 고치소서"라는 기도를 "우리를 고치소서"로 바꾸고, "나를 구원하소서"를 "우리를 구원하소서"로 바꿔야 합니다.

1. 인간은 다 아픕니다

아담 이후 오늘에 이르기까지 모든 인간은 아픕니다. 여기엔 남녀노소, 빈부, 계급, 인종, 동서양 차별이 없습니다. 그리고 아픔으로 끝나지 않고 인간은 다 죽습니다. 그 원인은 에덴동산에서 시작됐습니다. 창세기 2장 16~17절을 보겠습니다.

> "여호와 하나님이 그 사람에게 명하여 이르시되 동산 각종 나무의
> 열매는 네가 임의로 먹되 선악을 알게 하는 나무의 열매는 먹지 말
> 라 네가 먹는 날에는 반드시 죽으리라 하시니라."

이것은 하나님의 명령이고 약속입니다. 에덴동산에는 수를 셀 수 없는 과일들이 있었고 선악과보다 더 아름답고 맛있는 생명과가 있었습니다. 그런데 아담과 하와는 먹으면 반드시 죽는다는 선악과를

따 먹었습니다. "왜 선악과를 만드셨느냐?"라는 질문은 "왜 사람을 만드셨느냐? 왜 산을 만드셨느냐?"라는 질문과 같습니다.

"왜 따 먹는 것을 말리지 않으셨느냐"라고 묻는 이들도 있습니다. 하나님은 사람을 리모컨으로 조정하는 기계로 지으신 것이 아닙니다. 스스로 판단하고 결정하고 행동하는 인격적 존재로 창조하셨습니다. 이것을 '자유의지'라고도 합니다. "생명나무 열매는 따 먹어라. 생명이 살고 영원히 죽지 않는다. 선악과는 따 먹지 말라. 따 먹는 그 순간 반드시 죽게 된다." 이것은 하나님과의 언약입니다. 문서나 계약서는 없습니다. 그러나 절대명령입니다. 지키면 살고 안 지키면 죽는 약속입니다.

따 먹은 결과는 어떻게 됐습니까? 그때부터 고통, 절망, 질병, 죽음이 다가왔습니다. 그때부터 아픔과 죽음이 시작된 것입니다. 우리는 모두 아담의 후손이므로 아프고 죽고 깨어지고 넘어지기를 반복하고 있습니다.

의학과 의약의 발달로 병을 치료하는 빈도가 높아졌습니다. 그런데 병이 한발 앞서갑니다. 대형 종합병원을 가보십시오. 대기실이 초만원입니다. 장례식장은 초호화호텔 수준입니다. 화장장은 4-5일 지나도 차례를 기다려야 합니다. 현대인은 모두 아픕니다. 마음도 아프고 몸도 아픕니다. 그런데 명의를 찾기가 어렵고 명약을 찾기가 어렵습니다.

예레미야 시대도 그랬습니다. 명의를 찾고 명약을 찾는 것이 쉽지 않았습니다. 예레미야가 찾은 치료 방법은 무엇이었을까요? 17장 14절입니다.

"여호와여 주는 나의 찬송이시오니 나를 고치소서 그리하시면 내가 낫겠나이다 나를 구원하소서 그리하면 내가 구원을 얻으리이다."

성경은 도처에서 하나님이 치료하신다는 것을 밝히고 있습니다. 예를 들면 "나는 너희를 치료하는 여호와임이라"(출 15:22)는 구절을 원문의 뜻대로 번역하면 '나는 너희를 치료하는 의사다'입니다. 멀리 있는 치료자가 아니라 가까이에서 늘 날마다 함께 계시는 주치의라는 것입니다.

나이가 들면 사람이 곁에 있어야 하고 병원이 가까이 있어야 합니다. 그러나 주치의 하나님은 날마다 나와 함께 내 곁에 계십니다.

"내 이름을 경외하는 너희에게는 공의로운 해가 떠올라서 치료하는 광선을 비추리니 너희가 나가서 외양간에서 나온 송아지 같이 뛰리라"(말 4:2).

여기서 말하는 공의로운 해는 세상의 빛이 되시는 예수 그리스도를 의미합니다. 주님 자신이 "나는 세상의 빛이라"고 말씀하셨습니다. 예수 그리스도가 병든 인간, 병든 세상을 치료하신다는 예언인 것입니다.

1895년 빌헬름 콘라드 뢴트겐이 X선을 발견했습니다. X선으로 인체 내부도 촬영할 수 있는 방사선 촬영이 가능해졌고 CT촬영으로 발전했고 모든 분야에 파급되고 있습니다. 그런데 구약의 마지막 선지자 말라기는 주전 450년경 그러니까 2,500여 년 전 "공의로운 해가 떠올라 치료의 광선을 발하게 된다"라고 예언했습니다. 다시 말하면 예수 그리스도가 이 땅에 오셔서 인간의 영혼과 육체를 치료하신다는 것입니다. 구약의 예언대로 예수님이 오셔서 영혼을 구원하시고 많은 병자들을 고치셨습니다.

사복음서는 예수님이 고치시고 구원하신 기사를 다루고 있습니다.

"예수께서 온 갈릴리에 두루 다니사 그들의 회당에서 가르치시며 천국 복음을 전파하시며 백성 중의 모든 병과 약한 것을 고치시니라"(마 4:23).

"그의 소문이 온 수리아에 퍼진지라 사람들이 모든 앓는 자 곧 각종 병에 걸려서 고통당하는 자 귀신들린 자 간질하는 자 중풍병자들을 데려오니 그들을 고치시더라"(마 4:24).

그뿐입니까? 귀신을 내쫓고 죽은 사람들을 살리셨습니다. "나는 건강해, 나는 아픈 데가 없어, 병원 신세를 단 한 번도 져 본 일이 없어"라고 말할 사람이 있을까요? 없습니다. 그리고 건강은 감사해야지, 장담하거나 자랑할 게 아닙니다. 예레미야는 이스라엘이 중병이 든 이유를 "주를 버렸기 때문이다, 여호와를 떠났기 때문이다, 생수의 근원이신 여호와를 버렸기 때문이라"고 진단했습니다(렘 17:13). 그러면서 "고쳐주십시오, 구원해주십시오"라고 기도하고 있습니다.

2. 어떻게 고치십니까?

이사야 53장 5절을 보면 "그가 찔림은 우리의 허물 때문이요 그가 상함은 우리의 죄악 때문이라 그가 징계를 받으므로 우리는 평화를 누리고 그가 채찍에 맞으므로 우리는 나음을 받았도다"라고 했습니다. 십자가에 달려 죽으심으로 우리를 고치시고 구원하신 것입니다. 예레미야 30장 17절의 "내가 너의 상처로부터 새 살이 돋아나게 하여 너를 고쳐주리라"는 말씀도 주목해야 합니다. 이사야 53장 5절은 치료의 방법이고, 예레미야 30장 17절은 치료의 약속입니다. 나를 고치시고 구원하시기 위해 찔리고 못 박히고 매 맞고 굴욕당하고 고통당하셨습니다.

육체는 건강한데 영혼이 병든 사람이 있습니다. 영혼은 건강한데 육체가 병든 사람이 있습니다. 영혼과 육체가 다 건강한 것을 전인 건강이라고 합니다. 영혼이 병들면 육체도 삶도 병들게 됩니다.

여기서 제기되는 질문이 있습니다. 모든 병은 죄의 결과인가, 그리고 죄에 대한 벌인가라는 것입니다.

요한복음 9장 이야기를 살피겠습니다. 날 때부터 맹인(시각장애)이 있었습니다. 제자들이 물었습니다. "이 사람이 맹인 된 것이 누구의 죄 때문입니까? 자기 죄 때문입니까? 부모 죄 때문입니까?" 예수님의 대답은 "이 사람이나 그 부모의 죄로 인한 것이 아니라 그에게서 하나님이 하시는 일을 나타내고자 하심이라"였습니다(9:3).

병에 걸리는 몇 가지 요인이 있습니다. 유전요인, 환경요인, 관리 부실이나 실수 그리고 하나님의 뜻을 이루시기 위함일 때도 있습니다. 다 아픕니다. 다 죄인입니다. 내 힘으로 고치고 구원하는 것은 불가능합니다. 그래서 예레미야처럼 "고치소서. 그리하시면 내가 낫겠나이다. 구원하소서. 그리하시면 내가 구원을 얻으리이다"라고 믿고 외쳐야 합니다.

3. 내가 할 일은 무엇입니까?

나는 어떻게 해야 합니까? 히스기야 왕의 해법을 찾아보겠습니다. 히스기야는 25세에 유대 나라 13대 왕이 된 사람입니다. 그는 29년간 통치했습니다. 그가 죽을 병이 걸리자 소리쳐 통곡하며 기도했습니다. 왕의 체면, 권위를 다 내려놓고 울며 기도했습니다. 히스기야가 받은 응답은 "내가 네 기도를 들었고 네 눈물을 보았노라"였습니다(사 38:5).

시편 30편 2절의 "여호와여 내 하나님이여 내가 주께 부르짖으매 나를 고치셨나이다"라는 말씀은 다윗의 신앙고백입니다. 다윗 왕도 자신의 영혼과 육체를 위해 부르짖어 기도하여 고침을 받았습니다.

에스겔 36장 37절 말씀입니다.

> "그래도 이스라엘 족속이 이같이 자기들에게 이루어지기를 내게 구하여야 할지라."

'그래도'의 뜻이 뭡니까? 힘들어도, 어려워도, 벅차도 부르짖고 기도해라, 이루어달라고 해결해달라고 기도하라는 것입니다. 왜 기도

소리가 작아질까요? 왜 부르짖는 소리가 약해질까요? 성경은 "소리 내라. 부르짖으라. 외치라"고 말씀합니다. 힘이 빠지면 소리가 작아집니다. 병이 들면 소리 지르기가 어렵습니다. 기도 소리가 작아지고 찬송 소리가 작아지는 것은 영적 건강 상태에 이상징후가 생긴 증거입니다. "그래도 구하여야 하리라. 아멘."

4. 어떻게 살아야 합니까?

고침을 받고 구원받은 후 어떻게 살아야 합니까? 갑부가 되고 성공하고 출세하고 회사 키우라고 나를 고치시고 구원하셨을까요? 해야 될 일은 개인차가 있습니다.

1) 감사해야 합니다.

바울은 모든 것이 다 하나님의 은혜라고 했습니다. 성공도 실패도 건강도 아픔도 다 은혜라는 것입니다. 학교 선배가 보내준 "항아리의 지혜"라는 영상이 있습니다. 물 항아리 둘을 지게에 메고 물을 길어 나르는 사람이 있었습니다. 그런데 한쪽 항아리는 금이 간 항아리여서 집에 가는 동안에 물이 다 새버리고 빈 항아리가 되곤 했습니다. 금이 간 항아리는 주인에게 너무 죄송했습니다. 금이 간 항아리가 어느 날 "주인님, 죄송합니다. 저 때문에 물이 다 새버려 주인님이 고생이 많으십니다. 저를 버리고 새 항아리를 구입하시지오"라고 말했습니다. 그 말을 들은 주인이 답했습니다. "나도 다 알고 있다. 하지만 우리가 오고 가는 길가를 자세히 보거라. 금 간 항아리 네가 물을 흘리지 않았다면 길가의 저 푸른 나무며 풀들이 어떻게 자랄 수 있었겠느냐. 네가 흘린 물을 먹고 자란 저 나무와 풀들을 보거라. 금 간 항아리, 너도 꼭 필요한 항아리란다."

금 간 인생, 상처투성이 인생, 물 새는 인생은 그래서 쓸모가 없습니까? 자신을 추하게 여기고 자학하고 낙심해야 합니까? 선배가 보내준 영상 글은 이렇게 끝납니다. "세상이 삭막해지는 것은 금이 가지 않고 잘나고 똑똑한 사람들 때문이다."

구약의 하박국 선지자는 "무화과도 안 되고 포도도 안 되고 감람나무도 안 되고 양도 다 죽고 소도 다 죽고 농사도 안 되고 흉년까지 들고 그래도 하나님 때문에 즐거워하고 기뻐하리라"고 했습니다 (합 3:17~18).

잘되고 성공했을 때 감사하고 기뻐하는 것은 이교도들도 다 합니다. 지금 내가 처한 상황은 어떻습니까? 잘됩니까? 안 됩니까? 성공입니까? 실패입니까? 뜻대로 됩니까? 안 됩니까? 그럼에도 하나님께 감사하고 하나님을 기뻐하면 출구가 열립니다.

2) 포기하지 않아야 합니다.

SNS에 올라와 있는 글입니다. 크랩 맨탈리티(Crab mentality) 혹은 크랩 이론(Crab theory)이라는 용어가 있습니다. 게 한 마리를 양동이에 집어넣으면 포기하지 않고 양동이 밖으로 기어나옵니다. 그런데 여러 마리를 집어넣으면 서로 물고 끌어내리기 때문에 한 마리도 밖으로 나오지 못한다는 것입니다.

이 이론은 자신이 가질 수 없으면 다른 사람도 가질 수 없도록 방해하고 끌어내리고 질투하고 가로막는 것을 의미합니다. 절망과 실패, 넘어졌더라도 신앙을 포기하고 기도를 포기하고 비전을 포기하는 것은 잘못입니다. 그리고 다른 사람을 끌어내려 포기하게 만드는 것도 잘못입니다. 나도 포기하면 안 되고, 나 때문에 다른 사람도 포기하게 만들면 안 됩니다.

까치가 집을 짓기 위해 1,800~2,000개 나뭇가지를 물어온답니다. 그러려면 1천 번 이상 날아다녀야 합니다. 얼마나 힘이 들겠습니까? 그러나 까치는 참습니다. 포기하지 않습니다. 사람이나 다른 짐승이 가까이하지 못할 높은 나무가지에 집을 짓습니다. 꾸준한 노력, 줄기찬 인내 그리고 사람도 흉내내지 못할 건축 기술 등 배울 점이 많습니다. 우리가 한 가지 목적을 위해 고침받고 구원받기 위해 1,800번, 2,000번을 기도한다면 반드시 고침을 받고 구원받게 될 것입니다. 그러나 포기하면 하나님도 관여하시지 않습니다. 포기도 선택입니다. 포기를 선택하지 맙시다.

3) 주님과 함께해야 합니다.

17장 13절을 보면 "이스라엘의 소망이신 여호와여 무릇 주를 버리는 자는 다 수치를 당할 것이라 무릇 여호와를 떠나는 자는 흙에 기록되오리니 이는 생수의 근원이신 여호와를 버림이니이다 생수의 근원이신 하나님을 버리고 떠나는 사람은 수치를 당하고 그 이름이 흙에 기록된다"라고 말씀합니다.

수치는 적에게 짓밟히고 멸시당하는 것을 말하고 흙에 기록된다는 것은 생명책에 기록되지 못하고 흙먼지처럼 사라져 찾기 어렵게 된다는 것입니다. 다시 말하면 고침을 받지 못하고 구원받지 못한다는 것입니다.

대한민국 국민 모든 사람의 정보는 전산화되어 있어서 언제 어디서라도 확인이 가능합니다. 그러나 그 이름이 말소되면 어느 곳에서도 찾을 수 없습니다. 이런 상황을 설정해 봅시다. 어느 날 아무개가 죽었습니다. 살면서 가끔 교회도 드나들었고 교회 일도 거들었던 터라 천당으로 가리라 믿고 천당 입구로 들어섰습니다. 천사가 지키고 있었습니다.

"저 아무개인데요 들어가도 되겠죠?"

"잠깐 기다려라, 이름이?"

"아무개입니다."

"어디 찾아보자… 네 이름이 없다. 저쪽 지옥 가는 길로 가봐라."

"그럴 리가 없는데요. 교회도 가끔 다녔고, 직분도 맡았었구요."

"글쎄, 이름이 안 나와. 저쪽으로 가봐. 그쪽에 네 이름이 있을 것 같다."

힘들어도, 고달파도, 많이 아파도, 넘어졌더라도 주님과 함께합시다. 버리거나 떠나지 맙시다. 그래야 고침을 받고 구원받습니다.

누가 나를 고칩니까? 누가 나를 구원합니까? 사람입니까? 물질입니까? 현대과학입니까? 권력입니까? 아닙니다. 예수 그리스도, 나의 아버지 하나님이십니다.

주님! 나를 고쳐주옵소서. 나를 구원하여 주옵소서! 아멘.

고치소서 구원하소서(예레미야 17:12-18)

사람됨과 신앙생활

(사도행전 10:1-8)

물질도 격(格)이 있고 사람도 격이 있습니다. 물질의 격을 형태라고도 하는데 크게 셋으로 구분합니다.

첫째, 고체입니다. 일정한 모양이 있고 부피가 있어서 눈으로 볼 수 있고 손으로 만질 수 있습니다(나무, 돌).

둘째, 액체입니다. 일정한 부피는 있지만 모양이 없고 담는 그릇에 따라 모양이 바뀌고 변합니다(물, 석유).

셋째, 기체입니다. 일정한 모양이 없고 유동적이고 팽창하는 성질이 있어 어떤 용기든 쉽게 채우고 압축도 가능합니다(가스).

특히 액체인 물이나 기체인 가스 같은 경우는 어떤 그릇에 담느냐에 따라 모양이 결정됩니다. 인격도 사람마다 다르고 가지각색으로 변합니다. 인격이란 사람 됨됨이와 사람의 품격이어서 같을 수가 없습니다. 여기서 문제가 되는 것은 내 안에 2개의 '나'와 2개의 '인격'이 존재할 수 있다는 것입니다. 이것은 이중인격이라고도 하는데 겉과 속이 다른 것, 말과 행동이 다른 것을 이중인격, 인격장애, 다중인격이라고 합니다.

예를 들겠습니다. 1886년 영국의 소설가 로버트 루이시 시티븐스이 쓴 단편소설이 있습니다. "지킬 박사와 하이드의 이상한 사건"이라는 긴 이름의 소설입니다.

스티븐슨은 이 소설 속에서 하나이면서 둘인 자아, 그 자아 안에 선과 악이 공존하는 이중인격을 다루고 있습니다. 낮에는 인격적이고 신사적인 지킬 박사, 그러나 밤이 되면 약물 중독으로 악의 수렁에 빠지는 하이드로 변합니다. 지킬 박사와 하이드는 과거에도 있었고 지금도 있고 앞으로도 존재하게 된다는 것이 심리학자들의 견해입니다.

지킬 박사와 하이드처럼 낮과 밤이 다른 두 얼굴로 교회생활이나 신앙생활을 한다면 그 신앙이 어떻게 되겠습니까? 그래서 바른 신앙인이 되려면 먼저 인격을 바르게 다듬어야 합니다. 다시 말하면 사람 됨됨이를 바로 해야 바른 신앙인, 바른 그리스도인이 될 수 있습니다.

믿음은 기체처럼 형체도 모양도 없습니다. 액체처럼 어떤 그릇에 담느냐에 따라 모양이 바뀝니다. 우리는 오늘 사도행전 10장에서 인격과 신앙의 균형을 이룬 사람을 만나게 됩니다. 그는 고넬료라는 사람입니다. 그는 로마의 직업군인으로 100명의 군사를 지휘하는 백부장이었습니다. 당시 유대 나라는 로마가 점령하고 식민통치를 하고 있었고 로마의 총독, 군인들이 파견되어 있었습니다. 고넬료는 명문가 출신이었고 로마군대의 장교였습니다.

1. 고넬료의 사람됨

고넬료의 경우 단 한마디도 "나는 이런 사람이다"라든지 "나는 인격자다"라고 말한 일이 없습니다. 다른 사람들의 평가로 그의 사람됨이 드러나고 있습니다. 살펴보겠습니다.

1) 구제에 힘썼습니다(10:2).

그 당시엔 가난한 사람들이 많았습니다. 그러나 점령군 장교가 피점령지 백성들의 가난을 신경 쓸 이유는 없었습니다. 하지만 고넬료는 가난한 사람을 구제하는 일을 힘썼습니다. 힘썼다는 것은 일회적으로 끝난 게 아니고 계속했다는 것입니다.

마태복음 6장 3-4절에서 주님이 말씀하셨습니다.

> "너는 구제할 때에 오른손이 하는 것을 왼손이 모르게 하여 네 구제를 은밀하게 하라 은밀한 중에 보시는 너의 아버지께서 갚으시리라."

가장 바람직한 구제는 한 사람과 받은 사람만 아는 것입니다. 그리고 구제를 받은 사람이 그 사실을 말하는 게 좋습니다. 상급은 하나님이 내리십니다. 고넬료는 "내가 구제를 많이 했다"라고 떠벌린 게 아닙니다. 구제를 받은 사람들의 입과 입을 통해 알려진 것입니다.

2) 바르게 살았습니다(10:22).

"고넬료는 의인이요"라고 했습니다. 여기서도 고넬료 자신이 "나는 의인이다"라고 말하지 않았습니다. 다른 사람들이 그를 가리켜 한 말입니다. 점령군 장교는 욕먹기 좋은 사람입니다. 거들먹거리고 유대인을 멸시하고 권력을 휘두르고 호의호식하면서 욕먹고 비난의 대상이 될 수 있습니다. 그런데 그는 바르게 살았습니다. 즉 언행이 흐트러지지 않은 것입니다. 바르게 사는 것은 쉽지 않습니다. 바르게 말하는 것도 쉽지 않습니다. 고넬로는 바르게 산 사람입니다.

3) 칭찬받았습니다(10:22).

"유대 온 족속이 칭찬하더니"라고 설명하고 있습니다. 여기서도 마찬가지입니다. 자화자찬하지 않았습니다. 유대인들이 그를 칭찬했습니다. 결코 쉬운 일이 아닙니다. 우리들이 동네에서, 아파트단지에서, 일터에서, 마켓에서 칭찬받는 사람이 된다면 얼마나 좋겠습니까?

"저 사람은 진짜로 진국이야. 정직하고, 겸손하고, 친절하고, 남을 배려하고, 긍정적이고, 부지런하고, 나무랄 게 없는 사람이야."

"저 사람 교회 다닌데."

"어느 교회?"

"동부이촌동 충신교회래."

여기까진 바람직합니다. 그러나 그 반대의 상황이 되면 안 됩니다.

"저 사람 왜 저 모양이야. 건방지고, 거짓말 잘하고, 이기적이고, 저 혼자 잘나고 똑똑하고, 부정적이고, 게으르고, 남의 흉 잘 보고…"

"저 사람 교회 다닌다는 것 같애."

"어느 교회?"

"XX동 XX교회래…."

이건 안 됩니다. 그래선 안 됩니다.

사도행전 6장에는 초대교회에서 집사를 선택한 기사가 나옵니다. 집사의 자격은 '성령과 지혜가 충만하여 칭찬받는 사람'이라야 했습니다. 그 자격대로 '믿음과 성령이 충만한' 일곱 사람은 선택했습니다. 사도행전 5장 13절을 보면 초대교회 지도자 베드로와 교인들은 칭송받았다고 했습니다. 지역 주민들에게서 칭송받고, 칭찬받는 교회와 교인! "저 교회는 꼭 필요한 교회다. 우리 동네에 꼭 있어야 할 교회다. 우리 동네를 떠나면 안 된다!" 그런 교회를 만듭시다. "당신이 있어 행복합니다. 우리와 함께 있어 주십시오." 그런 사람이 됩시다. 칭찬받은 고넬료! 칭찬받는 기독교인!

2. 고넬료의 신앙생활

고넬료의 인격은 살펴본 대로 훌륭했습니다. 그렇다면 그의 신앙은 어떨까요? 인격도 좋고, 신앙도 좋다는 평을 듣는 것은 쉽지 않습니다. 그러나 고넬료는 훌륭한 신앙인이었습니다.

1) 경건한 신앙인이었습니다.

이 경우도 스스로를 가리키며 잘 믿는다, 믿음이 좋다고 말한 것이 아니고 객관적 평가, 즉 다른 사람들이 그는 경건한 신앙인이었다고 말한 것입니다. 경건했다는 것은 바로 믿고 바로 살았다는 것입니다. 그는 하나님을 경외했고 항상 기도했습니다. 온 집안 식구들도 그의 신앙생활을 따랐습니다. 그리고 이웃과 더불어 친구들과 함께 신앙생활을 했습니다.

'독불장군'(獨不將軍)이라는 사자성어가 있습니다. 무슨 일을 자기 생각대로 혼자 하는 사람이라는 뜻입니다. 누구에게 묻지도 않고, 의논하지도 않고, 함께하지도 않고, 제멋대로, 저 혼자 하는 것이 독불장군입니다.

고넬료는 신앙도 좋고, 이웃과 함께, 친구와 함께, 가족과 함께하는 사람이었습니다. 독불장군이 아니었습니다. 나 홀로! 이것은 좋은 게 아닙니다. 하나님은 처음에 아담만 창조하셨습니다. 그런데 창세기 2장 19절을 보면 "여호와 하나님이 이르시되 사람이 혼자 사는 것이 좋지 아니하니 내가 그를 위하여 돕는 배필을 지으리라 하시니라"고 했습니다.

같이 사는 게 좋다, 함께 사는 게 좋다, 어울려 사는 게 좋다는 것입니다. 마음의 빗장을 걸고, 영혼의 창문을 닫고, 홀로 사는 사람은 고독한 사람입니다. 고넬료는 가족과 함께, 이웃과 함께, 친구와 함께 그리고 주님과 함께하는 사람이었습니다.

남과 어울리지 못하고 함께하지 못하는 원인이 있습니다.

- 성장과정에 혼자였기 때문에
- 내성적 성격 때문에
- 인간관계에서 상처를 받았기 때문에
- 우월감이나 자존심 때문에

그러나 바람직한 교회 생활이나 신앙생활은 함께하는 것입니다. 고넬료가 좋은 본보기입니다.

2) 영적 권위를 존중했습니다.

어느 날 고넬료는 베드로를 자기 집에 초청했습니다. 고넬료는 점령군, 로마 장교, 베드로는 갈릴리 바다 출신 어부입니다. 초청은커녕 베드로가 면회신청을 해도 성사가 어렵습니다. 그런데 사도행전 10장 25절을 보면 "베드로가 들어올 때에 고넬료가 맞아 발 앞에 엎드리어 절하니"라고 했습니다.

있을 수 없는 상황이 전개되고 있었습니다. 그가 그렇게 할 수 있었던 이유가 있습니다. 로마 사람들 특히 군인들은 로마 황제를 신으로 숭배했습니다. 절대 복종, 절대 숭배가 몸에 밴 고넬료였습니다.

그리고 베드로를 어부로 보지 않고 영적 지도자로 보았습니다. 영적 권위를 인정하고 높인 것입니다. 그리고 더 중요한 것은 고넬료의 겸손입니다. 억지로 꾸민 것도 아니고 다른 사람에게 보여주기 위해 각색한 것도 아닙니다. 그 겸손한 모습, 순수한 자세가 고넬료의 모습이었습니다. 교사나 교수의 권위를 인정하지 않으면 바른 교육이 성립되지 않습니다. 목회자의 권위를 인정하지 않으면 바른 신앙을 지키기 어렵습니다. 목회자보다 훨씬 더 지식도 뛰어나고, 학벌과 지위도 높고, 인물이나 배경이 출중하더라도 영적 지도자로 인정해야 신앙이 성립합니다.

베드로는 어떻게 했습니까? "이러지 마시오. 나도 사람입니다" 하며 만류했습니다. 이것은 베드로의 '인간 선언'입니다. 이단이나 사이비 교주는 자신을 신으로 포장하고 숭배하게 만듭니다. 그러나 인간은 신이 될 수도 없고 신적 숭배를 받아도 안 됩니다.

고넬료나 베드로는 똑같은 사람이고 하나님의 피조물입니다. 그렇다고 고넬료가 베드로를 대할 때 "너나 나나 같다"라고 말하지 않았고 베드로는 "나도 사람이다"라고 말함으로 자신들의 자리를 지켰습니다.

삼갈 것이 있습니다. 그것은 사람을 신격화하는 것 그리고 다른 사람을 깔보고 비난하는 것입니다. 우리는 늘 영적 권위를 인정하고 겸손해야 합니다. 너나 나나 같다는 교만은 버리는 것이 좋습니다.

3) 말씀신앙이었습니다.

33절을 보면 베드로에게 고넬료가 "이제 우리는 주께서 당신에게 명하신 모든 것을 듣고자 하여 다 하나님 앞에 있나이다"라고 했습니다. 이는 '당신을 통해 주시는 하나님의 말씀을 듣고 싶습니다'라는 뜻입니다. 그리고 말씀을 전하고 듣는 동안에 성령님의 역사가 일어났습니다. 하나님을 찬양하고 방언이 말씀 듣는 사람들에게 임했습니다(10:46). 그리고 거기 모인 사람들에게 세례를 베풀었습니다.

우리에게도 신령한 변화, 신령한 사건이 일어나야 합니다. 그래야 인격적 신앙인이 될 수 있습니다.

부천에서 목회하는 김승민 목사님이 전해준 이야기입니다. 송파구에 있는 어느 교회에서 가족찬양대회를 하고 있었습니다. 집사 가정이 무대에 올라 찬송을 부르다가 집사님의 가사가 틀렸습니다. 교인들은 깔깔대고 웃고, 가사가 틀린 집사님은 얼굴이 홍당무가 된 채 자리에 앉아 머리를 들지 못하고 있었습니다. 그 다음 차례는 목사님네 가족이었습니다. 그런데 늘 부르던 잘 아는 찬송을 부르다가 목사님이 가사가 틀렸습니다. 그러자 교인들은 더 깔깔대며 웃고 사모님과 자녀들은 어떻게 그 가사가 틀릴 수 있냐며 목사님을 바라보고 있었습니다. 가사가 틀렸던 집사님은 목사님도 틀릴 수 있다는 사실 때문에 큰 위로를 받고 안정을 찾게 됐습니다.

얼마의 세월이 지난 후 그 목사님이 과로로 쓰러져 세상을 떠났습니다. 장례식을 마친 후 목사님의 유품을 정리하다가 노트 한 권을 발견했습니다. 평소 쓴 일기장이었습니다. 호기심으로 한두 장 넘기며 읽던 장로님이 땅바닥에 털석 주저앉아 울기 시작했습니다. 7월 14일에 쓴 일기 때문이었습니다.

"오늘 가족찬양대회가 있었다. 김 집사님이 찬송을 부르다가 가사가 틀렸다. 교인들이 깔깔대고 웃자 김 집사는 무안해 얼굴을 들지 못한 채 자리에 앉아 있었다. 그다음이 우리 가족 차례였다. 나도 일부러 틀려주었다. 교인들은 깔깔대고 웃었다. 그때 슬쩍 김 집사 얼굴을 보니 목사님도 틀

릴 수 있구나라며 안도하는 것 같았다. 오늘도 작은 일로
한 영혼을 위로할 수 있어서 기쁜 하루였다."

다른 사람의 잘못이나 실수 때문에 깔깔대고 웃고 비난하는 것
도 인격입니다. 그 사람을 위해 일부러 틀려주고 자신을 낮추는 것
도 인격입니다. 그 목사님의 인격이 예수 인격이고, 예수 믿는 사람
인격이고, 교회 다니는 사람의 인격이기 때문입니다.

3. 나는 어떤 사람이 되어야 합니까?

사도행전 11장 26절을 보면 "제자들이 안디옥에서 비로소 그리스
도인이라 일컬음을 받게 되었더라"고 했습니다. '저 사람들 하는 걸
보니까, 하는 말을 들으니까 역시 그리스도인이야'라는 평을 듣게 되
었다는 것입니다. 내가 사는 거기서, 그 동네에서, 그 일터와 직장에
서 "저 사람은 기독교인이야, 다른 점이 있어"라는 평을 듣는다면 얼
마나 좋겠습니까?

1) 작은 일부터
목동에 있는 어느 교회에 출석하기 시작한 교인이 있었습니다. 낯
선 교회라 아는 사람도 없고 서먹서먹했습니다. 그런데 교회 주차장
으로 들어서자 주차요원이 반색을 하며 "어서 오십시오. 처음 오시
는 분이군요. 저기 빈자리에 세우시지요"라고 했습니다. 교회 현관

에 들어섰습니다. "어서 오세요, 환영합니다. 제가 엘리베이터로 안내해드리겠습니다." 엘리베이터가 만원이었습니다. 한 사람이 얼른 내리면서 "어서 타세요" 하는 것입니다.

본당 현관에 내리자마자 안내위원이 "어서 오세요. 반갑습니다. 제가 안내해드리겠습니다"라고 하고, 의자에 앉자 옆에 앉아 있던 교인이 "반갑습니다. 잘 오셨습니다. 처음 뵙는 분 같군요"라고 인사해주었습니다.

잠깐 사이지만 주차장에서 본당 의자까지 5명으로부터 반갑다는 인사를 받았습니다. 매 주일 다른 사람들로부터 같은 인사를 받았습니다. 등록을 안 할 수가 없었고 그 교회에 뿌리내리기로 결심했습니다.

반대로 주차장에서 "이봐요, 거기다 차 대지 말고 지하 3층으로 내려가요", 엘리베이터에서는 "기다려요, 다음에 타세요", 현관에서는 "저기 맨 앞자리로 가세요", 본당 의자에 앉아 있는 사람은 이방인 보듯 했다면 등록을 했겠습니까?

2) 인격과 신앙의 집짓기

인격도 신앙도 미래 완료형이고 진행형입니다. 계속 갈고닦아야 합니다.

바울은 계속 "자라가라! 예수를 닮아가라!"고 했습니다. 마치 도자기를 빚는 도예가가 흙을 다루고 도자기를 만들고 가마에 굽듯이 정성을 다하고 힘을 다해 인격의 집을 짓고 신앙의 집을 지어 나갑시다.

갈릴리 바다 어부 시몬이 제자 베드로가 된 것처럼, 박해자 사울이 대전도자 바울이 된 것처럼 나도 변해 새 사람, 새로운 존재가 됩시다.

고넬료의 뒷이야기 기록은 없습니다. 짐작건대 예편한 후 로마로 돌아가 인격적이고 신앙적인 삶을 살았을 것이고 존경받는 그리스도인이 됐을 것입니다.

우리는 이 예배가 끝나면 가정과 일터로 돌아갑니다. 그리고 많은 사람을 만나게 됩니다. 그들로부터 "저 사람은 진국이다. 존경할 만하다. 예수 믿는 사람은 저 사람처럼 믿고 저 사람처럼 말하고 저 사람처럼 살아야 한다"라는 말을 들어야 합니다. 저 사람처럼! 저 사람처럼!

베드로후서 3장 11절에 "너희가 어떠한 사람이 되어야 마땅하냐"라고 질문합니다. 욕먹지 않는 사람, 손가락질받지 않는 사람, 외면당하지 않는 사람, 그때 거기서 꼭 필요한 사람, 인정받고 사랑받는 사람, 예수님을 떠나지 않는 사람, 믿음을 지키는 사람, 인격과 신앙의 집을 계속 지어 가는 사람!

그런데 그 일이 쉽지 않습니다. 고린도후서 5장 17절이 그 길을 밝혀 줍니다.

"그런즉 누구든지 그리스도 안에 있으면 새로운 피조물이라 이전 것은 지나갔으니 보라 새것이 되었도다."

새 사람, 새 인격, 새로운 존재가 되려면 예수님을 만나면 됩니다.

사람됨과 신앙생활(사도행전 10:1-8)

"그리스도 예수 안에"라는 용어는 바울의 애용구입니다. 그가 기록한 서신 안에서 153번 반복하고 있습니다. 예수님을 만난다는 것은 예수님을 인정하고 믿는 것, 가르침을 따르는 것, 내 안에 모시는 것입니다.

예수님을 만난 사람들 중에 죄인은 구원받았고, 병든 사람은 고침받았고, 방황하는 사람은 길을 찾았으며, 버림받은 사람은 회복됐습니다.

예수 그리스도는 나를 변화시킵니다. 우리를 변화시킵니다! 아멘!

제4부

하나를 찾아야 하는 이유

다 맡기고 편히 삽시다

(시편 37:1-8)

오늘 설교 제목의 출처가 되는 두 구절 말씀을 보겠습니다.

"네 길을 여호와께 맡기라 그를 의지하면 그가 이루시고"(시 37:5).

"너희 염려를 다 주께 맡기라 이는 그가 너희를 돌보심이라"(벧전 5:7).

두 구절을 묶으면 '길도, 염려도 다 주께 맡기라. 이루어 주시고 보살펴 주신다'는 뜻입니다. 그리고 '다 맡기면 편히 쉴 수 있다'가 됩니다. 시편 37편은 다윗이 읊은 시입니다. 본문은 인생을 편하게 사는 비결을 제시하고 있습니다. 살펴보겠습니다.

1. 불평하지 말라

1, 7, 8절에서 강조합니다. 1절에서는 "악을 행하는 자들 때문에 불평하지 말며 불의를 행하는 자들을 시기하지 말라"고 했고, 7절에서는 "악한 죄를 이루는 자 때문에 불평하지 말라"고 했습니다. '불평하다'의 원어 뜻은 불타오르다, 뜨거워지다입니다. 하나둘 불평이 겹치고 쌓이면 불타오르는 모닥불처럼 뜨거워지고 분노가 폭발하게 됩니다. 그래서 시인은 분을 그치고 노를 버리라고 했습니다.

때와 장소를 가리지 않고 감사하는 사람이 있습니다. 누가 건강하고 정상입니까? 걸핏하면 화를 내고, 소리 지르는 사람이 있습니다. 그런 사람의 주변에는 좋은 사람들이 모이지 않습니다. 불평이 커지면 불신이 되고, 불신이 자라면 무신론자가 됩니다. 바울은 "해가 지도록 분을 품지 말라"고 했습니다.

이스라엘 백성은 습관적으로 불평하고 반항하다가 가나안 땅에 들어가지 못했습니다. 불평은 번식력이 강해서 한 가지 불평이 수십 가지로 불어납니다. 교회 계단을 오르며 콧노래로 찬송을 부르는 사람이 있습니다. "요즘 바빠서 걸을 시간이 없었는데 교회 계단을 오르니 심장 운동이 되고, 다리 운동이 되고 다 은혜야"라며 계단을 오릅니다. 교회 계단을 오르며 짜증난 표정을 짓는 사람이 있습니다. "무슨 놈의 계단이 이렇게 가파르지? 계단 설계가 틀려 먹었어. 숨차고 다리 아프고. 엘리베이터는 코딱지만 해. 타기 어렵고"라며 불평합니다. 누가 건강한 사람입니까? 불평은 지옥으로 가는 입구입니다.

2. 의뢰하고 기뻐하라

"여호와를 의뢰하고 선을 행하라 여호와를 기뻐하라"(3-4절)고 했습니다. 의뢰하라, 의지하라는 같은 말인데 그 뜻은 "하나님의 방법에 맞추라"는 것입니다. 그 뜻이 깊습니다. 하나님을 의뢰하는 것, 의지하는 것은 내 방법, 내 노하우, 내 공식을 포기하고 하나님의 방법에 맞추는 것입니다.

예수님도 십자가를 앞에 놓고 "내 뜻대로(내 방법, 내 의지) 마옵시고 아버지의 원대로 되기를 원합니다"라고 기도하셨습니다. 내 방법을 강조하다 보면 하나님의 방법은 사라집니다. 그러나 내가 작아지고 사라지면 하나님의 뜻이 드러납니다.

자동차마다 길 안내가 장착되어 있습니다(내비게이션). 목적지를 입력하면 거리, 시간, 길 안내가 뜹니다. 안내를 따라가면 목적지에 편히 도착합니다. 그러나 목적지 입력이 잘못되면 엉뚱한 곳으로 가게됩니다.

인생길도 같습니다. 하나님을 의뢰하고 그 방법을 따르고 거기에 맞추면 절대로 잘못 갈 일이 없습니다. 더 중요한 것은 하나님을 기뻐하는 것입니다. 하나님과 함께하는 것이 기쁘고 즐거워야 합니다. 찬송가 430장 1절 가사입니다.

"주와 같이 길 가는 것 즐거운 일 아닌가
우리 주님 걸어가신 발자취를 밟겠네
한 걸음 한 걸음 주 예수와 함께

날마다 날마다 우리 걸어가리."

히브리서 11장 5절입니다.

"믿음으로 에녹은 죽음을 보지 않고 옮겨졌으니 하나님이 그를 옮기심으로 다시 보이지 아니하였느니라 그는 옮겨지기 전에 하나님을 기쁘시게 하는 자라 하는 증거를 받았느니라."

창세기 5장 22절에 의하면 에녹은 300년 동안 하나님과 동행했다고 했습니다. 300년 동행! 짜증스런 동행이 아니라 기쁨 넘치는 동행, 감격스런 동행이었습니다. 그래서 그는 죽지 않고 들림을 받았습니다. 교회 올 때도 기쁨으로, 갈 때도 기쁨으로, 예배드릴 때도 기쁨으로, 일할 때도 기쁨으로, 섬길 때도 기쁨으로! 기쁨으로!

3. 맡기라

"네 길을 여호와께 맡기라"(37:5)는 말씀에서 말하는 맡기라, 맡겨버리다의 뜻은 쓰레기 버리듯, 오물 버리듯 버리라는 것입니다. 내던지라, 확 던져버리라, 내버리라는 뜻도 담고 있습니다.

1) 무엇을 맡깁니까?
네 길을 맡기라(시 37:5), 네 짐을 맡기라(시 55:22), 행사를 맡기라(잠

16:3), 염려를 다 맡기라(벧전 5:7)고 합니다. 길, 짐, 행사, 염려를 다 맡기라는 것입니다. 그리고 이런 것들은 인생과 삶의 문제들을 의미합니다.

어디로 갈지 방황하지 말고, 인생의 무거운 짐을 지고 고통하지 말고, 무엇을 할까 어떻게 살까 고민하지 말고, 염려, 걱정, 근심에 눌려 살지 말고 맡기라는 것입니다. 솔직히 맡길 것들이 한두 가지이겠습니까?

2) 누구에게 맡깁니까?

본문의 구절들은 하나같이 여호와께 맡기라, 주께 맡기라고 합니다. 일상생활 가운데서도 짐을 맡길 만한 곳이 있습니다. 공항이나 버스터미널에는 짐을 맡기는 곳이 있습니다. 짐을 맡기고, 열쇠를 갖거나 잠금번호를 입력하면 됩니다. 짐 무게와 개수에 따라 다르지만 인천공항의 경우 하루 보관료는 4천 원에서 1만 5천 원이고 냉장 보관도 가능합니다. 여행객들을 위한 편리한 서비스입니다. 돈이나 귀금속, 문서 등은 은행에 맡깁니다.

그러나 내 인생의 문제들, 길, 짐, 행사, 염려, 질병, 죽고 사는 것, 성공, 실패 따위는 어디다, 누구에게 맡깁니까?

신문에 광고가 났습니다. "돈을 맡아 줍니다. 월 이자로 맡긴 돈의 50%를 지급합니다." 이 광고를 믿고 돈을 맡깁니까? '아! 이런 곳도 있구나' 하면서 사람들이 돈 보따리를 들고 몰려듭니까? 그러나 은행은 법적 보호를 받는 곳이기 때문에 돈도, 문서도, 보석도 믿고 맡깁니다.

은행에 맡기면서 '이 은행이 부도나면 어떻게 하지? 도둑 맞으면 어떻게 하지?' 하면서 의심하는 사람은 없습니다. 그런데 은행은 믿고 맡기면서 하나님은 믿지 못해 맡기지 못합니다.

믿음을 피스투오라고 하는데 그 뜻은 '확신하다, 신뢰하다, 맡기다'입니다. 믿지 못하면 맡기지 못합니다. '하나님께 다 맡겨? 믿어도 될까? 맡겨도 될까?' 확신이 없기 때문에 맡기지 못하는 것입니다.

예를 들겠습니다. 현찰이 5만 원권으로 10억이 생겼습니다. 문제는 어디다 보관하느냐입니다. 집에 둡니까 은행에 맡깁니까? 남편에게 맡깁니까 은행에 맡깁니까? 아내에게 맡깁니까 은행에 맡깁니까? 자녀에게 맡깁니까 은행에 맡깁니까?

질문을 바꿔보겠습니다. 남편이 중요합니까 은행이 중요합니까? 아내가 중요합니까 은행이 중요합니까? 남편하고 삽니까 은행하고 삽니까? 아내하고 삽니까 은행하고 삽니까? 10억도 맡기는 곳이 헷갈리는데 내 인생, 내 삶, 내 생명, 내 행복, 내 길, 내 행사, 내 짐을 어디 누구에게 맡깁니까? 은행이 맡아줍니까?

주님의 말씀을 찾겠습니다.

"수고하고 무거운 짐진 자들아 다 내게로 오라 내가 너희를 쉬게 하리라"(마 11:28).

주님께서 "내가 맡아주마, 내가 짐을 져주마, 내게 맡겨라!" 하십니다. 아멘입니다. 우리는 아무런 의심이나 걱정 없이 은행은 믿고 맡깁니다. 그러나 전능하신 하나님, 살아 계신 하나님, 능력과 사랑의 하나님이라면서 하나님은 믿지 못해 맡기지 못합니다. 그런 갈대 같은 믿음의 나를 어떻게 해야 합니까? 맡기는 대상, 맡기는 곳을 바르게 선정해야 합니다.

옛날 미국에 자리 잡고 돈을 번 중국인들은 은행을 믿지 못하고 세금 내는 것이 겁나서 집에다 현찰을 보관했다고 합니다. 이것을 눈치챈 강도들이 쳐들어와 벽을 파고 침대 밑을 뒤져 현찰을 훔쳐가는 일이 있었다고 합니다. 사기꾼, 도둑에게 맡길 순 없습니다.

심리학에 '과잉근심증후군'이라는 것이 있습니다. 병원에 입원해서 수술받고 치료된 후 퇴원하는 환자가 있습니다. "감사합니다. 건강하게 오래 살겠습니다"라며 퇴원하는 환자는 다시 병원에 오지 않습니다. 그러나 퇴원하면서 "재발은 안 될까요? 합병증은 일어나지 않겠죠?"라며 근심 어린 표정으로 퇴원하는 환자는 2년 안에 다시 병원을 찾는다는 것입니다. 이런 현상을 과잉근심증후군이라고 합니다.

사람만 조심하고 걱정하고 한숨 쉬고 눈물을 흘립니다. 그것은 살아 있다는 증거이기도 합니다. 그러나 80퍼센트는 아직 일어나지 않은 일을 걱정하고, 12퍼센트는 자기와는 상관도 없는 일로 근심하고, 8퍼센트만 나와 상관이 있는 것으로 걱정한다고 합니다.

요한복음 14장 1절에서 주님은 "너희는 마음에 근심하지 말라 하나님을 믿으니 또 나를 믿으라"고 하셨습니다. 근심하지 말라, 나를 믿으라는 것은 나한테 맡겨라, 믿고 맡기라는 것입니다.

성경 어느 곳에도 "네 노력으로 문제를 풀어라. 네 힘으로 해결하라"는 곳은 없습니다. 맡기지 못하는 이유는 두 가지입니다. 그것은 믿지 못하기 때문이고, 내 힘으로 해결할 수 있는 능력이 나한테 있다고 나 자신을 믿기 때문입니다.

골리앗은 자신을 믿었습니다. 신체조건과 완전무장을 믿었습니다. 그러나 다윗은 하나님을 믿었습니다. 나이, 경험, 신체조건, 무기 그 어느 것 한 가지도 믿을 게 없었기 때문입니다. 다윗이 골리앗을 이긴 조건은 다 맡겼기 때문입니다. 하나님께 항복하는 사람에게 승리를 주시고 행복을 주십니다.

4. 맡기면 어떻게 됩니까?

시편 37편 5절은 "네 길을 여호와께 맡기라 그를 의지하면 그가 이루시고"라고 했습니다. 믿고 항복하고 맡기면 책임져주시고 선처하신다는 것입니다.

베드로전서 5장 7절은 "너희 염려를 다 주께 맡기라 이는 그가 너희를 돌보심이라"고 했습니다. 염려, 걱정, 근심, 불안, 초조 따위를 주님께 믿고 던져버려라, 그리하면 책임지시고 해결하신다는 것입니다.

주님이 직접 하신 말씀을 봅시다. 마태복음 11장 28절입니다.

"수고하고 무거운 짐 진 자들아 다 내게로 오라 내가 너희를 쉬게 하리라."

"수고하고"는 피곤에 지쳐 있는 상태를 말하고 "무거운 짐 진 자"란 무거운 짐을 진 채 계속해서 지쳐 있는 것을 의미합니다. 무거운 짐은 어떤 것들일까요? 죄, 염려, 걱정, 고통, 율법, 질병, 인간관계, 먹고사는 것, 장래 문제 등 그 수를 셀 수 없습니다. 편한 날이 없습니다.

그 사람들에게 말씀하십니다. "다 내게로 오라, 내가 너희를 쉬게 하리라." 내게로 오면 자유와 해방을 주겠다, 내가 해결해 주겠다, 내가 책임져 주겠다, 편하게 해주겠다, 편히 살게 해주겠다는 것입니다.

멕시코 사람들은 한 주간 동안 일해서 번 돈으로 주말이면 먹고 마시고 즐깁니다. 미국 사람들은 1년간 번 돈으로 여행을 떠납니다. 즐기고 편하게 사는 것이 일하는 목적입니다. 그런다고 삶이 편해지고 인생이 편해집니까?

성경은 주님께 맡기라고 말씀합니다. 다 맡기러 온 사람이 있었습니다. 그에게 주님이 말씀하십니다. "나에게 덮어놓고 아무 것이나 가져오지 마라. 나도 바쁘고 맡은 일들이 너무 많다. 다른 데로 가지고 가봐라."

"아, 그래요. 딴 데로 가볼게요."

그러면 안 됩니다.

"아닙니다. 어디 딴 데로 갈 데가 없습니다. 딴 데 못 갑니다. 안 갑니다."

"알았다. 고집스럽긴. 거기 두고 가거라. 편히 가거라. 마음 푹 놓고 쉬어라. 딴 걱정 말고."

좋은 건 내가 움켜쥐고, 나쁘고 힘들고 처치하기 곤란한 것만 골라서 맡기는 것은 다 맡기는 것이 아닙니다. 인생도, 건강도, 질병도,

성공도, 실패도, 자식도, 장래도 다 맡기는 것이 믿음입니다.

그러나 의심하면 맡기지 못합니다. '예수님이라 해도 어떻게 하나 둘도 아니고 온 세상 사람들의 문제를 다 맡을 수 있을까? 어떻게 그 많은 문제들을 다 기억할 수 있을까?'라고 의심하면 못 맡깁니다.

2024년도에 출시된 휴대폰이 있습니다. 무게 232g, 가로 79mm, 세로 162mm. 한 손으로 잡을 수 있는 크기입니다. 그런데 이 작은 전화기 안에 세계와 사람과 사건과 자료들을 다 담고 있습니다. 주님의 능력을 그것에 비기겠습니까? 주님은 다 아시고, 다 기억하시고, 다 해결하시고, 다 푸시고, 다 다스리시는 권세를 가지고 계십니다.

요한계시록 3장 7절을 보면 예수님을 가리켜 "거룩하고 진실하사 다윗의 열쇠를 가지신 이 곧 열면 닫을 사람이 없고 닫으면 열 사람이 없는 그가 이르시되"라고 했습니다. 열쇠를 가지셨다는 것은 통치권 능력과 권세, 모든 해법을 가지고 계신다는 것입니다. 걱정하지 맙시다. 다 맡으시고 다 풀어주십니다.

시편 55편 22절을 보겠습니다.

"네 짐을 여호와께 맡기라 그가 너를 붙드시고 의인의 요동함을 영원히 허락하지 아니하시리로다."

맡긴 사람은 붙들어주시고 흔들리지 않도록 지켜주신다는 것입니다.

잠언 16장 3절을 보겠습니다.

"너의 행사를 여호와께 맡기라 그리하면 네가 경영하는 것이 이루어지리라."

너 혼자 붙잡고 고민하지 마라, 모든 것 다 맡겨라, 네 계획이 다 이루어지게 해주겠다는 것입니다.

베드로전서 5장 7절을 보겠습니다.

"너희 염려를 다 주께 맡기라 이는 그가 너희를 돌보심이라."

안 좋은 것, 나쁜 것, 힘든 것, 어려운 것, 괴로운 것도 다 맡기면 주님이 하나하나 돌보시고 풀어주신다는 것입니다.
시편 37편 5절을 다시 읽겠습니다.

"네 길을 여호와께 맡기라 그를 의지하면 그가 이루시고."

걱정 말고 맡겨라, 의심 말고 맡겨라, 주저하지 말고 맡겨라, 미루지 말고 맡겨라. 그리하면 이루어주신다는 것입니다.
맡아주시겠다는데 왜 안 맡깁니까? 왜 못 맡깁니까? 다 맡기면 인생 사는 게 편하고, 세상 살기가 편하고, 하루하루가 편한데 왜 안 맡깁니까? 왜 주저합니까? 다 맡기면 편합니다. 안전합니다. 다 맡기고 편히 삽시다.
주님! 다 맡깁니다. 맡아 주소서. 아멘.

옷 갈아입고 이름 바꾼 사람들

(에베소서 4:17-24)

    사람은 언제부터 옷을 입었을까요? 성경 창세기 3장에 답이 있습니다. 처음 사람이었던 아담과 하와는 옷을 입지 않았지만 부끄러워하지 않았습니다(창 2:25).

    그러나 그들이 뱀의 유혹에 넘어가 선악과를 따 먹고 난 후부터 공포, 수치, 은폐가 시작됐습니다. 두려워 숨고(창 3:10) 벌거벗은 것이 수치스러워지기 시작했습니다. 그 수치를 가리기 위해 무화과 나뭇잎을 엮어 치마를 만들어 입었습니다. 무화과나무는 지중해 부근에, 그리고 한국에서는 전남과 경남 지역에 분포되어 있습니다. 나무 크기는 2~4미터 정도이고, 잎의 크기는 10~20센티미터 정도입니다. 그리고 햇빛이 쪼이면 금방 말라버려서 좋은 옷감이 아닙니다(창 3:7). 짐작건대 2~3일에 한 번씩 치마를 만들어야 했을 것입니다. 그런데 하나님은 그들을 위해 가죽옷을 만들어 입혀 주셨습니다(창

3:21).

　성경학자 델리취나 호프만은 그 옷은 어린양 가죽으로 만든 옷이었고 아담과 하와의 수치를 가려준 것처럼 어린양 예수의 희생으로 인간의 죄를 사하시고 덮어주시는 사건의 그림자라고 해석했습니다.

　사람이 옷을 만들어 입은 것은 창세기 때부터이고 아담과 하와가 옷을 만든 최초의 인물이었습니다. 무화과 나뭇잎 치마는 단순히 하체의 치부를 가리기 위해 만든 옷이고, 하나님이 만들어 주신 가죽옷은 예수 그리스도의 희생을 통한 구원을 예표하고 있습니다. 그 이후 계속 발전해 패션문화를 만들었고, 기능성, 미적 요소, 계절, 성별, 나이에 따라 차별화된 옷을 만들었습니다. 성경 안에서 옷 이야기는 계속 이어집니다. 창세기 3장에서 시작된 옷 이야기는 요한계시록에서 끝납니다.

"흰옷을 사서 입어 벌거벗은 수치를 보이지 않게 하고"(계 3:18).

"이는 큰 환난에서 나오는 자들인데 어린 양의 피에 그 옷을 씻어 희게 하였느니라"(계 7:14).

"보라 내가 도둑같이 오리니 누구든지 깨어 자기 옷을 지켜 벌거벗고 다니지 아니하며 자기의 부끄러움을 보이지 아니하는 자는 복이 있도다"(계 16:15).

"그에게 빛나고 깨끗한 세마포 옷을 입도록 허락하셨으니 이 세마포 옷은 성도들의 옳은 행실이로다"(계 19:8).

옷 이야기를 정리해보겠습니다.

1. 흰옷을 입으라

흰옷은 깨끗해서 순수, 순결을 의미하지만 관리가 힘듭니다. 그런데 왜 흰옷을 입으라고 했을까요? 성경은 죄를 주홍같이 붉은 색깔로 묘사하고 있습니다.

> "여호와께서 말씀하시되 오라 우리가 서로 변론하자 너희 죄가 주홍 같을지라도 눈과 같이 희어질 것이요 진홍같이 붉을지라도 양털 같이 되리라"(사 1:18).

주홍은 참나무 곤충알로 만든 물감인데 쉽게 지워지거나 색깔이 변하지 않습니다. 그리고 진홍은 지중해 해안에 서식하는 조개에서 채취한 원료로 만든 물감으로 청색입니다. 둘 다 지워지지 않는 물감입니다. '눈과 같이 양털같이'의 뜻은 '깨끗하게, 순결하게'입니다. 내가 깨끗하게 하고 순결하게 되는 것이 아닙니다. 하나님이 희고 깨끗하게 용서하신다는 것입니다. 붉은 죄, 더러운 죄, 씻을 수 없는 죄라도 다 용서하시고 희게 해주신다는 것입니다.

앞에서 말씀드린 대로 흰옷은 쉽게 더러워집니다. 세탁도 쉽지 않습니다. 그런데 요한계시록 7장 14절을 보면 더러워진 흰옷을 세탁하는 방법을 제시하고 있습니다.

"어린 양의 피에 그 옷을 씻어 희게 하였느니라."

더러워진 흰옷을 피에 씻는다는 것은 화학적 방법이 아닙니다. 더 더러워지고 검붉은 색깔로 변합니다. '어린 양의 피'를 주목해야 합니다.

요한복음 1장 29절은 예수님을 "세상 죄를 지고 가는 하나님의 어린 양"이라고 했고 히브리서 9장 12절은 "염소와 송아지의 피로 하지 아니하고 오직 자기의 피로 영원한 속죄를 이루사 단번에 성소에 들어가셨느니라"고 했고 14절에서는 "그리스도의 피가 어찌 너희 양심을 죽은 행실에서 깨끗하게 하고 살아 계신 하나님을 섬기게 하지 못하겠느냐"라고 했습니다.

요한일서 1장 7절은 "그 아들 예수의 피가 우리를 모든 죄에서 깨끗하게 하실 것이요"라고 했습니다. 예수의 피로 속죄를 이루셨고 예수의 피가 깨끗하게 하신다는 것입니다. 더러워진 흰옷이 예수님의 피에 씻어 희게 되는 것은 화학적 변화가 아닙니다. 물리적 변화도 아닙니다. 영적 사건이고 신령한 변화입니다.

본래 우리가 입고 있던 옷은 때가 묻고 해어지고 더러운 죄의 옷이었습니다. 그 옷을 예수 그리스도의 피로 씻어 흰옷으로 만들어 주셨습니다. 내가 맞추거나 만든 옷이 아닙니다. 인생을 사노라면 그 옷이 더러워지고 때가 묻을 수 있습니다. 그때마다 시기를 놓치지 말고 죄를 고백하고 용서받고 때 묻은 옷을 빨아야 합니다.

예수 믿고 구원받은 사람이라도 일평생 죄짓지 않고 나쁜 마음을 품지 않고 천사처럼 사는 것은 어렵습니다. 그때마다 할 일이 있습니다.

히브리서 4장 16절입니다.

"그러므로 우리는 긍휼하심을 받고 때를 따라 돕는 은혜를 얻기 위
하여 은혜의 보좌 앞에 담대히 나아갈 것이니라."

그 뜻은 그때마다 주님을 만나고 자복하고 용서를 받으라는 것입니다.

아버지의 재산을 탕진하고 거지가 되어 돌아온 둘째 아들의 별명은 탕자였습니다. 그 탕자가 아버지 집으로 돌아왔을 때 그 아들을 위해 아버지가 한 일이 있었습니다.

- 과거를 묻지 않았습니다.
- 불쌍히(측은히) 여겼습니다.
- 새 옷으로 갈아입혔습니다.
- 잔치를 열었습니다.

그날 잔치는 죽었다가 살아난 아들, 잃었다가 다시 찾은 아들을 위한 잔치였습니다. 입고 있던 누더기, 해어진 낡은 옷, 타락으로 얼룩진 옷을 벗기고 새 옷으로 갈아 입혔습니다.

우리도 흰옷 입은 사람들입니다. 우리가 입고 있는 흰옷은 예수님

이 디자인한 거룩한 옷입니다. 그래서 눈으로는 안 보입니다. 유행도 없습니다. 그리고 천국에 갈 때까지 입고 가야 합니다. 가장 귀하고 보배로운 옷입니다.

세계에서 가장 비싼 옷은 어떤 옷인지를 인터넷에서 찾았습니다. 말레이시아 패션 디자이너가 만든 드레스인데 30만 개의 다이아몬드로 수를 놓은 옷입니다. 시가는 3천만 달러로 한화로는 350억 원입니다. 그 옷을 사 가는 사람은 없고 전시용이지만 팔린다고 해도 신원은 비밀이라고 합니다.

그런 옷을 입으면 어떻게 될까요? 불행이 행복으로, 실패가 성공으로, 질병이 치유로, 노인이 젊은이로 바뀔까요? 아닙니다. 안 됩니다.

바울은 예수로 옷 입어야 된다고 강조합니다. 로마서 13장 14절입니다.

> "오직 주 예수 그리스도로 옷 입고 정욕을 위하여 육신의 일을 도모하지 말라."

예수로 옷 입으라! 무슨 뜻일까요? 예수님이 나를 감싸는 것, 덮어주시는 것을 말합니다. 주님이 나를 감싸주시면 겁날 것도, 두려울 것도 없습니다.

주님이 나를 덮어주시면 춥고, 덥고, 폭풍우가 휘몰아치고 눈보라가 쳐도 걱정할 것이 없습니다. 바울은 에베소서 4장 22~24절에서 "유혹의 욕심을 따라 썩어져 가는 구습을 따르는 옛사람을 벗어 버리고 하나님을 따라 의와 진리의 거룩함으로 지으심을 받은 새사람을 입으라"고 했습니다.

옛사람은 예수 믿기 이전 사람입니다. 제멋대로 살고 죄를 죄로 알지 못하고 제 고집대로, 옛 습관대로 살던 사람입니다. 그 옛사람을 누더기를 벗어 던지듯 벗어버리라는 것입니다. 그리고 거듭난 새롭게 된 새사람을 입으라는 것입니다.

2. 옷 갈아입고 이름을 바꾸라

옛사람이 새사람으로, 죄인이 의인으로, 마귀의 종이 하나님의 종으로, 마귀의 자식이 하나님의 자녀로, 지옥 백성이 천국 백성으로, 속된 존재가 거룩한 존재로, 무가치한 존재가 가치 있는 존재로 이름이 바뀝니다.

성전 안에 있는 모든 기구들을 성구(거룩한 기구)라고 부릅니다. 하나님을 예배하는 데 쓰이기 때문입니다. 예배 때 부르는 찬송을 성가라고 부릅니다. 하나님을 찬양하기 위해 부르는 노래이기 때문입니다. 그리스도인, 예수 믿는 사람들을 성도라고 부릅니다. 성별된 사람들이기 때문입니다. 신구약 책을 성경이라 부릅니다. 교과서나 연구 서적이 아니고 하나님의 말씀을 기록한 거룩한 책이기 때문입니다.

흰옷으로 갈아입었기 때문에 이름이 바뀝니다. 성경 안에는 이름 바뀐 사람들이 많습니다. 아브람은 아브라함으로, 사래는 사라로, 야곱은 이스라엘로, 사울은 바울로 바뀌었습니다. 우리도 이름이 바뀌었습니다. 누가 그리스도로 옷 입은 사람입니까? 바울은 갈라디아서 3장 27절에서 "누구든지 그리스도와 합하기 위하여 세례를 받은 자는 그리스도로 옷 입었느니라"고 했습니다. 예수를 믿고 입으로 고백하고 세례를 받는 것이 예수로 옷 입는 것입니다. 옷을 입기 위해 유명 디자이너 찾아갈 필요도 없고 유명 명품 브랜드를 찾아갈 필요도 없습니다. 철저한 믿음, 확실한 고백이 옷입니다.

대부분의 사람들은 목욕하고 난 다음 새 옷으로 갈아입으면 기분이 좋다고 말합니다. 예수로 옷 갈아입은 뒤 오는 것은 그런 것과 비교가 되지 않습니다.

아프리카 지역인 케냐, 탄자니아, 우간다, 모잠비크, 콩고가 사용하는 공용어가 있습니다. 스와힐리어라고 합니다. 케냐를 다녀온 지인이 사다 준 목각을 선물받았습니다. "HAKUNA MATATA"라는 목각입니다. 그 뜻은 '걱정거리가 없다. 모든 것이 잘될 거야'라는 뜻입니다. 뜻은 좋은데 막연합니다. 어떻게, 누가, 걱정거리가 없게 해 줍니까? 어떻게 모든 것이 잘될 수 있습니까? 제목만 있고 설명이 없습니다. 그러나 우리는 아닙니다.

일이 저절로 잘되는 것을 우연이라고 합니다. 그러나 성경은 하나님의 은혜로 모든 일이 이뤄지고 잘된다고 말씀합니다.

심리학자들은 걱정이 쌓이면 우울증이 되고, 우울증이 심해지면 정신장애가 일어난다고 말합니다. 아프리카 사람들은 걱정거리가 없다며, '하쿠나 마타타' 스스로를 달래고 있지만 세계에서 가장 걱정거리가 많고, 근심이 많고, 염려가 많은 나라들이 그 나라들입니다. 내전이 계속되고 빈곤과 가난이 떠나지 않는 곳이 그 나라들입니다.

그러나 우리는 다릅니다. 내 존재 자체가 변했고, 생활 환경이 변했고, 생각과 가치가 변했고, 삶의 목표가 변했습니다. 다시 말하면 옷을 갈아입은 것입니다.

성경 안에는 변화된 사람들의 이야기로 가득 차 있습니다. 아브라함은 이름을 바꾸고 열국의 아버지, 믿음의 조상이 되었습니다. 베드로의 본명은 시몬입니다. 갈릴리 바다에서 고기 잡는 어부였습니다. 그가 베드로라는 이름으로 바뀐 뒤 예수님의 열두 제자가 되었고, 초대교회 기둥이 되었고, 예수 그리스도를 전하는 사도가 되었고, 결국 순교자가 되었습니다. 바울의 본명은 사울입니다. 당시 유대교 율법 교사였고 지도자였습니다. 그가 바울로 바뀐 뒤 복음 전파자, 선교사, 교회 개척자, 13권에 달하는 서신(성경) 기록자가 됐고, 결국 순교자로 생을 마감했습니다. 바울이 없었다면 초대교회를 든든히 세우는 데 어려움을 겪었을 것입니다.

우리들의 이야기, 내 이야기를 해야 합니다.

1. 흰옷을 헌 옷 만들지 맙시다

앞에서 말씀드린 대로 우리는 흰옷으로 갈아입은 사람들입니다. 그리고 흰옷은 쉽게 더러워집니다. 요한계시록에는 색깔 표현이 다양하게 나옵니다. 붉은 용, 검은 말, 청색, 자색, 녹색, 흰말, 흰옷 등입니다.

요한계시록 19장 8절을 보면 "그에게 허락하사 빛나고 깨끗한 세마포를 입게 하셨은즉 이 세마포는 성도들의 옳은 행실이로다"라고 했습니다. 세마포는 극세사이고 당시 최고급 옷감이었습니다. 성도들이 세마포 옷을 입고 있는데 그것은 옳은 행실이라는 것입니다.

예수 믿는 사람들의 행실이 왜 중요합니까? 드러나고 눈으로 볼 수 있기 때문입니다. 주일 낮 예배, 밤 예배, 수요일 예배, 금요기도회, 새벽기도회, 십일조, 특별헌금, 성경통독, 성경공부 이 모든 것은 다 드러납니다. 그러나 그런 것들 때문에 세상 사람들이 "저 사람은 진국이야, 진짜야"라고 말하지 않습니다. 그가 사는 삶의 모습, 행실을 보고 진짜인가 가짜인가를 분별합니다.

예수님이 말씀하셨습니다.

"너희 착한 행실을 보고 하늘에 계신 너희 아버지께 영광을 돌리게 하라"(마 5:16).

야고보서는 5장으로 구성되어 있습니다. 그런데 행실을 바로하라는 것을 시종 강조하고 있습니다. "행함이 없는 믿음은 그 자체가 죽은 것이다"라고 말씀하고 있습니다(약 2:17).

행함! 제가 1976년부터 2010년까지 34년 가까이 충신교회를 섬겼습니다. 대략 설교 횟수를 따져 봤습니다.

주일 낮 설교 34년×50회=1,700회
주일 저녁 설교 34년×50회=1,700회
수요일 저녁 설교 34년×30회=1,020회

새벽 설교 34년×200회=6,800회

금요 철야 설교 34년×30회=1,020회

합계: 12,240회

1만 2천 번 넘는 설교를 했습니다. 나쁜 짓 해라, 못되게 살아라, 미워해라, 싸워라, 사기쳐라는 말은 단 한 번도 한 일이 없습니다. 제 설교집을 살펴보십시오. '바르게 삽시다. 올곧게 믿읍시다'를 강조했습니다. 그런데 행실이 좋은 쪽으로 변한 사람도 있고, 나쁜 쪽으로 변한 사람도 있습니다. 흰옷, 세마포 옷이 더럽혀진 사람도 있고, 유지 관리를 잘한 사람도 있습니다. 흰옷, 세마포 옷을 더럽히지 맙시다. 헌 옷으로 만들지 맙시다.

2. 천국까지 입고 갑시다

죽은 사람은 평소 입던 옷을 다 벗기고 수의로 갈아입힙니다. 미국 사람들은 죽은 사람이 평소 가장 아끼고 입던 옷을 입힙니다. 수의가 따로 없습니다. 우리는 흰옷을 입고 천국까지 갑니다. 흰옷이라야 들어갑니다. 인생을 사는 동안 더러워질 수 있습니다. 그러면 어린양 예수의 피로 씻어 깨끗게 하면 됩니다.

바울은 강조합니다. "구습을 좇는 옛사람을 벗어버리라. 낡은 행실, 가치관, 삶의 티도 벗어버리라. 그리고 새 옷, 새사람을 입으라." 우리는 흰옷, 새 옷, 구원의 옷으로 갈아입었습니다. 아무리 깨끗한

옷 갈아입고 이름 바꾼 사람들(에베소서 4:17-24)

흰옷이라도 쓰레기통에 들어가고 진흙탕에 들어가고 먹물을 뒤집어쓰면 흰옷이 망가져 버립니다. 우리는 옷을 갈아입고 이름이 바뀐 사람들입니다. 신자, 그리스도인, 예수의 사람, 거룩한 백성, 하나님의 자녀가 우리 이름입니다. 깨끗하게 관리하고 천국까지 입고 갑시다.

에베소서 4장 24절이 결론입니다.

"하나님을 따라 의와 진리의 거룩함으로 지으심을 받은 새 사람을 입으라."

흰옷을 입으라! 새 옷을 입으라! 새사람을 입으라! 아멘.

삶이 힘들고 아픈 사람들에게

(열왕기상 19:9-14)

　　오늘 본문의 주인공인 엘리야, 그는 누구이며 어떤 사람인가를 먼저 살펴보겠습니다. 엘리야에 관한 기사는 열왕기상 17-22장, 열왕기하 1-2장에 기록되어 있습니다. 그러나 가족관계, 부모가 누구인지, 형제는 누구인지, 어떻게 성장했는지 등 전혀 언급이 없습니다. 디셉 사람이었고 하나님이 부르시고 말씀을 전하도록 하셨다는 정도 뿐입니다(왕상 17:1). 그가 활동한 시기는 북왕국 이스라엘 7대 왕 아합이 나라를 다스리고 있던 때였습니다.

　　엘리야의 활동을 통해 드러난 그의 사람됨을 살펴보겠습니다. 거처는 주로 광야였고 털옷을 입고 허리에는 가죽띠를 두르고 있었습니다(왕하 1:8). 야성미 넘치는 사람, 강한 체력과 정신력의 소유자, 불의와 맞서고 물러서지 않는 사람, 철저한 신앙의 소유자, 여러 가지 기적을 행한 사람, 마지막엔 죽지 않고 승천한 사람…. 그 어떤 선지자보다 강하고 담대한 사람이었습니다.

앞에서 말씀드린 대로 엘리야가 활동할 당시 왕은 아합 왕이었습니다. 성경이 밝히는 아합은 폭군이었고 우상숭배자였습니다. 그는 시돈 왕 엘바알의 딸 이세벨과 결혼합니다. 그 당시 이스라엘 왕은 우상을 숭배하는 이방 여인과 결혼할 수 없었습니다. 그런데 그는 이세벨과 결혼하고, 하나님 대신 바알을 숭배하고, 사마리아에 바알 신전을 건축하고, 거기 들어가 제단을 쌓고, 그것으로 모자라 아세라 신상을 만들어 숭배했습니다.

이전의 다른 왕보다 심히 하나님을 노하시게 했습니다(왕상 16:33). 그 앞에 엘리야가 나타납니다. 그리고 아합과 이세벨의 우상숭배, 탐욕, 실정을 대놓고 경고합니다. 그 후 아합과 이세벨이 섬기는 바알신 선지자 450명과 엘리야가 갈멜산에서 누가 믿는 신이 참신인가를 가르기로 했고 제단에 올려 놓은 제물을 불로 태우는 신이 참신인 것을 증명하기로 했습니다.

아합과 이세벨의 보호를 받는 선지자는 450명이었습니다. 엘리야는 혼자였습니다(왕상 18:22). 그러나 그날 바알신 제단에는 불이 임하지 않고 엘리야가 쌓은 제단에 하나님의 불이 임했고, 제물을 다 태워버렸습니다. 엘리야의 승리, 하나님의 승리였습니다. 바알의 패배, 아합과 이세벨의 패배였습니다.

그날 갈멜산의 대결 조건은 불로 응답받지 못하는 사람은 목숨을 내놓기로 한 것입니다. 약속대로 왕과 왕비의 보호를 받는 450명 바알 선지자들이 다 죽어야 했습니다(왕상 18:40). 이 비참한 소식이 곧바로 아합과 이세벨에게 전달됐고 이세벨은 곧바로 엘리야에게 사신을 보내 "내일 이맘때에는 반드시 네 생명을 저 사람들 중 한 사람의 생명과 같게 하리라"(왕상 19:2)고 했습니다. 반드시 너를 내일 안에 죽이겠다는 전갈이었습니다.

엘리야의 그다음 행보가 중요합니다. 왕비 이세벨이 보낸 통첩을 받은 그는 갈멜산에서 브엘세바로 도망칩니다. 브엘세바는 팔레스타인 최남단 55킬로미터 지점입니다. 그리고 하룻길을 더 달려 광야로 도망칩니다. 유대인들은 하룻길을 약 40킬로미터로 계산합니다. 이틀 동안 100리 길을 도망쳐 광야로 간 것입니다. 그리고 로뎀나무 그늘에 앉아 신세 한탄을 하고 있었습니다. 로뎀나무는 사막, 메마른 골짜기에 자라는 나무로 1-2미터 크기의 나무입니다.

거칠고 삭막한 광야, 그늘도 없고 쉴 곳도 없습니다. 로뎀나무 그늘에 낮은 엘리야는 "나만 남았습니다. 그들이 내 생명을 빼앗으려 합니다. 지금 내 생명을 거두시옵소서"라고 하면서 죽기를 원하고 있습니다. 있을 수 없는 일, 일어나선 안 될 일이 벌어진 것입니다. 엘리야가 누굽니까? 하나님의 선지자, 신앙의 대장부, 야성미 넘치는 남자, 아합도 이세벨도 겁내지 않던 사람, 바알 선지자 450명을 처단한 불의 사자였습니다. 그런 엘리야가 "나만 남았습니다. 나를 죽이겠다고 합니다. 차라리 하나님이 저를 죽여 주십시오"라고 항변하고 있습니다.

보통 사람이 그런다면 이해가 가능합니다. 그러나 엘리야가 그런다는 데 문제가 있습니다. 엘리야는 요즘 말로 표현하면 거인, 영웅, 초인, 달인입니다. 그런 그가 어떻게 소인배로 전락할 수 있습니까? 몇 가지 교훈을 찾아야 합니다.

1. 인간은 약한 존재

본래 초인으로 태어나는 사람은 없습니다. 흙으로 만든 질그릇입니다. 쉽게 망가지고 깨집니다. "너는 흙이니 흙으로 돌아갈 것이니라"(창 3:19)고 했습니다. 그렇습니다. 하나님이 사람을 지으실 때 금, 은, 동을 재료로 쓰지 않으시고 흙을 사용하셨습니다. 다른 점은 그 흙덩이 속에 하나님의 생기를 불어 넣어 생령이 되게 하신 것입니다 (창 2:7). 짐승과 사람이 다른 점은 생령(영혼) 문제입니다. 짐승은 영혼이 없고, 사람은 영혼이 있습니다. 몸뚱이 재료는 같습니다.

엘리야도 같습니다. 특별히 만든 특수 인간이 아닙니다. 다이아몬드로 만든 보석도 아니고 쇠붙이로 만든 철인도 아니고 인공지능을 입력시킨 로봇도 아닙니다. 야고보서 5장 17절에서 야고보는 "엘리야는 우리와 성정이 같은 사람이라"고 했습니다. 그래서 우리와 똑같아 죽는 것이 겁나고 두렵고 현실 돌파가 힘들었습니다. 우리는 여기서 엘리야의 두 모습을 보게 됩니다. 승리하는 엘리야와 절망하는 엘리야, 대장부 엘리야와 소인배 엘리야, 용기 있는 엘리야와 도망치는 엘리야, 나의 하나님이라고 외치던 엘리야와 나를 죽여 달라는 엘리야! 갈멜산의 엘리야와 로뎀나무 아래 엘리야! 이 두 모습이 내 모습이고 우리네 모습입니다.

2. 다 힘들고 다 아픕니다

병원을 찾아간 노인에게 의사가 묻습니다. "어디가 아프신가요?" "안 아픈 데가 없어요. 다 아파요." "정상이시군요." 노인만 힘들고 아픈가요? 어느 날 엘리베이터에서 유치원 가방을 맨 여자아이를 만났습니다. "유치원 다녀오는 거야?" "말 시키지 마세요. 저 피곤하걸랑요." 고시촌에 들어가 있는 젊은이에게 물었습니다. "공부하느라 고생 많죠?" "예, 당연한 고생인데요. 하루 3시간만 잡니다." 중소기업을 하는 사람을 만났습니다. "요즘 어떠세요? 많이 힘드시지요?" "힘듭니다. 은행대부, 거래처, 제품관리, 운영관리, 사람관리, 숨 돌릴 겨를이 없습니다." 저는 가끔 '전직 대통령이 재직 시 왜 못해 먹겠다고 했을까? 얼마나 힘들었으면 그런 푸념을 했을까?'를 생각해 봅니다.

예수님은 힘들지 않으셨을까요? 아프지 않으셨을까요?

제가 대수술을 받은 지 25년이 되었습니다. 위 전체를 들어내는 수술이었으니까 꽤 큰 수술이었습니다. 삼성병원 외과 과장의 집도로 복부를 가로로 20센티미터를 절개하고 위를 드러냈습니다. 수술은 전신마취로 진행됐으니까 잘 모릅니다. 스테이플러로 12군데를 찍어 벌어지지 않게 하고 실로 꿰맸습니다. 너무 아팠습니다. 견디기 힘들게 아팠습니다. 그때 기도하다가 깨달은 진리가 있었습니다.

'예수님은 나보다 더 아프셨다. 비교할 수 없게 아프셨다. 얼마나 아프셨을까? 얼마나 힘드셨을까? 그런데 단 한 마디도 힘들다, 아프다, 억울하다, 못해 먹겠다고 말씀하지 않으셨다.' 그때 다짐한 게 있

삶이 힘들고 아픈 사람들에게(열왕기상 19:9-14)

습니다. '가능하면 남은 인생을 살면서 힘들다, 어렵다, 아프다는 말을 하지 않고 살아야겠다. 하루하루 숨쉬는 것, 걷는 것, 사는 것을 감사하며 살겠다.'

세상을 살면서 배신을 당할 수 있습니다. 그러나 예수님이 당하신 베드로의 배신, 가룟 유다의 배신에 비할 수 없습니다. 삶이 힘들 수 있습니다. 그러나 머리를 둘 곳도 없게 사신 예수님만큼 힘들진 않습니다. 가슴이 아프고, 마음이 아프고, 몸이 아프고, 억울하고 답답할 수 있습니다.

그러나 예수님의 십자가만큼 억울하진 않습니다. 예수님의 머리에 쓰신 가시관, 손과 발에 받으신 네 개의 쇠 못만큼 아프진 않습니다. 목마르다고 절규하실 때 물 한 모금 주는 사람이 없었습니다. 우리는 아프면 곧바로 병원에 찾아가고 명의를 찾아갑니다. 예수님의 아픔에 비하면 호강을 누리는 것입니다. 세상 어디에도 편하고 쉽고 평탄한 삶은 없습니다. 아프지 않은 사람도 없습니다. 나도 아프고, 너도 아프고, 동양도 아프고, 서양도 아프고, 강남도 아프고, 쪽방촌도 아픕니다. 아파야 인생이고 힘들어야 인생입니다.

3. 해법 바로 찾기

하나님이 해법입니다. 엘리야의 경우, 도망쳐 보았습니다. 광야로 달려가 보았습니다. 날 죽여 달라고 넋두리를 해보았습니다. 40주야를 걸어 호렙산까지 갔습니다. 브엘세바에서 호렙산까지는 350킬로미터 거리입니다. 엘리야는 40일을 걸어 호렙산까지 가는 동안 단순히 걷기만 한 것이 아니라 하나님의 이끄심을 따라 걷고 금식하고 기도하며 걸었다는 것이 성경학자들의 해석입니다.

호렙산에 도착한 엘리야는 굴에 들어갑니다(왕상 19:8-9). 그리고 그 굴에서 하나님을 만납니다. 해법을 바로 찾은 것입니다. 힘든 문제를 푸는 해법, 아픈 문제를 푸는 해법은 무엇입니까? 도망치고 겁내고 대들고 호렙산까지 40주야를 걸어가고 동굴 속으로 들어가고…. 그게 해법이 아니었습니다. 하나님을 만나는 것, 하나님 음성을 듣는 것, 하나님의 지시를 따르는 것, 그것이 바른 해법입니다.

열왕기상 19장 18절을 보면 하나님께서는 "바알에게 무릎 꿇지 않은 사람, 바알에게 입맞추지 않은 사람 7천 명이 있다"라고 했습니다. 너 혼자가 아니다, 내가 너와 함께 있다, 7천 명 남은 자가 있다는 것입니다. 왜 하나님이 해법이십니까? 나는 제한적인 존재, 유한한 존재, 힘없는 존재이기 때문입니다. 몇 군데 성경 구절을 찾아보겠습니다.

"나는 너희를 치료하는 여호와임이라"(출 15:26).

"나는 죽이기도 하며 살리기도 하며 상하게도 하며 낫게도 하나니 내 손에서 능히 빼앗을 자가 없도다"(신 32:39).

"너희는 옷을 찢지 말고 마음을 찢고 너희 하나님 여호와께로 돌아올지어다"(욜 2:13).

죽고 사는 것, 흥하고 망하는 것, 성공하는 것과 실패하는 것을 오직 하나님만 주장하신다는 것입니다. 내가 할 수 있는 일, 가능한 일은 제한적이라는 것을 인정해야 합니다.

4. 나는 어떻게 해야 합니까?

결론이 되겠습니다. 어떤 사람이 몸이 아파 병원에 갔습니다. 진찰한 소견은 아픈 원인을 찾을 수 없는 신경성 질환이었습니다. "너무 걱정하지 마십시오. 제가 복용하는 약을 처방해 드리겠습니다. 반드시 치료가 될 것입니다."

환자는 그날부터 2주간 하루 세 번씩 시간 맞춰 약을 먹었습니다. 그리고 아픈 곳이 다 나은 기분이 들었습니다. 그런데 의사가 처방해 준 약은 영양제와 단백질이었습니다. 의사를 신뢰하고 밀가루를 약으로 먹어도 치료가 될 수 있다는 것을 플라시보 효과 (placebo effect)라고 합니다. 의사를 신뢰하고 먹으면 치료가 된다는데 전능하신 하나님, 창조주 하나님, 치료하시는 하나님을 믿으면 어떻겠습니까?

그동안 미국은 가장 부자 나라, 기독교 국가, 세계의 미국, 제3세계 사람들이 살고 싶은 나라, 민주국가, 아름다운 나라였습니다. 그런데 지금은 아닙니다. 예를 들겠습니다. 2022년 통계에 의하면 감옥 (교도소) 수감자가 120만 3천 명으로 매년 2% 증가, 마약 사망자 10만 7천 명, 음주 사망자 4만 2천 명, 자살자 5만 명, 총기 사고 사망자 10만 명…. 지상 천국이 아닙니다. 동성애가 판치는 나라, 아무 데서나 총질하는 나라, 무법 천지, 계속 교회가 문 닫는 나라! 미국도 힘들고 아픕니다. 전 세계가 다 아픕니다. 대한민국도 아픕니다. 많이 아픕니다.

밀려오는 파도가 겁나는 사람이 있고 산더미 같은 파도가 밀려오길 기다리는 사람들이 있습니다. 파도 타는 운동을 서핑이라고 합니다. 그네들은 파도가 밀려와야 신바람 나고 운동을 할 수 있습니다. 인생에도 신앙생활에도 파도는 있습니다. 겁내는 사람에겐 파도가 더 커 보입니다. 반면에 파도를 기다리는 사람에게는 클수록 높을수록 많을수록 더 좋습니다. 그런데 아무나 파도를 타는 게 아닙니다. 극소수에 불과합니다. 파도를 타는 사람에게 물었습니다. "어떻게 그토록 크고 높은 파도를 탈 수 있느냐?" 그의 대답은 "파도를 겁내거나 무서워하지 않아야 한다. 부단히 파도와 싸우고 훈련을 해야 한다"라는 것이었습니다.

옛날에 부르던 부흥성가도 있고 복음성가에도 있는 노래가 있습니다.

"동남풍아 불어라 서북풍아 불어라
가시밭의 백합화 예수 향기 날리니 할렐루야 아멘
가시밭의 백합화 예수 향기 날리니 할렐루야 아멘!"

"모진 폭풍아, 불 테면 불어라. 할퀴고 찢기노라면 진한 예수 향기를 발하게 된다"는 것입니다. 이 태도, 이 자세가 파도를 겁내지 않고 파도를 타는 자세입니다.

바울이 말년에 로마 감옥에 갇혀 있었습니다. 죄명도 없는 억울한 옥중생활이었습니다. 그때 옥중에서 교회들에게 써 보낸 편지들을 옥중서신이라고 합니다. 에베소서, 빌립보서, 골로새서, 빌레몬서입니다. 그런데 단 한 구절도 억울하다, 참담하다, 죽고 싶다, 못해 먹겠다고 말한 일이 없습니다. 기뻐하라, 감사하라, 기도하라고 했습니다. 나만 힘든 게 아닙니다. 다 힘듭니다. 나만 아픈 게 아닙니다. 엘리야도, 바울도, 우리도 힘들고 아픕니다.

히브리서 12장 2절이 결론입니다.

"믿음의 주요 또 온전케 하시는 이인 예수를 바라보자."

나의 나 된 것은 하나님의 은혜

(고린도전서 15:9-11)

도대체 바울은 얼마나 많고 크고 엄청난 은혜를 받았기에 "나의 나 됨은 하나님의 은혜"라고 했을까요? 먼저 바울이 누군가를 살펴보겠습니다. 그의 고향은 당시 로마의 식민지인 길리기아 주의 수도 다소입니다. 다소는 문화의 중심지였고 대도시였습니다. 본명은 사울이고 정통 유대인으로 베냐민 지파 후손이었습니다. 그의 부친이 로마에 기여한 일이 있어 로마 시민권을 가지게 됐습니다. 사울은 6세 때 율법 공부를 시작했고, 10세경 당시 유명한 율법학자인 가말리엘의 제자가 됩니다.

그 당시 세 가지 세력이 세계를 지배하고 있었습니다. 그것은 로마의 정치, 헬라 문화, 유대 종교입니다. 사울은 3대 영향권에서 공부했고 성장했습니다. 엘리트로 자랐고, 먹고사는 것은 걱정 없는 집안, 철저한 율법 보수파, 거기다 로마 시민권까지 가지고 있었습니다. 그렇다고 상류사회 시민은 아니었고, 권력층도 재벌도 아니고, 명문가도 아닌 평범한 소시민 출신이었습니다.

그런데 기가 막힌 것은 예수를 믿고 난 후 다 날아가 버렸습니다. 은혜는커녕 빈털터리가 됐습니다. 결혼도 못해서 가정도 꾸리지 못했고, 유대인들이 배신자로 몰아 추방해 버렸습니다. 예수님을 영접하고 난 후 겪었던 일들을 이렇게 술회합니다.

고린도후서 11장 23-27절입니다.

> "내가 수고를 넘치도록 하고 옥에 갇히기도 더 많이 하고 매도 수없이 맞고 여러 번 죽을 뻔하였으니 유디인들에게 사십에서 하나 감한 매를 다섯 번 맞았으며 세 번 태장으로 맞고 한번 돌로 맞고 세 번 파선하고 일 주야를 깊은 바다에서 지냈으며 여러 번 여행하면서 강의 위험과 강도의 위험과 동족의 위험과 이방인의 위험과 시내의 위험과 광야의 위험과 바다의 위험과 거짓 형제 중의 위험을 당하고 또 수고하며 애쓰고 여러 번 굶고 춥고 헐벗었노라."

참으로 험한 인생, 편할 날 없는 인생을 살았습니다. 그뿐입니까? 바울 연구 학자들에 의하면 만성 안질로 앞을 잘 볼 수 없었고 심장병에 위장병까지 있었다고 합니다. 병을 달고 산 셈입니다. 그런데 뭐가 은혜입니까? 출세를 했습니까? 성공을 했습니까? 돈을 벌었습니까? 호의호식했습니까? 예루살렘 정치권에 들어섰습니까?

아닙니다. 단 한 가지도 해당되는 게 없습니다. 그런데 왜 은혜라고 했을까요? 판단력이 약해서였을까요? 기준이 낮아서였을까요? 아니면 자신의 실패를 포장하기 위해서였을까요? 아닙니다. 진짜 은혜가 무엇인가를 깨닫고 발견하고 확신했기 때문입니다.

1. 어떤 은혜입니까?

1) 구원의 은혜입니다.

본래 바울은 예수를 만난 일도 없고 믿는 사람도 아니었습니다. 믿기는커녕 자신이 믿고 배운 율법 종교와 다르다는 이유로 기독교 박해에 앞장섰습니다. 기독교인들은 죽은 예수를 살아났다고 믿는 허풍쟁이에다 민심을 교란하는 광신도라고 여기고 잡아 죽이는 데 앞장섰습니다.

예루살렘에서 박해가 시작되자 기독교인들은 피난 길에 올랐습니다. 기독교인들이 대거 당시 아람 나라 수도였던 다메섹으로 도망쳤다는 정보를 입수한 사울은 추격대를 이끌고 그 뒤를 쫓고 있었습니다.

사울은 다메섹으로 가는 길에서 극적으로 부름을 받게 됩니다. "사울아, 사울아! 네가 왜 나를 핍박하느냐." "누구신지요?" "나는 네가 핍박하는 예수다"(행 9장). 여기서 그는 회개하고 예수를 영접하고 "예수 그리스도는 살아 계신다. 나를 구원하셨다. 예수만 구원이시다"라고 외치는 복음의 선포자가 됩니다.

파리 올림픽에서 금메달을 받은 한국 선수들의 평균 나이는 24세입니다. 그들의 공통점이 있었습니다. 경기에 이기면 다 우는 것입니다. 왜 이겼는데 웁니까? 외아들이 재수 끝에 서울대에 합격했습니다. 그 소식을 접한 어머니가 대성통곡을 합니다. 왜 합격했는데 웁니까? 감동 때문입니다.

바울은 죄인 중의 괴수, 인생 찌꺼기, 박해자인 자신을 부르시고 구원해주신 그 은혜에 빠져 살았습니다. "죄를 용서받았다. 구원받았다." 이 감격이 없으면 그리스도인이 아닙니다.

미국 뉴욕 대학 교수였고 신문 칼럼니스트였던 더글러스 러쉬코프가 편집한 《지난 2천 년 동안의 위대한 발명》이라는 책이 있습니다. 한국판은 2000년에 초판이 나왔으니까 오래된 책입니다. 미국의 저명인사 110명에게 지난 2천 년 동안 위대한 발명은 무엇이라고 생각하는지 물었습니다. 대답은 여러 가지였습니다. 예를 들면 전기, 인쇄술, 아스피린, 인터넷, TV, 핵폭탄 등이었습니다. 그런데 그 가운데 더글러스 러쉬코프는 '지우개'라고 했습니다. 연필로 글을 쓸 때 지우개는 고무 지우개였습니다. 그러나 컴퓨터로 글을 쓰고 디자인하는 시대, 휴대폰으로 글을 쓰고 세계 정보를 들여다보는 시대는 고무 지우개가 아닙니다. 손가락만 움직이면 지우고 다시 쓰고 그리는 것이 가능한 지우개가 장착되어 있습니다.

그는 이렇게 말했습니다.

"컴퓨터의 Del 키, 화이트, 헌법 수정조항, 그 밖에 인간의 실수를 수정하는 모든 것들을 꼽고 싶다. 이렇게 뒤로 돌아가서 지우고 다시 시작할 수 없었다면 과학적 모델도 없었을 것이고 정부, 문화, 도덕도 없었을 것이다. 지우개는 우리의 참회소이자 용서하는 자이며 타임 머신이기도 하다."

저는 이 글을 읽다가 하나님의 지우개가 떠올랐습니다.

이사야 43장 25절을 보겠습니다.

"나 곧 나는 나를 위하여 네 허물을 도말하는 자니 네 죄를 기억하지 아니하리라."

내 죄, 내 허물, 내 과거를 몽땅 지우개로 지워버리고 기억도 하지 않겠다는 것입니다. 왜 지워주십니까? 죄가 너무 많기 때문입니다. 큰 죄, 작은 죄, 드러난 죄, 숨긴 죄, 과거 지은 죄, 지금 짓고 있는 죄, 지저분한 죄, 더러운 죄, 너무 많은 죄, 그것들을 다 도말하시겠다(지우신다)는 것입니다.

하나님의 지우개는 무엇입니까? 어떻게 지우십니까? 십자가입니다. 나 대신 예수님이 십자가에 죽으심으로 내 죄를 용서하시고 내 죄를 지워주셨습니다. 값싼 지우개가 아닙니다. 컴퓨터 지우개가 아닙니다. 예수님의 피로 만든 지우개입니다.

독일 신학자 본회퍼 목사님은 "값싼 은혜는 죄인을 의롭다고 말하는 것이 아니라 죄를 의롭다고 인정하는 것이다. 은혜는 결코 값싼 것이 아니다"라고 했습니다. 싸구려, 바겐세일 상품이 아니라 예수님의 피로 만든 은혜이기 때문입니다. 바울은 계속 이 은혜, 큰 은혜, 넘치는 은혜를 선포하고 감격했습니다. 내가 받은 은혜는 바울이 받은 은혜와 다른 은혜입니까 같은 은혜입니까? 같은 은혜라면 왜 감동이 없습니까? 감격이 없습니까? 어쩌다 감격을 잃어버렸습니까?

이화여자대학교 장윤재 목사님 설교 중에 나오는 이야기입니다.

나의 나 된 것은 하나님의 은혜(고린도전서 15:9-11)

어떤 여인이 생사를 헤매는데 들려오는 음성이 있었습니다.

"너는 누구인가?"

"저는 쿠퍼 부인입니다. 이 도시의 시장 아내입니다."

"나는 너의 이름이나 남편에 관해 묻지 않았다. 너는 누구
인가?"

"저는 사랑하는 두 아이의 엄마입니다."

"네가 누구 엄마냐고 묻지 않았다. 너는 누구인가?"

"저는 초등학교에서 아이들을 가르치는 교사입니다."

"나는 너의 직업을 묻지 않았다. 너는 누구인가?"

"저는 기독교인이고 남편에게 내조를 잘하고 열심히 일하
고 있습니다."

"나는 너의 종교가 무엇인지 어떻게 살았는지를 묻지 않았
다. 너는 누구인가?"

나는 뭐라고 대답해야 합니까? "저요? 지난날 망나니, 죄인, 괴수,
멋대로 살던 저였습니다. 그런데 하나님 은혜로 용서받고 구원받고
지금은 하나님의 자녀가 된 아무개입니다"라고 큰 소리로 또박또박,
명확하게 답할 수 있어야 합니다.

2) 종된 은혜입니다.

그 당시 노예(종)의 희망은 자유인이 되는 것, 노예 명부에서 삭제
되는 것이었습니다. 그리고 낯선 곳으로 멀리 떠나 자유롭게 사는
것이었습니다. 그런데 종도 아니고 노예 후손도 아닌 바울이 "나는

예수 그리스도의 종이다"라고 자신의 신분을 밝히고 있습니다.

로마서 1장 1절을 보겠습니다.

"예수 그리스도의 종 바울은 사도로 부르심을 받아 하나님의 복음
을 위하여 택정함을 입었으니."

'예수 그리스도의 종', 이 대목이 중요합니다. 누구의 종이냐, 뭘
하는 종이냐가 중요합니다.

바울은 갈라디아서 5장 1절에서 "그리스도께서 우리를 자유롭게
하려고 자유를 주셨으니 그러므로 굳건하게 서서 다시는 종의 멍에
를 메지 말라"고 했습니다. 죄의 종으로 살던 원점으로 돌아가지 말
라, 죄에게 끌려 다니지 말라, 너는 자유인이라는 것입니다.

바울은 이 점을 주목했습니다. "나는 죄의 종이 아니라 하나님의
종이다"라고 선언한 것입니다. 죄의 종과 하나님의 종, 죄에 끌려다
니는 종과 하나님을 위해 사는 종은 같은 종이 아닙니다. 바울은 자
신이 죄의 종, 마귀의 종, 율법의 종 노릇 하다가 하나님의 종이 되
었다는 것을 자랑하고 감격했습니다. 그는 하나님의 종이 되기 위해
호된 훈련을 받은 것입니다.

가장 강한 칼은 불가마에 가장 많이 들어갔다 나온 칼, 쇠망치로
가장 많이 두들겨 맞은 칼입니다. 그리고 명장이 만든 칼이 최고의
검이 되는 것입니다. 팽이가 도는 이유를 아십니까? 제대로 맞아야
돌고 돕니다. 바울은 하나님의 종이 되기 위해 온갖 수모, 박해, 위
협, 죽음이 겹친 불가마를 들락거렸고 망치로 맞았습니다. 팽이처럼

두들겨 맞으면서 하나님의 종이 되었습니다.

역사상 어느 정치인도 영웅도 재벌도 학자도 바울 만한 영향을 끼친 사람은 없습니다. 전 세계적으로 바울이라는 이름을 가진 사람이 수천만 명이라고 합니다. 바울을 연구한 책들이 수만 권이라고 합니다. 바울을 연구해 석사 박사가 된 사람들이 수십만 명입니다. 영국, 미국, 브라질 등에 바울의 이름으로 된 명문학교가 있고 전 세계 신학계를 석권하고 있습니다.

조지 워싱턴, 링컨, 나폴레옹, 칭기즈칸, 카네기, 록펠러, 빌 게이츠도 바울의 영향력을 따를 수 없습니다. 그리고 그 영향력은 끝난 게 아니고 진행형입니다. 예수님이 재림하실 때까지 계속될 것입니다.

2. 우리들의 자세

1) 감동, 감격, 감사합시다.

구원받은 그 은혜, 죄 사함 받은 그 사건 하나만으로도 감동하고 감격하며 감사해야 합니다. 무엇이 됐기 때문에, 무엇을 이뤘기 때문에 하는 감사는 조건부 감사입니다. 그런 경우는 안 되고 못 받으면 감사를 못하게 됩니다.

하박국 3장을 보면 무화과, 포도, 감람나무 농사가 완전히 망해버렸더라도, 밭농사가 망해서 소출이 없더라도, 유행병으로 소가 죽고 양이 다 죽는다고 하더라도 18절이 중요합니다.

"나는 여호와로 말미암아 즐거워하며 나의 구원의 하나님으로 말
미암아 기뻐하리로다."

실패할 수 있습니다. 병들 수 있습니다. 힘들 수 있습니다. 고통스
러울 수 있습니다. 뜻대로 안 될 수 있습니다.

그때 "하나님, 왜 이러십니까? 왜 저한테 이런 고통, 시련을 주십
니까?"라며 원망하고 불평하면 그걸로 끝입니다. 그럼에도 불구하고
예수 믿고 구원받은 그 사실 하나만으로 감사하고 감동하고 감격하
면 다른 길이 열리게 됩니다.

세계 1위 부자는 사우디아라비아의 빈 살만이랍니다. 왕실 재산
은 1조 4천만 달러랍니다. AI에게 물었더니 한화로 1경 8천 2백조 원
이었습니다. 제대로 된 계산인지도 모르겠습니다.

AI한테 물었습니다. "대한민국 삼성그룹 자산은 얼마나 되는가?"
답은 "자세한 것은 삼성 내부 자료를 참고하는 게 좋지만 대략 440조
정도로 본다"였습니다. 빈 살만은 현재로 만족할까요? 더~ 더~ 안 할
까요? 삼성은 "이제 그만하고 쉬자. 그만 벌자. 그만하면 됐다"라고 할
까요? 끝이 없습니다. 문제는 관리입니다.

늘 감사하는 마음을 잊지 맙시다. 그리고 표현하며 삽시다. 감동!
감격! 감사!

2) 종 노릇 잘합시다

바울은 종은 종인데 하나님의 종, 바른 종, 충성된 종이었습니다.
우리 각자에게는 하나님으로부터 받은 사명, 곧 일감들이 있습니다.

나의 나 된 것은 하나님의 은혜(고린도전서 15:9-11)

그 일감을 잘 처리하면 착하고 충성된 종이 되고, 잘못 처리하면 악하고 게으른 종이 됩니다.

2024년 9월 3일 영국 BBC 방송보도 내용이라고 합니다. 2023년 4월부터 2024년 3월까지 1년 사이 잉글랜드와 웨일스 거리에서 전화, 가방 날치기 사건이 7만 8천 건, 하루 평균 213건꼴, 소매치기 13만 건, 그래서 골머리를 앓고 있고 대책 마련에 나섰다고 합니다.

기독교 국가였던 영국, 해 지는 곳이 없다던 영국, 신사의 나라 영국이 왜 그렇게 됐을까요? 윤리와 도덕이 땅에 떨어졌기 때문이고 그것들이 땅에 떨어진 이유는 신앙을 버렸기 때문입니다. 다시 말하면 하나님의 종 노릇을 잘못했기 때문입니다. 개인이든, 집단이든, 국가든 하나님을 멀리하고 외면하면 멀리 못 갑니다. 나를 위한 일도 열심히 합시다. 그러나 하나님의 일도 소홀히 하지 맙시다. 돈을 많이 법시다. 그러나 돈의 노예는 되지 맙시다. 돈은 사람을 위해 필요한 것이지, 사람이 돈을 위해 존재하면 그 인생이 추해집니다. 욕망과 노력을 구분합시다. 욕망은 탐내는 것이고, 노력은 최선을 다하는 것입니다.

주인 노릇을 하려 들지 맙시다. 나는 주인이 아닙니다. 주인이 따로 있기 때문에 내가 주인 노릇을 하려 들면 안 됩니다. 나는 주인이 아닙니다. 나는 종입니다. 도마가 "나의 주 나의 하나님"이라고 고백했습니다. 내가 주가 아닙니다. 나는 종입니다. 나의 나 된 것은 누구 은혜입니까? 내 노력입니까? 부모 덕입니까? 친구 덕? 남편 아내 덕입니까? 결론은 명확합니다.

"나의 나 된 것은 하나님의 은혜!" 아멘.

두 지팡이의 신비

(출애굽기 4:18-23)

창세기에서 요한계시록까지 '지팡이'라는 용어가 59차례 나옵니다. 그 지팡이를 다 다룰 순 없고 출애굽기 4장에 기록된 지팡이 중심으로 말씀을 이어 나가도록 하겠습니다.

출애굽기 4장은 두 가지 지팡이를 얘기하고 있습니다. 그것은 모세의 지팡이와 하나님의 지팡이입니다. 국어사전에 따르면 지팡이란 "길을 갈 때나 서 있을 때 몸을 의지하기 위해 짚는 막대기"라고 했습니다. 지팡이를 제3의 다리라고도 합니다. 단순히 짚는 막대기가 아니고 고령자, 장애인에게는 보행, 보조 기구가 되고, 등산할 때, 하이킹할 때, 시각 장애인도 지팡이를 애용하고, 유럽의 경우는 신사가 멋을 내기 위해 짚기도 합니다. 지팡이 값도 다양해서 고가의 지팡이는 400~500만 원 하는 것도 있다고 합니다.

그러나 모세의 지팡이는 용도가 달랐습니다. 미디안 광야에서 양을 칠 때 도구로 사용했던 지팡이입니다. 양이 먹는 풀밭을 가르기도 하고, 양을 지키고, 맹수를 쫓는 도구로 사용하기도 했습니다. 그러니까 목자는 누구나 손에 들고 다니는 지팡이가 있었습니다.

모세가 태어난 곳은 애굽이었고 바로 왕의 공주 아들로 입양된 탓으로 왕가의 교육과 훈련을 받게 됩니다. 그가 청년이 된 어느 날 애굽 사람을 죽인 것이 탄로나자 도망쳐 미디안에 정착하게 됩니다. 미디안에서 하는 일은 양을 치는 일이었습니다. 양을 치려면 지팡이가 필요했고 그 지팡이가 '모세의 지팡이'였습니다.

그러던 어느 날 하나님의 부르심을 받게 됩니다. "애굽의 내 백성 이스라엘이 압제와 박해를 받으며 살고 있다. 네가 애굽에 들어가 내 백성을 이끌어내도록 하라" 청천벽력 같은 명령이었습니다. 온갖 핑계를 다 동원했지만 하나님은 기어코 모세를 애굽으로 들어가게 하셨습니다. 미디안을 떠나 애굽으로 들어가는 장면이 출애굽기 4장에 기록되어 있습니다.

4장 20절을 보겠습니다. "모세가 그의 아내와 아들들을 나귀에 태우고 애굽으로 돌아가는데 모세가 하나님의 지팡이를 손에 잡았더라"고 했습니다. 미디안에서 양을 치며 사용하던 지팡이는 버리고 하나님이 주신 새 지팡이를 든 게 아닙니다.

그런데 어떻게 하나님의 지팡이가 됩니까? 모세가 애굽으로 들어가는 것은 개인 일로 가는 것도 아니고 가족여행도 아닙니다. 하나님의 종으로 부름받고 가는 것입니다. 그 시간부터 모세는 개인이 아닙니다. 하나님의 종이기 때문에 모세가 가진 지팡이도 하나님의 지팡이가 되는 것입니다.

보잘것없는 지팡이, 나무를 잘라 만든 지팡이가 하나님이 사용하시는 거룩한 능력의 도구가 된 것입니다. 모세의 지팡이와 하나님의 지팡이의 다른 점은 무엇일까요? 비교해 보겠습니다.

모세의 지팡이는 모세 개인의 소유이고 도구입니다. 양을 지키는 도구입니다. 그러나 하나님의 지팡이는 하나님의 소유이고 도구입니다. 하나님의 지팡이는 이스라엘 민족을 지키고, 보호하며, 이끄는 지팡이입니다. 애굽의 바로와 싸워 이겼습니다. 바로 앞에서 기적을 행했고 그 지팡이로 홍해를 가를 때 홍해가 갈라졌습니다.

모세의 지팡이로는 그 일을 못 합니다. 그러나 하나님의 지팡이는 가능합니다. 여기 중요한 문제가 있습니다. 그것은 모세 지팡이가 하나님의 지팡이가 된 그 이후부터는 모세 마음대로 휘둘러선 안 된다는 것입니다. 실례를 들겠습니다. 모세가 이스라엘 백성을 이끌고 홍해를 건너 광야를 횡단하고 있을 때였습니다. 광야엔 물이 없고, 그늘이 없고, 먹거리가 없습니다. 광야엔 불볕더위, 모래바람만 있습니다. 백성의 원망이 빗발치기 시작했습니다. "물이 없다. 목말라 죽겠다. 무화과도 없다. 포도도 없다. 석류도 없다" 하면서 폭동 일보 직전이었습니다.

그때 하나님의 명령이 임했습니다. 민수기 20장 8절입니다.

"지팡이를 가지고 네 형 아론과 함께 회중을 모으고 그들의 목전에
서 너희는 반석에게 명령하여 물을 내라 하라."

그러나 화가 치민 모세가 어떻게 했습니까? 민수기 20장 10-12절

입니다.

"반역한 너희여 들으라 우리가 너희를 위하여 이 반석에서 물을 내랴 모세가 그의 손을 들어 그의 지팡이로 반석을 두 번 치니 물이 많이 솟아나오므로 회중과 그들의 짐승이 마시니라 여호와께서 모세와 아론에게 이르시되 너희가 나를 믿지 아니하고 이스라엘 자손의 목전에서 내 거룩함을 나타내지 아니한고로 너희는 이 회중을 내가 그들에게 준 땅으로 인도하여 들이지 못하리라 하시니라."

모세는 하나님의 지팡이를 내 지팡이인 줄 착각하고 반석을 두 번씩이나 쳤고 "내가 물을 내랴?" 하면서 자기를 드러냈습니다. 이 사건 때문에 모세는 가나안 땅에 들어가지 못합니다. 양을 치던 모세의 지팡이가 하나님의 지팡이가 된 후 엄청난 기적을 행하는 도구가 됐습니다. 그러나 하나님의 지팡이를 아직도 내 지팡이인 줄 착각하고 내 마음대로 휘두르면 지팡이의 주인이 되시는 하나님이 노를 발하시게 됩니다. 모세가 그런 경우입니다.

스웨덴 스톡홀름에는 조각가 칼 밀레스의 조각 공원이 있습니다. 2백여 점의 작품이 전시되어 있는데 그 작품들 가운데 "신의 손"이라는 작품이 있습니다. 1954년도 작품인데 신의 손 엄지와 검지 위에 인간이 위태롭게 서 있습니다. 신의 손을 벗어나면 추락합니다. 신이 손을 조금만 움직여도 끝장난다는 메시지를 주고 있습니다. 인간이라는 존재는 별것 아닙니다.

은상어는 400년, 고래는 200년을 산답니다. 상어나 고래는 바다에 뛰어들어도 죽지 않지만 사람은 죽습니다. 곰은 절벽에서 떨어져도 죽지 않지만 사람은 죽습니다. 독수리는 공중을 날지만 사람은 비행기를 타야 날 수 있습니다. 산짐승들은 병원이 없지만 사람은 동네마다 병원이 있습니다.

인간은 하나님의 손을 벗어나면 무너집니다. 끝장납니다. 그래서 시편 139편에서 다윗은 "여호와여 주께서 나를 살펴보셨으므로 나를 아시나이다"로 시작되는 시에서 "내가 앉고 일어섬을 아시고 내 생각도 밝히 아시고 나의 행위를 익히 아시고 내 혀의 말도 아시고 내가 하늘에 올라가도 거기 계시고 바다 끝에 가도 거기 계신다"라고 합니다. 그러면서 시편 139편 7절에서는 "내가 주의 영을 떠나 어디로 가며 주의 앞에서 어디로 피하리이까"라고 했습니다.

하나님을 떠나면 갈 곳도 없고 갈 만한 곳도 없습니다. 하나님의 손 안에 있기 때문입니다. 모세가 하나님의 지팡이가 된 것처럼 다윗도 하나님의 지팡이와 막대기를 고백했습니다.

시편 23편 4절에서 "주의 지팡이와 막대기가 나를 안위하시나이다"라고 했습니다. 다윗도 베들레헴에서 양을 치는 목동이었습니다. 양치는 목자에게는 두 가지 필수품이 있었습니다. 그것은 지팡이와 막대기입니다. 양들을 인도하고 지키는 무기이기도 했습니다.

다윗도 지팡이와 막대기를 가지고 있었습니다. 그런데 시편 23편에서는 주의 지팡이와 막대기가 나를 지키시고 이끄신다고 고백하고 있습니다. 양치는 지팡이가 나를 지키고 보호하고 이끄는 것이 아니라 하나님의 지팡이가 나를 지키고 보호하신다는 것입니다.

다윗이 블레셋 장군 골리앗과 맞서 싸운 기사가 사무엘상 17장에 기록되어 있습니다. 골리앗은 키가 297센티미터, 그가 입은 갑옷 무게가 60킬로그램, 놋투구를 쓰고 놋각반을 차고 놋단창을 어깨에 멘 거인 장군이었습니다. 그러나 다윗은 양치던 막대기와 물매 하나가 전부입니다. 전쟁을 구경한 일도 없고 해본 일도 없습니다. 그러나 그는 "너는 칼과 창과 단창으로 내게 나아 오거니와 나는 만군의 여호와의 이름 곧 네가 모욕하는 이스라엘 군대의 하나님의 이름으로 네게 나아가노라 오늘 여호와께서 너를 내 손에 넘기시리니 내가 너를 쳐서 네 목을 베고 여호와의 구원하심이 칼과 창에 있지 아니함을 이 무리에게 알게 하리라 전쟁은 여호와께 속한 것인즉 그가 너희를 우리 손에 넘기시리라"(삼상 17:45-47)고 했습니다.

골리앗이 다윗을 볼 때 얼마나 가소로워 보였겠습니까? 그러나 다윗의 선포는 하나님과 너의 전쟁은 이미 승부가 끝났다는 것이었습니다. 양치는 도구로 싸운 것이 아닙니다. 하나님의 지팡이, 막대기, 물매로 싸운 것입니다. 그래서 이길 수 있었습니다. 물매도 목자들의 무기입니다. 돌을 넣고 7-8회 돌리다 던지면 초속 35미터로 날아간다고 합니다. 다윗은 물맷돌 하나를 던져 이겼고 4개는 남았습니다.

이것은 신비한 사건입니다. 어떻게 다윗이 골리앗을 이깁니까? 어떻게 물맷돌 하나로 골리앗을 쓰러뜨립니까? 어떻게 블레셋을 이깁니까? 다윗이 사용하던 지팡이와 막대기 그리고 물매가 하나님의 지팡이가 되고 막대기가 되고 물매가 되었기 때문입니다.

벳새다 들녘에 예수님의 말씀을 들으러 5천 명이 모였습니다. 말씀이 길어지면서 식사 때가 지났습니다. 그때 한 아이가 도시락을 싸왔노라며 내놓았습니다. 보리 떡 다섯 개와 물고기 두 마리였습니다. 그것이 예수님의 손으로 옮겨졌고 축사하신 후 나눠주라고 명하셨습니다. 한 아이 손에서 예수님 손으로 바뀐 것뿐입니다. 그런데 5천 명이 먹고 열두 바구니가 남는 기적이 일어났습니다. 내가 가지고 있으면 보리떡 다섯 개, 물고기 두 마리입니다. 그러나 예수님 손으로 이양되면 기적이 일어납니다.

보리 떡도 물고기도 하나님의 지팡이가 되면 신비한 사건이 일어납니다.

"이것은 내 거야, 내 지팡이야, 내가 믿고 의지하는 내 거야, 절대 양보 못해"라고 하지 맙시다. 하나님을 신뢰하고 내 지팡이보다 하나님의 지팡이가 더 강하고 더 좋고 더 힘 있는 것을 인정하고 믿읍시다. 하나님의 깊은 뜻을 깨닫고 맡깁시다.

지인이 카톡으로 보내준 이야기입니다. 지난 추석 경상도에 있는 시댁에 내려가서 차례를 지내고 시어머니한테 우리 큰며느리가 수고했다며 칭찬도 받았습니다. 시어머니가 이것저것 남은 음식들을 챙겨 검은 비닐 봉투에 넣어주었습니다. 둘째 며느리는 단호히 안 가져간다며 거절했지만 큰며느리는 차에 실었습니다. 하지만 함안휴게소에 들러 시어머니가 싸준 음식들을 싼 검은 비닐봉투를 그대로 쓰레기통에 버렸습니다. 집에 막 도착하자 시어머니로부터 전화가 왔습니다. "애야, 수고 많았다. 작은 며느리 눈치 챌까 봐 검은 봉투에 300만 원 넣어두었다. 먹고 싶은 것 사 먹고 옷도 사입어라. 애들 좋아하는 것도 사주고, 내가 날일하고 품삯으로 받은 돈인데 만 원짜리도 있고 5만 원짜리도 있고 5천 원짜리도 있다. 담에 벌면 또 줄

게…." 허겁지겁 함안휴게소로 달려갔지만 휴지통에 검은 봉투가 있었겠습니까? 큰며느리는 며칠 동안 생병을 앓았답니다.

우리는 큰며느리처럼 어리석게 판단하고 잘못할 때가 많습니다. 하나님의 깊고 섬세한 사랑과 섭리를 소홀히 취급하고 감사할 줄도 모르고 살 때가 많습니다. 하나님은 때로 사소한 일을 통해 때론 큰 사건을 통해 일하십니다. 그런데 우리는 하나님이 하시는 일을 과소평가하고 함안휴게소 쓰레기통에 버릴 때가 있습니다. 그리고 후회합니다.

모세 이야기를 줄곧 했습니다만 모세 개인은 흠이 많은 사람입니다. 다혈질입니다. 애굽 사람을 죽였는가 하면 화를 잘 냈습니다. 그러나 하나님의 부르심을 받아 하나님의 지팡이가 된 이후로는 참고 견디고 기다리는 사람이 되었고 하나님의 도구로 평생을 살았습니다.

디모데후서 2장 20절에 "큰 집에는 금그릇과 은그릇뿐 아니라 나무그릇과 질그릇도 있어 귀하게 쓰는 것도 있고 천하게 쓰는 것도 있나니"라고 했습니다. 큰 그릇, 작은 그릇, 비싼 그릇, 싼 그릇, 귀한 그릇, 천한 그릇이 뒤섞여 있다는 것입니다. 수를 셀 수 없는 그릇들이 어떻게 귀히 쓰는 그릇이 됩니까?

2장 21절에 "그러므로 누구든지 이런 것에서 자기를 깨끗하게 하면 귀히 쓰는 그릇이 되어 거룩하고 주인의 쓰심에 합당하며 모든 선한 일에 준비함이 되리라"고 했습니다. 바울이 말한 그릇은 사람을 뜻합니다. 누가 하나님의 그릇, 하나님의 지팡이가 됩니까? "자기를 깨끗하게 하는 자"입니다.

교회 안에는 다양한 사람이 있습니다. 체격, 체력, 성격, 취미, 전공, 경력, 재산이 다 다릅니다. 하나님은 어떤 사람을 지팡이로 쓰시고 그릇으로 사용하십니까? '깨끗한 사람'입니다. 깨끗한 신앙, 깨끗한 동기, 깨끗한 생활, 깨끗한 가치관, 깨끗한 뜻, 깨끗한 목표를 가진 사람을 그릇으로 사용하십니다.

더러워진 금 그릇보다는 깨끗한 나무 그릇을 쓰시고, 더러워진 금 지팡이보다는 깨끗한 나무 지팡이를 좋아하시고 하나님의 도구로 사용하시는 것입니다.

소매치기는 날카로운 칼로 다른 사람의 옷을 찢고 가방을 찢습니다. 의사는 날카로운 메스로 환부를 가르고 치료합니다. 같은 메스가 아닙니다. 하나님이 도구로 쓰시는 지팡이가 됩시다. 나는 하나님의 일꾼이고 종이라고 하면서 '내가 가진 것은 내 것'이라는 그릇된 사고를 고칩시다. 그리고 하나님의 것을 내 것으로 착각하지 맙시다. 하나님의 지팡이를 잘못 쓰면 큰일납니다.

자동차 문을 열고 운전석에 앉을 때 "주님이 운전석에 앉으십시오."

가게 문을 열 때 "주님이 이 가게 주인이 되시고 지팡이로 써 주십시오."

회사에 들어설 때 "주님, 이 회사가 하나님의 지팡이가 되게 해주십시오."

물건을 만들 때 "주님, 이 제품이 하나님의 도구가 되게 해주십시오."

집 안에 들어갈 때 "주님, 이 집이 주님 머무시는 처소가 되게 해주십시오"라고 기도합시다.

두 지팡이의 신비(출애굽기 4:18-23)

그러나 가장 중요한 결단과 기도가 있습니다. 그것은 "주님, 나를 주님의 도구로 써 주십시오. 나를 주님의 지팡이로 사용해 주십시오"라고 기도하는 것입니다. 그리고 힘들 때, 어려울 때, 답답할 때, 괴로울 때, 캄캄할 때, 어두울 때, 길이 막혔을 때 드리는 기도는 "주님, 주의 지팡이와 막대기로 나를 안위하여 주옵소서"라고 입을 열고 드리는 기도입니다.

"주의 지팡이와 막대기가 나를 안위하시나이다"(시 23:4).

하나를 찾아야 하는 이유

(누가복음 15:1-7)

숫자 얘기를 먼저 해보겠습니다. 1이라는 숫자는 기본수이고 출발 숫자입니다. 모든 숫자가 1로 시작됩니다. 중요한 숫자이긴 하지만 가장 작은 숫자이기도 합니다. 거기에 비해 0은 그냥 0일 뿐입니다. 의미가 없습니다. 그러나 1과 0이 합하면 큰 숫자가 됩니다. 그리고 0이 많을수록 천문학적 수가 됩니다. 10, 100, 1,000, 10,000…. 0이 많아질수록 큰 숫자가 되고 억, 조, 경으로 불어납니다. 그러나 1(하나)이 빠지면 0은 무의미합니다. 하나가 소중하고 귀한 이유가 거기에 있습니다.

누가복음 15장은 세 가지 사건을 다루고 있습니다.

1-7절은 한 마리 잃은 양 사건, 8-10절은 잃어버린 드라크마 사건, 11-32절은 아버지를 떠났다가 돌아온 둘째아들 사건입니다. 양은 100마리 중에 한 마리를 잃었다가 다시 찾았고, 드라크마는 10개 중

하나를 잃었다가 다시 찾았습니다. 그러나 아들은 제 발로 나갔다가 제 발로 걸어 돌아왔습니다. 100:1, 10:1, 2:1의 비율입니다.

다시 찾은 양 한 마리의 경우 경제적 가치로 따지면 99마리가 더 큽니다. 그러나 99마리를 놔둔 채 잃어버린 양 한 마리를 찾아 나섭니다. 양은 피동적 동물입니다. 목자가 지키고 인도하고 먹이와 물을 찾아줘야 합니다. 그리고 구약에서는 제물이 되곤 했습니다.

다시 찾은 드라크마의 경우 드라크마는 고대 그리스에서 사용한 화폐로 당시 노동자의 하루 품삯이었습니다. 한국 돈으로는 5만 원 정도가 됩니다. 큰돈도 아니고 보석도 아닙니다. 그러나 기어이 찾아냅니다.

돌아온 아들의 경우 형제 중 형은 집에 머물고 둘째가 유산을 미리 챙겨 집을 떠납니다. 그런데 아버지는 떠난 아들을 찾아 나서지 않습니다. 그냥 기다리기만 합니다. 인간은 자유의지를 가진 존재여서 자신이 생각하고 결정하고 행동합니다. 둘째 아들의 경우 자신이 집을 떠나기로 결정했고 제 발로 걸어나갔습니다. 그리고 제멋대로 살다가 자신이 결정하고 아버지 집으로 제 발로 돌아왔습니다. 그래서 찾아 나서지 않은 것입니다.

짐작은 했겠지요. 보나 마나 화려한 도시로 나가 허랑방탕하고 주색잡기에 빠져 삶을 망치고 있다는 것을 짐작했을 것입니다. 세 가지 사건을 종합해 정리해 보겠습니다.

1. 하나가 소중합니다

양 100마리 중 한 마리, 99마리는 남아 있습니다.

드라크마 10개 중 하나, 9개는 남아 있습니다.

두 아들 중 하나, 장자는 남아 있습니다.

그런데 왜 하나가 소중합니까? 하나님의 뜻은 '하나'를 귀히 여기시고 소중히 여기십니다. 창세기 2장 24절에 "이러므로 남자가 부모를 떠나 그의 아내와 합하여 둘이 한 몸을 이룰지로다"라고 했습니다. 한 몸, 하나가 되라는 것입니다. 에스겔 37장에서는 남과 북으로 분열된 두 나라, 이스라엘과 유다가 하나가 되라고 하셨습니다.

> "내가 에브라임의 손에 있는 바 요셉과 그 짝 이스라엘 지파들의
>
> 막대기를 가져다가 유다의 막대기에 붙여서 한 막대기가 되게 한즉
>
> 내 손에서 하나가 되리라."

요한복음 17장 11절에서는 제자들도 하나가 되라고 하셨습니다.

> "우리와 같이 그들도 하나가 되게 하옵소서."

바울도 로마서 5장에서 '하나'의 소중함을 밝히고 있습니다.

> "한 사람으로 말미암아 죄가 세상에 들어오고 죄로 말미암아 사망
>
> 이 들어왔나니"(5:12).

하나를 찾아야 하는 이유(누가복음 15:1-7)

한 사람 아담의 범죄로 사망이 들어왔다는 것입니다. 그러면서 "한 분 예수 그리스도를 통하여 생명 안에서 왕 노릇 하리로다"라고 했습니다(5:17).

아담 한 사람, 예수 한 분! 하나를 논하고 있습니다.

에베소서 4장 4-6절은 더 구체적으로 "몸이 하나, 성령도 한 분, 주도 한 분, 믿음도 하나, 세례도 하나, 하나님도 한 분"이라고 했습니다. 부부도 한 육체가 되라고 했습니다. "그러므로 사람이 부모를 떠나 그의 아내와 합하여 그 둘이 한 육체가 될지니"라고 했습니다(엡 5:31).

성령은 여러 곳에서 하나의 소중함을 밝힙니다. 레오나르도 다 빈치가 이탈리아 밀라노에 있는 산타 마리아 텔레그라치에 성당 식당 벽에 〈최후의 만찬〉을 그렸습니다. 1495년에 시작해 1498년까지 3년 만에 완성한 벽화입니다. 그 그림을 직접 보려면 2~3개월 전에 예약을 해야 하고, 관람시간은 15분, 관람료는 3만 원 정도입니다. 526년 넘은 그림을 보기 위해 매일 1,300명이 이 성당을 방문합니다. 그림 한 점 때문에 밀라노도, 성당도 명소가 된 것입니다. 526년 동안 이 그림을 보기 위해 이 성당을 방문한 사람은 그 수를 셀 수가 없습니다.

벽화 한 점! 하나는 소중합니다. 그 가치가 큽니다.

2. 다시 찾아야 합니다

양은 목자가 관리를 잘못해 잃어버릴 수도 있고 드라크마도 관리를 소홀히 하면 잃어버릴 수 있습니다. 그러나 아버지를 떠난 둘째 아들의 경우는 자기 자신을 잃어버린 것입니다.

누가복음 15장 6절은 "나의 잃은 양을 찾아내었노라"고 했고, 8절 은 "찾아내기까지 부지런히 찾지 아니하겠느냐"라고 했습니다. 그러 나 아들의 경우는 "이 내 아들은 죽었다가 다시 살아났으며 내가 잃 었다가 다시 얻었노라"고 했습니다(15:24).

양이나 드라크마와는 차별화되고 있습니다. 그리고 양을 찾고 드 라크마를 찾은 사건을 한 사람이 회개하는 것으로 해석하고 있습 니다. 15장 7절에 "이와 같이 죄인 한 사람이 회개하면"이라고 했고, 15장 10절에서도 "이와 같이 죄인 한 사람이 회개하면"이라고 했습 니다.

잃은 양을 찾고 잃은 드라크마를 찾은 것은 단순히 양과 드라크 마를 찾은 사건이 아니라 죄인 한 사람이 하나님께로 돌아온 사건입 니다. 물건 이야기가 아니라 사람 이야기이고 한 사람 이야기입니다. 그러나 아들의 경우는 "찾았다"가 아닙니다. "죽었다가 다시 살아났 다, 잃었다가 다시 얻었다"입니다. 감동과 감격이 다릅니다. 둘째 아 들의 경우는 자기 자신, 자기 정체성, 즉 자아를 잃어버린 것입니다. 우리도 때로 나는 누구인가, 왜 사는가, 어떻게 살아야 하는가를 잊 을 때가 있습니다. 나는 하나님의 피조물입니다. 하나님의 자녀입니 다. 구원받은 하나님의 백성입니다. 성별된 기독교인입니다. 그런데 이 정체성을 잊어버리고 제멋대로 살 때가 있습니다. 그때가 바로 아 버지를 떠났던 둘째 아들이 되는 것입니다.

둘째 아들은 사치, 허영, 타락에 빠져 재산을 다 탕진하고 거지가 된 뒤 아버지가 생각났고, 아버지 집이 생각났습니다. 15장 20절을 보면 "이에 일어나 아버지께로 돌아가니라 아직도 거리가 먼데 아버지가 그를 보고 측은히 여겨 달려가 목을 안고 입을 맞추니"라고 했습니다. 아들은 머뭇거리며 천천히 걸어오고 아버지는 달려갔습니다. 둘째 아들은 스스로 회복의 길을 선택한 것입니다. 여기서 말하는 둘째 아들은 죄인을 말하고, 돌아온 것은 하나님께로 돌아오는 회개를 뜻하고, 아버지는 하나님 아버지이십니다.

바른 회개는 방향을 바로 잡고 하나님께로 돌아오는 것입니다. 회개를 '메타노이아'라고 합니다. 그 뜻은 '생각을 바꾸다'입니다. 생각과 뜻을 먼저 바꿔야 방향을 바꿀 수 있습니다. 양을 찾고 드라크마를 다시 찾는 것보다 나를 찾는 것이 더 힘듭니다.

하나님의 자녀인 나! 구원받은 그리스도인인 나! 거룩한 백성으로 선택받은 나! 충신교회 교인인 나를 다시 찾고 회복합시다.

3. 거룩한 기쁨에 함께 해야 합니다

"나와 함께 즐기자"(15:6, 9)라고 했고, "하나님의 사자들 앞에 기쁨이 되느니라"(15:10)고 했고, 돌아온 아들을 맞은 아버지는 "우리가 먹고 즐기자"라고 했고(15:23), "그들이 즐거워하더라"(15:24)고 했습니다.

찾은 사람이 기뻐하는 것은 더 말할 것도 없고 가족, 이웃도 함께 기뻐하고 즐거워해야 한다는 것입니다. 그런데 함께 기뻐하지 않은 사람이 있었습니다.

큰아들입니다. 제멋대로 살다가 재산 다 탕진하고 거지가 되어 돌아온 둘째 아들을 대하는 아버지가 못마땅했습니다. "나는 뭐야? 뼈 빠지게 일만 한 나를 위해선 염소 새끼 한 마리 잡아온 일이 있었습니까?" 마음이 편치 않았습니다. 아버지 마음과 형의 마음은 달랐습니다.

우리에게 필요한 것은 아버지의 마음, 아버지의 태도입니다. 유대인들은 예수님께서 하시는 일이 못마땅했습니다. 예수님은 단 한 번도 옳지 않은 일을 하신 적이 없었습니다. 그런데 유대인들은 형의 심보였습니다. 하나, 열, 백 가지가 다 마땅치 않고 싫었습니다. 그래서 결국 예수님을 십자가에 못 박았습니다. 그러나 그들은 예수 한 분을 잃어버린 것으로 끝나지 않고 2천 년 긴 세월 동안 고통과 시련을 겪고 있습니다. 지금도 전쟁으로 죽고 고통당하고 있습니다.

인도의 시인 타고르가 제자들에게 자신을 다스리는 법을 제시했는데 저녁 잠들기 전 ① 오늘 무엇을 했는가 ② 어디에 갔었는가 ③ 누구를 만났는가 ④ 어떤 일을 했는가 ⑤ 후회할 일은 무엇인가를 살피고 자성하라고 했다고 합니다.

마태복음 25장에 세 사람에게 달란트를 나눠 준 기사가 나옵니다. 각각 5, 2, 1달란트를 나눠줬습니다. 그런데 문제는 1달란트 받은 사람입니다. "나는 왜 1달란트야. 왜 나만 무시당해? 장사하다가 망하면 안 되지"라며 땅에 묻어두었습니다. 1달란트를 소홀히 취급했고 기쁨이나 감격이 없었습니다. 그러나 금 1달란트는 적은 돈이 아닙니다. 정확하진 않지만 한화 33억 정도입니다. 그것을 땅에 묻어뒀다는 것은 하나와 한 가지를 소홀히 여기는 잘못이었습니다. 그래서 그는 책망 받고 1달란트는 빼앗기고 밖으로 쫓겨나 어두운 음부로 추방당했습니다.

우리는 다 각각 달란트를 받은 사람들입니다. 달란트란 돈의 이름이기도 하고 재능, 재주, 소질이기도 합니다. 재능 있는 연예인을 탤런트라고 합니다. 다 하나님이 주신 것들입니다. 그것을 땅에 묻어 두지 맙시다.

피아니스트가 3개월간 손을 붕대로 감고 피아노를 치지 않으면 손가락이 굳어 연주를 못합니다. 바이올리니스트가 손가락을 붕대로 감은 채 3개월이 지나면 바이올린 줄을 컨트롤하지 못합니다.

은사는 쓰라고 주신 것입니다. 교회를 위하여, 하나님을 위하여 써야 합니다. 내가 받은 달란트를 확인해야 합니다. 나는 어떤 달란트를 받았는가, 나는 어떤 일을 할 수 있는가를 살펴봅시다. 그리고 좋은 일을 함께 기뻐하고 박수 치는 훈련을 합시다. 거룩한 기쁨과 감격을 땅속에 묻어두지 맙시다.

로마서 12장 15절을 보겠습니다.

"즐거워하는 자들과 함께 즐거워하고 우는 자들과 함께 울라."

이것이 정상적인 감정이고 정상적인 정서입니다. 거룩한 기쁨을 함께 나눕시다.

4. 하나뿐인 나를 소중히 여깁시다.

나는 둘이 아닙니다. 나는 하나입니다. 그래서 더 소중하고 고귀한 존재입니다. 하나이기 때문에 조심할 게 있습니다.

"나 한 사람쯤이야, 그것 한 가지쯤이야, 그 일 한 가지쯤이야, 거짓말 한 번쯤이야, 그런 말 한 마디쯤이야, 그 행동 한 번쯤이야."

아닙니다. 한 번이 중요하고, 하나가 소중합니다.

예루살렘을 방문했던 에티오피아의 내시 한 사람 때문에 에티오피아에 복음이 전파됐습니다. 예수님 한 분 때문에 믿는 사람들이 구원받고 기독교가 세계 제1의 종교가 됐습니다. 무심코 던진 말 한마디가 듣는 사람에게 용기와 희망을 줄 수도 있고, 상처를 줄 수도 있습니다.

나! 한 사람, 한 마디, 한 가지 행동을 조심하고 삼갑니다.

히말라야 산맥에 자리잡고 있는 에베레스트산 높이는 8,848m입니다. 등산가들은 그 산을 오르는 게 희망입니다. 그러나 한달음에 8,848m를 오르는 게 아닙니다. 한 걸음씩 올라갑니다. 10억 원 큰 돈도 1원으로 시작됩니다. 100년 사는 인생도 하루로 시작하고, 100년 긴 세월도 정월 초하루로 시작됩니다.

충신교회도 하늘에서 뚝 떨어져 시작된 게 아닙니다. 한 사람, 한 사람이 모여 10 되고, 100 되고, 1,000 되고, 5,000 되고…. 하나로 시작됐습니다.

그런 면에서 나 하나는 매우 소중하고 귀합니다. 나는 귀한 존재입니다. 하나님의 형상대로 지음받았고 예수 그리스도의 십자가 피로 구원받은 존재입니다. 그래서 자학해도 안 되고 자해해도 안 됩니다. 더욱이 자살도 안 됩니다.

하나를 찾아야 하는 이유! 하나가 소중하기 때문입니다. 하나하나가 하나님의 피조물이기 때문입니다. 하나 없이 둘, 열, 백이 성립되지 않기 때문입니다. 하나는 시작이고 출발점이기 때문입니다. 그 하나가 바로 '나'이기 때문입니다. 그 하나의 나를 찾으시고, 구원하시고, 지키시고, 함께하시는 주님이십니다. 이 한 가지 진리를 잊지 맙시다.

"이와 같이 죄인 한 사람이 회개하면 하늘에서는 회개할 것 없는 의인 아흔아홉으로 말미암아 기뻐하는 것보다 더하리라"(눅 15:7). 아멘!

베들레헴 에브라다

(미가 5:1-6)

미가서를 기록한 미가는 주전 700년경 이스라엘을 대상으로 하나님의 말씀을 선포한 선지자였습니다. 활동 기간은 약 60여 년으로 긴 세월입니다. 놀라운 것은 700년 전에 메시아이신 그리스도가 베들레헴에서 탄생하실 것이라는 예언을 한 것입니다.

베들레헴에서 태어나실 그리스도는 장차 세상을 통치하실 주권자이시고 평강의 왕이시며 온 세상을 심판하시고 다스리실 만왕의 왕이시라는 사실을 예언했습니다.

미가서 5장 2절을 보겠습니다.

> "베들레헴 에브라다야 너는 유다 족속 중에 작을지라도 이스라엘을 다스릴 자가 네게서 내게로 나올 것이라 그의 근본은 상고에, 영원에 있느니라."

미가 당시 베들레헴 인구는 300명 정도였을 것으로 추산합니다. 작은 농촌 마을 베들레헴에서 예수님이 탄생하신다는 예언이 700년 후에 성취됩니다.

마태복음 2장 5-6절을 보면 예수님이 유대 땅 베들레헴에서 탄생하셨다고 기술하고 있습니다. 700년 만에 성취된 예언! 놀랍습니다.

본문에서 미가는 베들레헴과 에브라다 두 지명을 언급하고 있습니다. 에브라다는 베들레헴의 옛 이름입니다. 에브라다의 뜻은 '풍요롭다, 넉넉하다'입니다. 창세기 35장 19절을 보면 야곱의 아내였던 라헬이 죽은 뒤 그의 시체를 에브랏, 곧 베들레헴에 장사했다고 했습니다. 에브라다와 베들레헴은 창세기에서부터 등장합니다.

미가가 베들레헴의 옛 이름인 에브라다를 거명한 것은 베들레헴에서 메시아가 태어나신다는 것을 강조하기 위해 옛 지명과 새 지명을 동시에 거명한 것입니다.

1. 베들레헴은 어떤 곳입니까?

베들레헴은 예루살렘 남쪽 10km 지점에 있는 작은 농촌 마을이고 떡집이라는 뜻입니다. 성경 안에는 1,200개 정도 지명이 기록되어 있습니다. 이스라엘, 팔레스타인, 예루살렘, 나사렛, 여리고, 이집트, 바벨론, 앗수르, 니느웨, 에베소, 서머나 등 그 지명들 가운데 베들레헴도 포함됩니다.

해발 700m 고지의 석회암 언덕, 농촌 마을, 진짜 작은 마을, 보잘것없는 동네였습니다. 그러나 미가 선지자의 예언대로 베들레헴에서 메시아이신 예수님이 탄생하심으로 성지가 된 것입니다.

서울을 예로 들어 보겠습니다. 계속 이름이 바뀌곤 했습니다. 백제 시대는 위례성, 신라 시대는 남경, 고려 시대는 한양, 조선 시대는 한성, 일제 강점기는 경성, 1946년 8월 15일부터는 서울이 됐습니다.

지형상 강원도 설악산 대청봉은 1,708미터이고, 서울에 있는 북한산은 830미터입니다. 강원도가 서울보다 배나 높습니다. 그런데 상경한다고 말합니다. 그 이유는 나랏님, 임금님이 서울에 있기 때문입니다.

베들레헴이 위대한 마을이 된 이유는 거기서 만왕의 왕, 구세주가 탄생했기 때문입니다. 그래서 성지순례 코스에 빠지지 않는 곳이 베들레헴이고 탄생 기념교회가 그곳에 있습니다. 현대 베들레헴 인구는 25,000명 정도이고 팔레스타인 요르단 서안지구에 위치하고 있는 작은 도시입니다.

2. 왜 예수님이 베들레헴에서 나셨습니까?

1) 예언의 성취 때문입니다.

700년 전 미가 선지자가 베들레헴에서 예수가 탄생하시리라는 예언을 했습니다. 그런데 그 예언대로 700년 후에 예수님이 베들레헴에서 나셨습니다. 구약성경은 예수님에 관한 예언을, 신약성경은 그 예언의 성취를 기술하고 있습니다. 마치 톱니바퀴가 맞아 도는 것처럼 그대로 성취되었습니다. 예를 들어 보겠습니다.

창세기 3장 15절은 "여인의 후손으로 태어나신다"라고 했고, 마태복음 1장 20절은 "마리아가 잉태해 예수를 낳았다"라고 했습니다. 이사야 53장 3절은 "멸시 천대를 받으실 것"이라고 했고, 마태복음 26장 67절은 "예수의 얼굴에 침 뱉고 주먹으로 치고 손바닥으로 때리고"라고 했습니다. 스가랴 11장 12-13절은 "은 30에 팔리리라" 했고, 마태복음 26장 15절은 "가룟 유다가 은 30을 받고 예수를 팔아 넘겼다"라고 했습니다. 미가서 5장 2절은 "베들레헴에서 이스라엘을 다스릴 자가 나신다"라고 했고, 마태복음 2장 5절은 "예수가 베들레헴에서 나셨다"라고 했습니다.

구약의 예언이 그대로 신약에서 성취된 것입니다. 한 가지 남은 예언이 있습니다. 그것은 예수님이 다시 오신다는 재림 예언입니다. 예언대로 반드시 절대로 오실 것입니다.

누가복음 2장 11절을 보면 천사가 다윗의 동네에 구주가 나셨다고 했습니다. 베들레헴을 다윗의 동네라고 한 것입니다.

다윗의 아버지는 이새입니다. 그는 유다 지파 후손이긴 하지만 평범한 농부로 베들레헴에서 농사짓고, 양 치며 살았습니다. 다윗도 아버지의 농사를 거들고 양을 치며 성장했습니다. 다윗이 15~16세 되던 어느 날 사무엘 선지자가 이새의 집을 극비리에 방문합니다. 사울 왕을 대신해 왕 될 사람을 찾기 위해서였기 때문입니다. 이새의 아들은 모두 8형제였습니다. 첫째부터 면담을 했지만 하나님이 정한 사람은 막내 다윗이었습니다. 그런 과정을 거쳐 마침내 다윗이 이스라엘의 2대 왕이 됩니다.

꿈도 꾸지 않았던 베들레헴 소년 다윗이 왕이 된 것입니다. 그때부터 베들레헴은 왕의 마을, 다윗의 고향으로 각광을 받기 시작했고 그 마을에서 예수가 탄생했다고 천사가 전한 것입니다.

마태복음 1장은 예수님의 족보입니다. 1장 1절은 "아브라함과 다윗의 자손 예수 그리스도의 계보라"로 시작됩니다. 다윗 왕도 예수님도 베들레헴에서 출생해서 고향이 같고 혈통도 같습니다.

2) 낮은 사람들이 사는 마을이었기 때문입니다.

위에서 말씀드린 대로 베들레헴은 작은 마을입니다. 그 당시 예루살렘 인구는 5~6만 명이었지만 유월절 절기가 되면 100만 명이 각처에서 모여들었다고 역사학자 요세푸스는 말했습니다. 예루살렘엔 성전이 있었고 정치, 경제, 문화, 교육의 중심지였지만 베들레헴은 작은 마을, 작은 사람들이 사는 마을, 인구는 300명 정도의 농촌 시골이었습니다. 거기 사는 사람들은 하나같이 낮은 사람들, 주류사회에 진입하지 못한 사람들이었습니다. 작은 마을, 낮은 사람들! 거기가 베들레헴입니다.

예수님이 30여 년 사시던 나사렛도 작은 마을 낮은 사람들이 사는 곳입니다. 당시 나사렛 인구는 200명 정도, 예루살렘으로부터 145킬로미터 떨어진 변두리, 주민들은 양 치고, 농사짓고, 내로라 하는 인물도 없고, 영향력도 없는 마을. 거기서 30여 년을 살았습니다. 요셉이 목수였기 때문에 예수님도 목수일을 거들며 살았습니다.

덴마크의 철학자 쇠렌 키르케고르는 "그리스도가 세상에 오신 사건, 인간의 몸으로 오신 성육신 사건은 인간의 이성으로는 이해할 수 없는 역설적 진리"라고 했습니다. 왜 예수님은 사람이 되시고 낮은 땅에 오셨을까요?

이런 이야기가 있습니다.

어느 나라 왕자가 시골 마을에 들렀다가 첫눈에 반한 처녀를 보게 됐습니다. 왕궁으로 돌아간 왕자는 사람을 시켜 청혼을 합니다. 왕자라는 것, 장차 왕이 된다는 것, 최고의 영광을 누리게 된다는 것, 왕비가 된다는 것을 낱낱이 알렸습니다. 그러나 처녀는 자기 분수에 맞지 않는다며 거절했습니다. 수차례 청혼을 수차례 다 거절했습니다. 왕자가 색다른 결단을 내립니다. 평민이 된 왕자가 그 마을을 찾아가 물레방앗간을 매입하고 주인이 됩니다. 어느 날 처녀가 방아를 찧기 위해 방앗간을 찾아옵니다. 주거니 받거니 대화가 오가고 1년, 2년 지나며 사랑이 싹트고 결혼에 이르게 된다는 이야기입니다. 사랑하는 처녀를 위해 왕궁을 떠나 보통 사람이 된 왕자, 예수님이 사람이 되시고 낮은 세상에 오신 성육신 사건을 왕자 이야기에 비할 수 있겠습니까?

예수님이 이 땅에 오신 이유를 요한복음 3장 16절이 답해줍니다.

"하나님이 세상을 이처럼 사랑하사 독생자를 주셨으니 이는 그를 믿는 자마다 멸망하지 않고 영생을 얻게 하려 하심이라."

세상은 곧 나입니다. '나'를 사랑하기 때문에 오셨고 구원하러 오셨습니다. 빌립보서 2장 6-8절도 예수님이 사람 되신 이유를 설명합니다.

"그는 근본 하나님의 본체시나 하나님과 동등됨을 취할 것으로 여기지 아니하시고 오히려 자기를 비워 종의 형체를 가지사 사람들과 같이 되셨고 사람의 모양으로 나타나사 자기를 낮추시고 죽기까지 복종하셨으니 곧 십자가에 죽으심이라."

다 포기하시고 사람이 되시고 낮추시며 죽으시고…. 이것이 예수님이 오신 이유입니다.

140년 전인 1884년 알렌이 조선에 도착했고, 1885년 언더우드와 아펜젤러 선교사가 조선에 도착해 선교를 시작했습니다. 그때 선교 대상은 가족이나 양반, 지식계층이나 상류계층이 아니었습니다. 보통 사람들, 서민들, 여성들, 청소년, 소외계층이었습니다. 일본에 처음 상륙한 선교사는 1549년 스페인의 천주교 신부 프란치스코 하비에르였고, 기독교 선교사는 1859년 네덜란드 출신 프리우스와 미국 선교사 제임스 커티스 헵번이었습니다. 그들은 일본의 상류층, 지식층, 권력층을 선교대상으로 삼았습니다. 그 결과 한국은 국민 5분의 1이 기독교인이 되었고 일본은 전 인구의 1% 미만에 머물고 있습니다.

일본 인구 1억 2천4백만 명 중 기독교, 가톨릭 정교회를 합해 200만 명이 되지 않습니다. 한국은 낮은 자, 작은 자로 시작했고 일본은 높은 자, 큰 자로 시작했기 때문입니다.

미가 선지자의 예언을 다시 살펴보겠습니다.

"베들레헴 에브라다야 너는 유다 고을 중에 작을지라도 이스라엘을 다스릴 자가 네게서 내게로 나올 것이라 그의 근본은 상고에 영원에 있느니라."

예수님이 작은 마을에 오셨다고 예수님이 작은 분은 아닙니다. 예수는 이스라엘을 다스리시고 세계를 다스리실 분이십니다. 처음부터 계신 하나님이시고 영원히 계시는 분이십니다.

이사야 7장 14절은 "그의 이름은 임마누엘이다"라고 했습니다. 잠깐 계시다가 사라지는 분이 아닙니다. 잠깐 머물다 떠나는 분이 아닙니다. 영원히 우리와 함께 계시는 하나님이시라는 것입니다.

사람이 보는 큰 것과 작은 것, 하나님이 보시는 큰 것과 작은 것은 일치하지 않습니다. 사람들이 보는 베들레헴은 작은 마을이었습니다. 그러나 하나님은 작은 마을, 작은 사람들을 크게 쓰셨습니다.

왜 베들레헴입니까? 예수님이 그곳에서 탄생하셨기 때문입니다. 베들레헴에는 주후 4세기 로마 콘스탄티누스 황제의 어머니인 헬레나에 의해 건축된 예수탄생기념교회가 있습니다. 본래 교회 입구 문이 크고 넓었는데 귀족들이 말을 타고 교회 안에 들어오는 것을 막기 위해 16세기에 문을 개조했습니다. 큰문을 없애고 좁은 문으로 만들었습니다. 그 좁은 문을 겸손의 문이라고도 부릅니다. 문이 작고 낮아 허리를 굽히고 몸을 숙여야 들어갈 수 있습니다. 그 교회 안에 들어가야 구유의 동굴도 볼 수 있습니다. 말을 타고 거들먹거리고 큰소리치는 빳빳한 자세로는 들어갈 수 없는 예수탄생기념교회는 우리에게 무엇을 교훈합니까?

"작아져라. 낮아져라. 허리를 굽히고 몸을 숙여라. 말을 타고 귀족

행세 하지 마라. 예수님을 만나려면 자세부터 바꿔라, 낮은 자세로 성탄하신 예수님을 만나라"고 교훈합니다.

예수님이 친히 말씀하셨습니다.

"누구든지 자기를 높이는 자는 낮아지고 누구든지 자기를 낮추는 자는 높아지리라"(마 23:12).

창세기 11장을 보면 그 당시 사람들이 바벨탑 쌓은 기사가 나옵니다. 사람들이 수가 많아지고 지식이 발달하면서 탑을 쌓기 시작합니다. "이름을 내자, 탑 꼭대기를 하늘에 닿게 하자, 흩어짐을 면하자"라는 것이 탑 쌓는 이유였습니다. 건방지고 교만한 발상이었습니다. "똘똘 뭉쳐 힘을 과시하자, 명성을 떨치자, 하나님이 있다는 하늘까지 닿는 탑을 쌓고 올라가 확인하자"는 것이었습니다. 그 바벨탑을 하나님이 막으셨습니다.

현대과학은 전능자로 군림하고 있습니다. 언젠가는 과학의 힘으로 하나님의 존재를 규명하겠다고 덤비지 않을까요? 그때가 올 것 같습니다. 사람이 과학을 지배해야지 과학이 사람을 지배하면 큰일 납니다. 과학은 도구가 되어야지 주인이 되면 안 됩니다. 과학은 인간의 삶을 돕는 도우미가 되어야지 과학이 주인 노릇 하면 안 됩니다. 바벨탑이 되면 안 됩니다.

2023년 6월 9일 독일 바이에른 주에 있는 성바울교회에서 챗 지피티(Chat GPT)로 만든 AI(인공지능) 목사가 설교를 했습니다. 예배 인도, 기도 인도, 찬양 인도도 AI 목사가 했고, 모인 교인 수는 300명

정도였다고 합니다. 설교를 들은 교인들의 평가는 "표정은 무표정했다. 목소리는 너무나 단조로웠다. 하나님이 주시는 감동으로 설교한 게 아니었다. 그 설교는 마음도 영혼도 없었다. 기계적 모습이 불쾌했다"였습니다.

현대교회들이 첨단문화나 과학의 영향에 휘둘리지 않아야 합니다. 교회의 본질을 회복해야 하고 베들레헴 사람들의 순수성도 회복해야 합니다. '나는 예루살렘에 살고 있는 귀족인가, 베들레헴 목동인가? 나는 아기 예수가 누우셨던 구유인가, 헤롯 왕의 비단 침대인가?' 자신을 돌아보아야 합니다.

베들레헴이 성지가 되고 명소가 된 것은 다윗 때문도 아니고 볼거리가 많아서도 아닙니다. 예수님이 베들레헴에서 나셨기 때문입니다. 예수님이 아니면 베들레헴은 진짜 작은 마을, 잊혀진 마을이 되었을 것입니다. 바울의 고백이 떠오릅니다.

"우리가 이 보배를 질그릇에 가졌으니 이는 심히 큰 능력은 하나님께 있고 우리에게 있지 아니함을 알게 하려 함이라"(고후 4:7).

보배는 예수님, 질그릇은 나입니다. 언제 깨질지 모르는 질그릇, 그러나 예수님을 내 안에 모시면 나는 그 순간부터 보배합이 됩니다.

베들레헴 구유가 됩시다. 베들레헴 작은 마을로 갑시다! 아멘.

`33번째 설교집`

이름 바꾼 사람들

1판 1쇄 인쇄 _ 2025년 9월 10일
1판 1쇄 발행 _ 2025년 9월 20일

지은이 _ 박종순
펴낸이 _ 이형규
펴낸곳 _ 쿰란출판사

주소 _ 서울특별시 종로구 이화장길 6
편집부 _ 745-1007, 745-1301~2, 747-1212, 743-1300
영업부 _ 747-1004, FAX 745-8490
본사평생전화번호 _ 0502-756-1004
홈페이지 _ http://www.qumran.co.kr
E-mail _ qrbooks@daum.net / qrbooks@gmail.com
한글인터넷주소 _ 쿰란, 쿰란출판사
페이스북 _ www.facebook.com/qumranpeople
인스타그램 _ www.instagram.com/qrbooks
등록 _ 제1-670호(1988.2.27)
책임교열 _ 김준표·오완

© 박종순 2025 ISBN 979-11-24013-00-7 93230